English Curriculum in the Age of Artificial Intelligence

인공지능 시대의 영어과 교육과정

강정진 · 김기택 · 김혜련 · 남보라 · 박선호
박지현 · 배지영 · 성민창 · 심창용 · 이동환
조규희 · 최희경 · 황필아

KM 경문사

인공지능 시대의 영어과 교육과정

지은이 강정진 · 김기택 · 김혜련 · 남보라 · 박선호
박지현 · 배지영 · 성민창 · 심창용 · 이동환
조규희 · 최희경 · 황필아
펴낸이 조경희
펴낸곳 경문사
펴낸날 2025년 7월 31일 1판 1쇄
등 록 1979년 11월 9일 제1979-000023호
주 소 04057, 서울특별시 마포구 와우산로 174
전 화 (02)332-2004 팩스 (02)336-5193
이메일 kyungmoon@kyungmoon.com

값 23,000원

ISBN 979-11-6073-791-2

머리말

영어과 교육과정은 오랜 시간 동안 시대의 교육적 요구에 부응하여 꾸준히 개정되었다. 교육과정에서 영어 공교육의 기준점을 제시하면 이에 맞추어 사교육이 반응하는 방식으로 한국의 영어교육 패러다임이 역동적으로 변해 오늘에 이르렀다. 따라서 영어과 교육과정의 과거와 현재를 진단하고 바람직한 방향을 전망하는 일은 영어교육의 미래를 그리는 기초이자 핵심으로 보아도 손색이 없을 것이다.

이 시점에서 영어과 교육과정에 대한 전면 고찰이 절실한 이유는 전광석화로 발전하는 인공지능 기술과 이에 따른 의사소통 환경의 근본적 변화와 관련되어 있다. 외국어로서의 의사소통에 무게를 둔 전통적인 영어교육은 일상화된 자동번역 사용 이외에도 소셜미디어에서 시공간과 방식에 구애받지 않고 언어와 비언어 메시지를 혼합하여 자유롭게 메시지를 주고받는 소통 환경 변화의 소용돌이 속에서 위기를 맞고 있다. 이러한 변화는 영어과의 목표, 방향, 성격 등에서 근본적인 재점검을 요청한다. 2022 개정 영어과 교육과정에서도 이런 시대 흐름에 부응하여 인공지능 기술과 다양한 매체를 활용한 소통을 대거 반영하였다. 그렇다면 영어과 교육과정에서 좁은 의미의 영어 의사소통을 뛰어넘는 새로운 목표와 방향을 제시하는 것일까? 아쉬운 부분이 있다면 무엇을 어떻게 개선해야 하는 것일까?

이 책은 영어과 교육과정의 구성 체계를 해설하거나 교육과정의 언어 기능 성취기준 및 교수학습 지침에 따른 교재와 교수법 개발이라는 보수적 관점에서 벗어나 영어과의 위상과 교육과정의 현재를 비판적으로 진단하고 미래지향적 영어과 교육과정을 전망하기 위해 기획되었다. 이를 위해, 영어과 교육과정의 위상을 전반적으로 조감하는 6개 장을 묶어 전반부에 해당하는 1부 "영어교육의 현황과 전망"에 배치하였고, 후반부인 2부 "영어과 교육과정의 분야별 논점"에 포함된 4개의 장에서는 언어 학습 중점 요소인 이해, 표현, 어휘, 문법의 논점을 조명하였다. 이 책은 급변하는 인공지능 기술이 영어교육에 미칠 영향을 예의 주시하면서 영어 공교육이 어떻게 바뀌어야 하고 이를 위해 교육과정에서 무엇을 기술해야 할지 집대성한 의의를 지닌다. 미래 영어과 교육과정에서 요구하는 아이디어는 시간을 들여 고심하고 다듬는 과정을 반복한 결과물들로부터 얻어진다. 이 책에서 논하는 교육과정 분석과 정책 제안은 완성형 아이디어가 아닐지라도 '옥석'으로 선택받을 가능성이 있는 논점들을 다수 포함하고 있다.

서론에 해당하는 1장 "인공지능 시대의 영어과 교육과정"에서는 영어과 교육과정에서 기초학력 미달자부터 수월성 교육이 필요한 학습자까지 날로 벌어지는 수준차 문제에 주목한다. 열 번이 넘는 교육과정을 거치면서도 통제 중심 기조가 여전하여 학년군에 따라 권장 어휘, 어휘 수, 언어 형식 등이 지정되어 있고, 이런 흐름이 날로 다양해지는 학습자 집단의 특성을 반영하지 못하고 있다. 성취기준에서 학습자의 정의적 역량을 제대로 짚어주지 못하거나 관점에 따라 문구 해석이 전혀 달라 자의적으로 수업이 이루어질 우려 역시 학습동기 저하로 이어질 수 있다. 인공지능 기술을 맹신하고 오용하면 곤란하지만, 시대의 흐름에 발맞추어 현명하게 활용하여 학습자의 자기주도성을 끌어내는 노력은 수준차를 해소하는 출발점이다.

영어교육 환경이 아무리 달라지더라도 영어 의사소통이 주축을 이루는 점은 부인할 수 없다. 2장 "언어 습득 원리와 인공지능 활용 영어교육"에서는 외국어 습득 원리를 기반으로 한 효과적인 교수방안을 고민하면서 명시적 지식 숙달에 초점을 맞추는 공교육 관행을 벗어나기 위한 인공지능 기술 사용에 대해 논한다. 이를 위해, 2장에서는 한국어와 영어의 구조 비교부터 언어 습득의 개인차 변인들과 정의적 요소들이 공교육에 어떻게 반영되어 있는지 살펴보고 한계점을 일목요연하게 정리하고 인공지능 기술을 활용하여 이러한 한계를 극복하는 방안을 기술할 것이다.

인공지능 기술이 보편화됨에 따라 교육 분야에서는 인간의 고유한 심미적 감성과 창의적 사고를 발양하는 교육이 주목받고 있다. 3장 "영어과의 심미적 감성과 창의적 사고 역량"은 의사소통만을 위한 영어교육이 아니라 영어로 표현된 다양한 콘텐츠에 담긴 창의성과 심미성을 탐구하고 이런 콘텐츠를 산출하는 학습자 역량을 키우기 위해 영어과 교육과정이 어떻게 개선될 수 있는지 기술한다. 심미적 역량이 이해 영역에 기대어 학습자의 공감을 끌어내어 삶의 의미와 가치를 발견하는 것에 방점을 둔다면, 창의적 사고는 다양한 지식, 기술, 경험을 융합하여 비판적이고 주체적으로 사고하여 독창적으로 표현하는 것에 가깝다. 두 역량은 특히 내러티브가 포함된 영어 콘텐츠를 다룰 때 상보적으로 관계를 이룬다. 3장에서는 심미적 감성과 창의적 사고를 주춧돌로 삼아 영어 콘텐츠를 심층적 차원으로 들여다보고 자신이 원하는 바를 정확하게 적시에 표현하는 능력을 교육과정에 반영하는 방안을 살펴볼 것이다.

영어과 교육과정은 학년군 중심으로 분절화된 문서 체계로 인해 학습자의 연속적인 영어능력 계발에서 문제점을 노정하기도 했다. 4장 "영어과 교육과정과 초·중등 연계 방안"에서는 초등에서 중등으로 원활한 학습 연계가 이루어지기 위한 성취기준, 교수학습 방법, 평가 방식, 어휘와 문형 제시 방식 등에 대해 포괄적으로 점검하고자 한다. 언어적 직관의 습득에 초점을 맞춘 초등영어의 목표가 창의적 사고와 논리적 표현이라는 중등 교육과정으로 이어지려면 교육과정 설계에서부터 일관된 정책 방향성을 지녀야 한다. 수행 중심인 초등 과정과 문법과 독해 위주인 중등 과정 사이의 간극을 해소하기 위한 학습 활동과 평가 조정도 이루어져야 한다. 4장에서는 위와 같은 논점들과 개선 방향을 기술할 것이다.

인공지능 기술이 미래 영어과 교육과정의 저류에서 움직이는 가장 강력한 영향력이라는 사실은 누구도 부정할 수 없을 것이다. 5장 "영어과 교육과정과 인공지능 기술 활용"에서는 교육과정에 제시된 인공지능 기술 활용 방안을 비판적으로 점검하면서 현장 적용에 필요한 보완점에 대해 논의한다. 특히 주요 인공지능 기술을 영역별로 구분하여 짚어보는 가운데 학년군에 따라 어떻게 차별화된 최적화 적용이 가능할지 고찰할 것이다. 5장은 영어과 교육과정에서 인공지능 기술과 관련하여 무엇을 어떻게 바꾸어야 하고 이를 토대로 현장에서 영어교육을 어떻게 혁신할 수 있는지 제안하는 것에 방점을 둔다.

인공지능 기술 발달은 더 이상 영어를 배우지 않아도 된다는 낙관론을 부추기고 있지만 시공간을 초월하는 소통이 활발해지면서 영어의 위상이 오히려 커지는 형국이다. 6장 "인공지능 시대의 영어과 교사교육"에서는 문화적 소통을 토대로 학습자의 인지 발달과 정서 성장에 무게를 두는 영어과의 방향 전환 과정에서 교사의 역할이 중요하다고 본다. 영어교육이 외국어 숙달이라는 협소한 틀에 얽매이지 않고 인공기능 기술의 도움을 받아 학습자가 창의적이고 의미있는 소통에 간여하는 교과로 거듭나려면 언어 지식 전달과 훈련자가 아니라 학습 조력자이자 설계자로 교사의 역할이 전환되어야 한다. 6장은 새롭게 요구되는 영어교사의 전문성과 교사교육의 방향을 미래 교육과정과 관련지어 논한다.

영어과 교육과정의 분야별 논점의 첫 번째에 해당하는 7장 "이해 영역: 인공지능 도구 활용방안"에서는 2022 교육과정부터 듣기와 읽기라는 고전적 이해 영역 구성으로부터 시청각 자료와 같은 다양한 매체로 이루어진 메시지를 이해하는 '보기'(viewing)가 추가된 변화가 시사하는 바를 우선 짚어볼 것이다. 인공지능 기술이 다매체 시대의 효과적인 이해 능력 함양을 위한 도구라는 점에서, 듣기, 읽기, 보기의 언어 입력을 제대로 이해하려면 인공지능 기술을 활용한 교수학습에 대해 정통해야 한다. 7장은 교육과정에서 위와 같은 내용을 구체적으로 다루는 방안에 대해 서술할 것이다.

영어과 교육과정의 이해 영역에 관한 전망은 짝을 이루는 표현 영역에 관한 논의로 이어지기 마련이다. 이에 8장 "표현 영역: 종합적 분석과 진단"에서는 읽기와 수용 위주의 영어교육과 한국의 문화적 관습이 부정적 상승효과로 이어져 원활한 의사 표현에 이르지 못하는 고질적 병폐를 해소하기 위해 교육과정이 어떻게 개편되어야 하는지 기술한다. 디지털 매체가 보편화된 세상에서 표현 능력 부족은 의사소통 실패를 뛰어넘어 사회적 고립마저 초래할 가능성이 농후하다. 8장은 표현 능력에 관한 연구 동향에 비추어 교육과정에서 제시하는 성취기준과 교수학습 및 평가의 특징을 비판적으로 분석하고 개선책을 제시할 것이다.

이모티콘을 포함한 각종 문자 메시지를 창의적으로 사용하는 복합적 쓰기 능력은 디지털 매체로 생각을 표현하는 일이 일상화된 현실에서 구두 언어 위주의 대면 발화보다 중요한 자질로 부상하고 있다. 이런 의미에서, 9장 "표현 영역: 쓰기 성취기준"에서는 인공지능 기술을 한 쓰기와 관련 역량 함양이 교육과정에서 체계적으로 반영해야 한다고 역설한다. 쓰기 성취기준은 2022 교육과정에서 제시하기(presenting)와 같은 디지털 · 비언어 매체 활용까지 아우르는 표현 영역으로 통합되는 변화를 거쳤다. 이 과정에서 쓰기 성취기준 항목이 축소되고 진술도 모호해지는 문제가 생기기도 했다. 9장은 초등영어를 중심으로 쓰기 성취기준을 해외 사례와 비교하면서 한국 현실 부합 정도와 현장 적용성 측면에서 무엇이 적정한지에 대해 고찰한다.

어휘와 문법은 교육과정을 토대로 교과서를 제작할 때 내용 구성에 가장 큰 영향을 미치는 요인이다. 현장에서 교과서가 언어 학습 교재로 지니는 유익함을 논할 때 얼마나 많고 어려운 어휘와 문법을 다루었는지를 두고 평하는 경우가 다반사일 것이다. 10장 "어휘와 문법: 유럽공통참조기준과의 비교 분석"은 6단계로 어휘 및 문법 항목의 수준을 구분하는 유럽공통참조기준에 비추어 미래 영어과 교육과정에서 학년과 학교군별로 어휘와 문법의 성취기준 세분화 필요성을 논의한다. 초등부터 고등까지 영어 교과서 코퍼스에 제시된 어휘와 문법 항목을 추출하여 비교 분석한 결과를 유럽공통참조기준에 비추어 고찰하면 미래 교육과정에서 어휘와 문법 성취기준을 어떻게 개선할지에 관한 아이디어를 얻을 수 있다.

이 책에서는 위에서 언급한 10개 장을 통해 한국의 영어교육, 좁게는 영어 공교육의 미래를 짚어보고자 한다. 이 책이 한국 영어교육의 청사진을 보여주는 '미래보고서'이자 향후 교육과정 개정의 기초자료로 활용되리라 감히 예상해 본다.

2025년 5월

저자 일동

CHAPTER 01

인공지능 시대의 영어과 교육과정

CHAPTER 02

언어 습득 원리와 인공지능 활용 영어교육

CHAPTER 03

영어과의 심미적 감성과 창의적 사고 역량

CHAPTER 04

영어과 교육과정의 초·중등 연계 방향

CHAPTER 05

영어과 교육과정과 인공지능 기술 활용: 분석과 제언

CHAPTER 06

인공지능 시대의 영어 교사교육

CHAPTER 07

이해 영역: 인공지능 도구 활용 방안

CHAPTER 08

표현 영역: 종합적 분석과 진단

CHAPTER 09

표현 영역: 쓰기 성취기준

CHAPTER 10

어휘와 문법: 유럽공통참조기준과의 비교 분석

AI

CHAPTER 01

인공지능 시대의 영어과 교육과정

영어과 교육과정은 학습 부담의 경감이라는 명분을 근거로 교육과정 개정 때마다 규제를 추가하고 강화하는 방향으로 변화해 오다가 2022 개정 영어과 교육과정에서 일부 규제를 제거하였다. 인공지능 활용 영어교육에서는 교육과정의 이러한 규제들이 장점을 약화시키고 단점을 강화시키는 역작용을 할 수 있다. 영어 성취도의 수준차를 고려한 영어교육을 위해 필요한 수준별 학습, 개별화된 학습은 즉각적이고 개별화된 피드백 등이 강점인 인공지능 활용 영어교육에서 가능하다. 이번 장에서는 수준별 학습, 개별화된 학습이 가능하도록 하기 위해서는 영어과 교육과정이 어떠한 지향점을 가져야 하는지를 살펴볼 것이다.

SECTION

01 인공지능 시대의 영어교육

영어교육 현장에서 제기되는 큰 어려움 중 하나는 학생 간의 수준 차이다. 2024년 현재 초등학교 학급당 학생 수는 20.0명, 중학교는 24.5명, 일반계 고등학교는 24.8명이다.[1) 상·중·하 집단마다 영어학력 수준 차이가 큰 20명 넘는 학생들이 같은 교실에서 공부하고 있다. 영어 학습의 수준차 문제가 지속적으로 제기됨에 따라, 문제를 해소하기 위해 수준별·개별화 학습이 필요한 실정이다. 그러나 교사 1인이 담당하는 학생 수가 적지 않다 보니 새로운 학습을 현장에 도입하기 어려운 상태이다. 수준별·개별화 학습을 위해 수준별 반 편성까지도 시도된 적이 있으나 당사자들의 반대와 내신 성적 산출이라는 현실적인 문제에 의해 중단되었고, 이후 뚜렷한 해결책이 없는 상태가 지속되고 있다.

인공지능(Artificial Intelligence: AI)의 발달과 이를 활용한 에듀테크의 발달이 광범위하게 이루어짐에 따라 수준별·개별화 학습의 가능성이 가시화되고 있다. 2022 개정 교육과정에 따른 AI 디지털 교과서(이하 AIDT)의 도입도 이러한 시대적 변화를 교육 현장에 수용하기 위한 노력의 일환이다. 그러나 AIDT 검정 심사가 시작되기도 전에 이에 대한 연수가 이루어지는 등 충분히 준비되지 않은 상태에서 정책이 추진되면서 AIDT에 대한 우려와 불신을 증폭시켰고, 여기에다 정치적인 접근까지 이루어지면서 상황이 복잡하게 꼬이고 있다. 이러한 우여곡절 끝에 2025년부터 AIDT가 교육 현

1) 교육 통계 서비스: https://kess.kedi.re.kr/mobile/kessTheme/zipyoDetail?menuCd=030201&cd=929&survSeq=0000&uppCd1=030201&itemCode=03&menuId=m_02_03_01

장에 도입되기 시작하였다.

AIDT와는 별개로 현장에서는 이미 인공지능을 활용한 EBS AI 펭톡, 알공 the English Planet 등 AI 기반 챗봇 활용 앱과 프로그램들이 활발하게 사용되고 있다. 여기에서 주목해야 할 점은 인공지능 활용 영어교육 프로그램이 가지고 있는 교육 효과성이다. 인공지능 기반 영어교육용 챗봇 등의 활용은 즉각적이고 개별적인 피드백(immediate and individual feedback)의 제공이 가능하다는 점과 영어를 대하는 두려움과 같은 정의적 장벽(affective barrier)을 제거/약화하는 고무적인 성과로 이어지고 있다. 특히 기계적 연습과 유의미 연습에 있어서 효과적이기 때문에 하위권과 중위권 학습자들의 학업 성취도 향상 효과가 큰 것으로 알려져 있다(김민지, 2020; 연윤지, 2023; 김윤수, 2024). 인공지능 기반 챗봇은 규칙 기반 챗봇을 사용한 기계적 연습과 더불어 유의미한 연습을 위해서도 폭넓게 사용될 수 있다. 다만, 이미 영어 수준이 일정 궤도에 오른 상위권 학습자들은 기계적 연습에 초점을 맞춘 인공지능만으로 학습 효과 신장을 기대하기 어렵다. 상위권 학습자에게 필요한 것은 ChatGPT나 Copilot과 같은 LLM(Large Language Model)을 활용한 챗봇 등을 통한 의사소통 연습이 더 유익할 수 있다.

위와 같은 교육 환경과 에듀테크의 변화에 따라 개별화된 학습, 학습자 수준에 최적화된 학습을 위해 AIDT가 도입되었으나 교육과정이 가지고 있는 위계성과 같은 근본적인 제약과 영어과 교육과정의 특수성과 같은 문제들로 인해 의도한 효과를 거두기 어려운 것 또한 사실이다. 본 장에서는 위와 같은 문제들을 검토하면서 바람직한 학습 효과를 거두기 위한 영어과 교육과정 변화 방향에 대해 거시적으로 조망하고 몇 가지 제안을 덧붙이고자 한다.

SECTION

02 영어과 교육과정

(1) 영어과 교육과정 변천

영어과 교육과정은 사회적, 정치적 변화와 교육 환경의 변화 등의 이유로 해방 이후 13차례 개정되었다. 영어과 교육과정은 제1차 교육과정에서 학년변 어휘 수 제한을 도입하였고, 제3차 교육과정에서 단일 문장 길이도 학년별로 제한하였으며, 제6차 교육과정에서는 '의사소통 기능과 예시문'을 제시하면서 초등학교에서 사용하기를 권장하는 의사소통 기능에 △ 표시를 하는 등 규제를 강화하는 형태로 변화해 오다가 2022 개정 영어과 교육과정에서 어휘 수 제한은 유지하였으나 단일 문장 길이와 초등영어 사용 권장 의사소통 기능 표시를 삭제하였다.

교육과정에서 청화식 교수법(the Audiolingual Method)을 받아들이면서 카세트테이프를 현장에 도입하여 듣고 따라 말하는 수업이 이루어졌으며, 제7차 교육과정부터는 영어 교과서의 보완 교재인 CD-ROM Title을 사용하였다. 2009 개정 교육과정에서는 교사용 전자 저작물 이외에도 서책형 기반 학생용 디지털 교과서를, 2022 개정 교육과정부터는 AI 디지털 교과서를 개발하여 보급하였다.

〈표 1-1〉 영어과 교육과정의 변천

연번	교육과정	특징
1	교수요목기 (1946.4-1954.4)	• 번역, 문법, 작문, 회화, 발음 등 교과 편성 • 번역을 통한 문법 수업
2	제1차 교육과정의 시기 (1954. 4.~1963. 2.)	• 학년별 어휘 수 제한 실시
3	제2차 교육과정의 시기 (1963. 2. ~1973. 7.)	• ① 듣기와 말하기, ② 읽기, ③ 쓰기 구분
4	제3차 교육과정의 시기 (1973. 8.~1981. 12.)	• 단일 문장의 길이를 학년별로 제한 • 학년별 학습 문형 제시
5	제4차 교육과정의 시기 (1981. 12.~1987. 3.)	• '초등학교 영어 특별활동 운영 • '방향(지침)'에 따라 특활 시간에 초등영어 수업 실시 • Phonics 지도 강조
6	제5차 교육과정의 시기 (1987. 3.~1992. 6.)	• 사교육에서 조기 영어교육의 급속한 확대
7	제6차 교육과정의 시기 (1992. 6.~1997. 12.)	• '개념-기능 중심 교수요목(notional-functional syllabus)'이 도입 • 이해 기능(듣기, 읽기)과 표현 기능(말하기, 쓰기)으로 구분하여 제시 • '의사소통 기능과 예시문' 제시(초등영어 사용 권장 의사소통 기능 표시) • '국민학교 영어과 교육과정'이 고시(1995. 11. 1) • 1997년부터 초등영어교육 전면 실시
8	제7차 교육과정의 시기 (1997. 12.~2006. 8.)	• '수준별 교육과정'으로 전환 • 4 기능(듣기, 말하기, 읽기, 쓰기)으로 구분하여 제시 • '의사소통 기능과 예시문' 제시(초등영어 사용 권장 의사소통 기능 표시) • 교사용 CD-ROM title 개발
9	2007 개정 교육과정기 (2006. 8.~2008. 12.)	• 수시 개정 체제로 전환
10	2008 개정 교육과정기 (2008. 12.~2011. 8.)	• 초등영어에만 이루어진 개정 • 초등학교 3·4학년은 주당 2시간, 5·6학년은 주당 3시간으로 확대 • 교사용 CD-ROM title 개발

11	2009 개정 교육과정기 (2011. 8. 9.~2016. 8.)	• 영어과 교육과정은 2011년 8월에 개정·고시 • 학년군제 도입(3·4학년군 등) • '의사소통 기능과 예시문' 제시(초등영어 사용 권장 의사소통 기능 표시) • 서책형 기반 학생용 디지털 교과서 개발
12	2015 개정 교육과정기 (2015. 9. 23.~2023. 2)	• 역량 기반 교육과정 • '의사소통 기능과 예시문' 제시(초등영어 사용 권장 의사소통 기능 표시) • 서책형 기반 학생용 디지털 교과서 개발
13	2022 개정 교육과정기 (2022. 12. 22.~현재)	• 언어 기능을 '이해(reception)'와 '표현(production)' 영역으로 개편 • '의사소통 기능과 예시문' 제시(초등영어 사용 권장 의사소통 기능 미표시) • AI 디지털 교과서 개발

(2) 2022 영어과 교육과정의 특징

2022 교육과정의 총론은 '포용성과 창의성을 갖춘 주도적인 사람'을 키우기 위해 '미래 사회가 요구하는 역량 함양이 가능한 교육과정'에 중점을 두고 있다. 영어과 교육과정에서는 이러한 비전을 이어받아 총괄적인 핵심 역량(영어교육의 궁극적인 지향점)을 '영어 의사소통 역량'으로 정하고, 이러한 역량을 발휘하기 위해 창의적 사고 역량, 자기 관리 역량, 공동체 역량, 심미적 감성 역량, 협력적 소통 역량, 지식 정보처리 역량을 활용하도록 기술하고 있다.

영어과 교육과정의 '성격'에서는 영어를 '다양한 언어 및 문화 배경을 가진 사람들의 주요 의사소통 수단이 되는 언어'로 규정하면서 학교 교육에서 영어 교과의 필요성 및 역할을 서술하고 있다. '목표'에서는 국가적·사회적 요구, 미래 사회 변화, 학문적 체계, 해외 동향 등을 반영하여 영어과의 궁극적인 목표인 영어 의사소통 역량을 길러주는 것을 총괄 목표로 삼으며, '교수·학습 및 평가의 방향'에서는 디지털·AI 교육 환경을 고려하여 역량 함양을 위한 교수·학습 및 평가 방법을 구체적으로 제시하고 있다.

언어 기능 영역을 듣기, 말하기, 읽기, 쓰기의 네 가지 영역으로 구분하던 기존 교육과정의 방식에서 벗어나 언어의 사회적 목적 관점에 따라 '이해(reception)'와 '표현(production)' 영역으로 재편하였다. 이해 영역에서는 담화와 글뿐만 아니라 이미지, 동영상 등이 다양하게 결합된 방식으로 제공되는 영어 지식 정보를 처리하고 사용하는 능력을 기른다. 표현 영역에서는 다양한 매체를 통해 말, 글, 시청각 이미지 등을 활용하여 자신의 느낌, 생각, 의견 등을 전달하는 능력을 기른다. 이해 영역과 표현 영역은 독자적인 영역으로 기능하는 동시에, 두 영역을 결합한 형태로 영어 사용자 간 상호작용도 가능하다. 이러한 상호작용은 대화, 토론, 문자 교환 등 복수의 매체를 사용하여 참여자들이 다양하게 소통하는 방식으로 이루어진다.

〈그림 1-1〉 영어과 역량 및 영역 구성

영어 사용의 사회적 맥락과 의사소통 방식의 다변화를 고려할 때, 매체와 기술의 발달로 듣기와 읽기 기능에 더해 시청각 이미지나 동영상이 결합된 보기(viewing)는 이해의 중요한 수단이 되었다. 표현 영역에서도 말하기와 쓰기 기능에 더해 다양한 매체를 활용하여 의견을 발표하는 등과 같은 제시하기(presenting)가 중요해졌다. 실생활에서 영어 사용자는 이러한 언어 기능을 동시에 혹은 선택적으로 사용한다. 사회관계망 서비스와 같은 다양한 의사소통 방식이 사용되면서 각 기능의 구분이 불명확하고 그 비중도 균등하지 않다. 이를 반영하여, 2022 교육과정에서는 다양한 언어 기능을 '이해'와 '표현'의 두 영역을 중심으로 범주화함으로써 매체와 방식의 다양성과 유연성을 포용하였다.

(3) 영어과 교육과정의 이슈들

통제 중심의 교육과정

교수요목기부터 주당 수업 시간을 5시간으로 정하기 시작하면서 영어 교과의 수업 시간 규제가 시작되었으며, 제1차 교육과정부터 학년별 어휘 수 규제를 시작하였고(중1: 400낱말 내외, 중2: 500낱말 내외, 중3: 600낱말 내외), 초등영어교육이 시작된 제7차 교육과정에서 초등영어에서 450낱말을 사용하도록 규제하였으며, 2022 교육과정에서 초등학교 600단어 이내, 중학교 1,500단어 이내, 고등학교는 과목에 따라 1,600~3,000단어 이내로 규제하고 있다. 학교급별 사용 권장 단어도 표시하여 규제하고 있다. 2022 개정 교육과정은 초등학교 사용 권장 단어 800개, 중학교 및 고등학교 공통과목 사용 권장 단어 1,200개를 지정하고 있다.[2)] 제3차 교육과정부터 단일 문장의 길이를 제한하였고(중1: 10단어, 중2: 15단어, 중3:

20단어 이내), 이 규제는 2015 개정 교육과정까지 유지되었으나 2022 개정 교육과정부터 폐지되었다.

'의사소통 기능과 예시문'은 제6차 교육과정부터 제시되기 시작하였고, 초등영어교육이 시작됨에 따라 '의사소통 기능과 예시문'에 초등학교에서 사용하기를 권장하는 의사소통 기능의 예시문에 △로 표시하기 시작하였다. 2015 개정 교육과정의 초등학교 사용이 권장되는 의사소통 기능은 총 121개의 의사소통 기능 중 △ 표시된 예시문을 포함한 의사소통 기능은 78개이다. 단순 계산으로 초등학교 4개 학년 교과서에서 학년별로 10개 단원을 편성하고, 각 단원 당 2개의 의사소통 기능을 사용한다면 80개의 의사소통 기능이 필요하다. 78개의 제한된 의사소통 기능만 초등학교에서 권장한 관계로 인해 초등영어 교과서는 출판사별로 상황 설정에서 약간의 차이가 날 뿐 동일한 의사소통 기능을 사용하여 사실상 국정 교과서와 같다. 이런 문제점을 고려하여, 2022 개정 교육과정부터 초등학교 사용 권장 의사소통 기능을 삭제하였고 교과서마다 다양한 의사소통 기능을 자유롭게 선택하고 구성할 수 있도록 하였다.

또한, 중등 이상에서 필요한 언어 형식도 제3차 교육과정에서 학년별 학습 문형을 제시하기 시작한 이후 학교급별로 사용할 언어 형식을 구분하여 제시하기도 하였고, 2022 개정 교육과정에서는 학교급별 권장 언어 형식을 구분하여 제시하고 있다.

2009 교육과정 이전까지 학년별로 성취기준을 구분하여 제시하는 방식은 학년별 내용 수준을 결정하고 제약하는 요인으로 작용하였다. 특히 초등영어교육에서는 음성언어를 먼저 학습하도록 규

2) '낱말'과 '단어'가 혼용되고 있는 것은 각 교육과정의 용어를 따름에서 기인한다.

정하여 알파벳 도입 시기가 늦어지면서 처음 읽기를 배울 때 체감 난이도가 급격히 상승하는 문제가 수반되기도 했다. 이러한 규제는 학습 부담을 경감하고 학습의 난이도를 조절하기 위한 목적으로 시작되었으나 교과서의 내용 수준을 낮추어 학습자의 지적 흥미를 자극하지 못하는 재미없는 학습 내용으로 학습 동기를 떨어뜨렸다. 이에 따라 2009 교육과정에서는 성취기준을 초등학교 3~4학년군, 5~6학년군, 중학교 1~3학년군처럼 학년군 단위로 제시함으로써 성취기준과 내용 수준을 유연하게 구성할 수 있도록 하였다.

성취기준 해석의 문제

초등학교 3~4학년, 5~6학년, 중학교 1~3학년과 같이 학년군으로 편성된 성취기준은 평가를 위한 유용한 지침을 제공한다. 이런 장점에도 불구하고, 성취기준을 임의로 해석하여 최대치와 최소치의 편차가 크게 벌어질 우려 또한 적지 않다. 이런 문제는 다음과 같은 초등학교 3~4학년 이해 영역의 성취기준을 통해서도 확인된다. 여기에서 가치와 태도와 같은 정의적 능력과 연관된 성취기준은 제외하였다.

[4영01-01] 알파벳과 쉽고 간단한 단어의 소리를 듣고 식별한다.
[4영01-02] 알파벳 대소문자를 식별하여 읽는다.
[4영01-03] 쉽고 간단한 단어, 어구, 문장을 듣고 강세, 리듬, 억양을 식별한다.
[4영01-04] 소리와 철자의 관계를 이해하며 쉽고 간단한 단어, 어구, 문장을 소리내어 읽는다.
[4영01-05] 쉽고 간단한 단어, 어구, 문장의 의미를 이해한다.
[4영01-06] 자기 주변 주제에 관한 담화의 주요 정보를 파악한다.

[4영01-01]부터 [4영01-05]까지의 성취기준은 최소치, 즉 최소한 이 정도 목표에 도달해야 한다는 것으로 이해된다. 즉, [4영01-01]은 알파벳과 쉽고 간단한 단어의 소리를 듣고 식별할 것을 꼭 배워야 하고, [4영01-05]은 쉽고 간단한 단어, 어구, 문장의 의미를 반드시 이해해야 하는 것이다. 그러나 [4영01-05]은 최대치의 해석도 동시에 가능하기에 읽기에서 글을 다루지 못한 채 문장 수준의 제시만 가능하도록 제한하는 효과를 낳기도 한다. [4영01-06]의 '자기 주변 주제에 관한 담화의 주요 정보를 파악한다.'는 통상 최대치으로 해석된다. 즉, 담화의 주요 정보를 파악하는 것은 허용되지만 담화의 세부 정보를 파악하거나 중심 내용 파악하기, 일이나 사건의 순서 파악하기, 특정 정보를 찾아 듣거나 읽기 등은 허용되지 않는 것이다. 성취기준 해석의 최대치와 최소치가 모두 가능하다는 사실은 극단적 해석이 공존함을 뜻한다. 성취기준의 최대치 해석은 그 이상의 내용을 제공하는 것을 금지하는 효과를 가져오고 이 또한 교과서의 내용 수준 저하와 이로 인한 학습 동기 저하 요인일 수 있다.

SECTION

03 AIDT와 인공지능 활용 영어교육

인공지능 맞춤형 기술은 영어 공교육의 수월성 확보에 유리할 뿐만 아니라 기초 학력을 다지는 것에도 유용하게 활용될 수 있다. 심창용(2024)은 AIDT가 다양한 학습 스타일에 대한 지원과 학생들에게 맞춤형 학습 경험을 제공하고, 실시간 피드백, 평가의 자동화, 교사의 교육과정을 지원하는 도구임을 지적한다. 위 연구에서는 AIDT로 인한 디지털 기기와 기술에 대한 과의존과 문해력 저하, 디지털 격차 확대, 학습 효과성에 대한 미검증 우려 등과 같은 부정적인 이슈를 지적하면서, AI 펭톡과 같은 챗봇 활용 영어교육이 학습에 효과적이며 특히 정의적 요인이 유의미하게 향상된 연구 결과를 통해 부정적 우려를 불식할 수 있다고 주장한다.

AIDT는 질의응답, 학습 진도 모니터링 및 추가 학습 자료 제공과 학습 전략 제안, 피드백과 성취 평가, 오답노트 기능 등으로 이루어진 AI 튜터와 수업 설계와 피드백 설계, 평가 및 학생 모니터링 지원 등을 담당하는 AI 보조교사 기능으로 구성되어 있다. 심창용(2024)은 AI 튜터와 AI 보조교사의 주요 기능이 학생에게 개별화된 맞춤형 학습 경로와 자료를 제공하고 적절한 조언 제공으로 학습의 효과성을 높이는 한편, 교사의 교육과정 재구성과 학생의 학습 상황 관찰을 용이하게 할 것으로 예측된다. AI 튜터의 활용 효과는 초등영어 교육용 챗봇인 AI 펭톡을 활용한 수업의 효과에서 확인된다. AI 펭톡이 제공하는 피드백과 의미 협상 전략 사용 등에 대한 긍정적인 평가와 함께 자기 주도적 학습 관리 능력 향상에 긍정적인 평가(정고은 외, 2021), 정의적 요인에서의 긍정적 효과(김희삼 외, 2021; 성수진과 이삭, 2021; 성수진, 2022; 오유진, 2022; 오지윤 외, 2022; 정고은 외, 2021; 홍선호 외, 2022a; 홍선호 외, 2022b 등) 등은 AI 튜터의 사용이 효과적임을 간접적으로 보여준다. 특히 챗봇과 같은 AI 튜터는 학습자의 실수에 대한 두려움과 같은 불안감 해소, 동기 부여 멘트, 학습 내용에 대한 안내 및 학습 결과에 대한 즉각적이고 개별적인 피드백, 학습 결과에 대한 칭찬과 격려 등을 통해 학습을 촉진할 수 있다. AIDT나 AI 기반 영어교육 챗봇 등의 활용은 학습자에게 즉각적이고 개별화된 피드백을 제공한다는 점과 불안감 등을 감소시킨다. 이와 같은 AIDT 기반 영어교육이 성공하려면 교실 영어수업에서 때와 용도에 맞는 기능을 필요한 정도로 사용하는 기능 선택형 교수·학습 방법을 교육과정에 도입하는 노력이 무엇보다 중요하다(심창용, 2024).

SECTION

04 교육과정의 개정 방향

학습 부담의 경감을 위해 시작된 영어과 교육과정의 여러 규제는 교과서에 긍정적이기보다는 부정적 영향을 행사하는 경향을 보여왔다. 이런 결과로 학습자의 인지 수준보다 낮은 내용으로 교과서가 집필되고 학습 동기를 떨어뜨리는 문제가 반복되었다. 교과서 집필진의 노력과 현장교사의 헌신으로 이러한 문제가 일부 완화되기도 하지만 학급 내 수준차의 문제를 근본적으로 해결하기까지에는 아무래도 한계가 있을 수밖에 없다.

교육과정의 규제를 벗어난 내용 구성은 학습 흥미도를 높이고 학습 효과성을 높이는 것으로 판단된다. 이를 위해 AI 펭톡처럼 정의적 요인 향상 효과와 학업 성취도 향상 효과가 높으면서도 접근성이 좋은 비영리 목적의 챗봇을 현장에서 적극 활용하도록 교수·학습 방향에서 제시할 필요가 있다. 초등영어교육과 관련하여, AI 펭톡은 2015 교육과정의 모든 검정 교과서의 어휘와 구문, 의사소통 기능을 통합하여 학년 간 구분 없이 사용하므로 기초 학력 신장과 수월성 교육에 두루 활용할 수 있다.

또한, 미래의 영어과 교육과정에서는 어휘와 언어 형식 등에서 초·중·고등학교 사용 권장이라는 제약을 제거하고 일률적으로 적용되는 학년군 칸막이를 지양하고 Level 1과 같은 가치중립적인 역량 기반 성취기준을 이해, 표현, 문화, 문법 등의 영역마다 세밀하게 구분하여 제시하는 것 또한 고려해 볼 수 있다. 인공지능 기술을 활용한 미래 영어교육의 수준별·개별화 학습은 교과서마다 동일 학년이더라도 다루는 Level이 영역마다 다르게 설정되어야 가능하다. 여전히 최소기준에 해당하는 성취기준이 필요하다면, 어휘 규정과 관련하여 2022 교육과정의 초등학교 600단어 이내, 중학교 1,500단어 이내와 같이 최소한의 규제를 고민해야 할 것이다.

참고문헌

Reference

김민지. (2020). *인공지능 스피커를 활용한 중학교 영어 학습자 말하기 평가 연구: 정의적 영향과 평가의 객관성. 석사학위논문.* 제주: 제주대학교.

김윤수. (2024). *AI로 재구성된 수준별 텍스트를 활용한 고등학교 영문학 수업 효과 연구.* 석사학위논문. 서울: 서울대학교.

김희삼, 엄한숙, 오형나, 최다인. (2021). 인공지능 영어 말하기 프로그램의 효과성 분석. *교육방법연구*, 33, 563-588.

남보라, 조규희, 박지현, 성민창, 황필아, 강정진, 이동환, 심창용, 최희경, 박선호, 김혜련. (2024). *인공지능 융합 영어교육의 이해.* 경문사.

성수진, 이삭. (2021). AI펭톡 활용 영어 학습에 대한 학습자와 교사의 인식 분석 및 활용 방안. *학습자중심교과교육연구, 21*, 915-935.

성수진. (2022). AI펭톡을 활용한 초등학교 5학년 영어 어휘 학습 효과 및 지도 방안. *Multimedia-Assisted Language Learning, 25*(3) 117-145.

심창용. (2024). AI 디지털 교과서 활용 영어교육의 기초. *ESP Review, 6*(2), 137-154.

연윤지. (2023). *인공지능 챗봇 활용 수업의 상호작용 양상 연구: 초등 영어 말하기 수업을 중심으로.* 석사학위논문. 서울: 서울대학교.

오유진. (2022). *인공지능 챗봇 'AI 펭톡'이 초등영어 수업에 미치는 영향에 관한 연구.* 석사학위논문. 부산교육대학교.

오지윤, 이삭, 전재호, 홍선호. (2022). 초등영어교육에서 AI펭톡의 역할 및 활용 방안. *한국초등교육*, 33(2), 35-50.

홍선호, 이삭, 전재호, 오지윤. (2022). *2021년 EBSe AI펭톡 활용 운영 성과 분석.* 한국교육방송공사 연구보고서.

홍선호, 이삭, 전재호, 오지윤. (2022b). AI 펭톡에 대한 인식 및 만족도 분석. *현대영어교육*, 22(4), 70-78.

AI

CHAPTER 02

언어 습득 원리와 인공지능 활용 영어교육

영어과 교육과정의 궁극적 지향점은 영어 의사소통 역량의 함양이며, 진정한 의사소통 능력을 갖추기 위해서는 외국어 습득 원리를 기반으로 하는 올바르고 효과적인 교수 방안이 필요하다. 하지만 외국어로 영어를 배우는 EFL(English as a foreign language) 상황은 자연스러운 습득을 추구하는 데 있어 근원적인 제약을 가지며, 실제 영어 공교육 현장은 의식적인 지식의 학습 및 연습에만 초점을 맞추는 경향이 있어 왔다. 인공지능을 비롯한 기술의 활용은 이와 같은 EFL 상황에서 오는 시공간적 제약을 극복할 수 있는 방안이 될 수 있으며, 이러한 점에서 기술의 활용을 적극적으로 강조한 2022 개정 영어과 교육과정은 습득 원리에 따른 효과적인 의사소통 함양을 실현시킬 잠재력이 있다. 이번 장에서는 외국어 습득의 원리와 습득에 영향을 주는 변인들을 짚어보고, 한국의 영어교육 맥락에서 인공지능을 활용하여 최적화된 언어 습득을 추구하는 방안에 대해 살펴볼 것이다.

SECTION

01 언어 습득의 원리

아이를 키워본 사람이라면, 또는 주변에서 아이의 성장을 지켜본 사람이라면 아이가 언어를 배우는 속도에 놀라지 않을 수 없다. 만 1세 정도가 되면 첫 단어를 구사하기 시작하며, 만 1.5에서 2세가 되면 두 단어를 붙여서 말하기 시작한다. 이후 2.5세 정도가 되면, '비싼 통신료'를 감안하여 핵심 단어만 표현하는 전보와 같이 주요 단어를 붙여서 말하는 다단어 단계(multi-word stage) 또는 전보체식 발화 단계(telegraphic stage)에 도달하게 된다.

이 과정에서 흥미로운 점을 두 가지 짚어볼 수 있다. 첫 번째 흥미로운 점은 아이가 첫 단어를 발화하기까지 상당한 시간이 소요된다는 것이다. 이에 대해서는 다양한 설명이 가능할 것이다. 아이의 인지 발달 속도의 문제가 있을 수 있겠고, 또한 아이의 조음기관이 정교화되는 과정에서의 어려움도 있을 것이다. 이에 더해 아이가 첫 단어를 습득하기 위해 본질적으로 어떤 세부 과업을 해내야 할지 살펴보자. 아이의 입장을 이해하기 위해 우리는 어떠한 배경도 없이 처음으로 낯선 언어를 접하는 상황을 상상해볼 수 있다. 어떤 꽃을 보고 만지려는 상황에서 'Nisumukwahivyousiiguse' (스와힐리어)[1]라는 말을 들었다. 이 말을 이해하기 위해서 우리는 어떤 것을 알아야 할까?

첫 번째로 소리의 체계를 알아야 한다. 어떤 두 개의 소리가 하나의 소리에 대해 약간 달리 발음되는 것인지, 서로 다른 소리인지를 알아야 한다. 예를 들어, 한국어에서는 /사다/와 /싸다/가 서로

---

1) 대부분의 한국어 화자에게 생소할 언어로 스와힐리어를 예시로 들었다.

다른 말이지만 영어에서는 sad의 s 소리를 /ㅅ/으로 발음하든 /ㅆ/로 발음하든 같은 단어로 인식된다. 이 새로운 언어의 경우 예시 문장은 문자로 제시되었지만, 아이들은 문자의 도움 없이 음성 자극으로 접하게 될 것이다. 그렇다면 처음에 들리는 s 소리와 마지막에 들리는 s 소리를 한국어의 /ㅅ/, /ㅆ/와 같이 별개의 음소(phoneme)로 구분해서 생각해야 할지, 약간의 차이는 있으나 하나의 음소로 생각해야 할지 판단이 필요하다.

두 번째로는 단어나 형태소의 구획(segment)을 파악해야 한다. 즉, 음성 자극 중에서 어디서부터 어디까지가 하나의 의미 단위인지를 알아야 하는 것이다. 이러한 과업을 이해하기 위해 위의 새로운 언어 예시 문장은 띄어쓰기를 생략했다. 실제 발화에서는 단어의 경계에 맞춰 중간에 휴지(pause)가 발생하는 것도 아니며, 소리의 단위와 단어 또는 형태소의 단위는 완전히 일치하지도 않기 때문이다.[2)] 따라서 Nisumukwahivyousiiguse라는 문장을 이해하려면 Ni sumu, kwa hivyo usiiguse와 같이 의미 단위로 구분하는 과정이 필요한데, 언어를 처음 배우는 입장에서 이는 결코 쉬운 일이 아니다.

마지막으로 알아야 할 것은 의미다. 현재의 예시 문장은 꽃을 만져보려고 하는 상황에서 주어졌다. 이 상황이 언어의 의미를 파악하는 데 도움을 주는 것은 사실이다. 하지만 문제는, 해당 상황에서 할 법한 말을 몇 가지로 줄여볼 수는 있으나, 그중에서 어떤 말을 의도했는지를 확신하기에는 어려움이 있다는 것이다. 예시 문장의 Ni sumu는 'It's poisonous', kwa hivyo는 'therefore', 그리고 ussiguse는 'don't touch it'의 의미를 가진다. 즉, 이 문장은 꽃이 독성이 있으니 만지지 말라는 의미다. 하지만 이 발화가 일어난 상황

---

2) 예를 들어, I scream과 ice-cream은 거의 비슷한 발음을 갖지만, 이 소리를 구성하는 형태소의 구성·구획은 다르다.

정보는 예시 문장의 의미를 '이 꽃은 참 예쁘다', '이 꽃을 만지면 가려울 수 있다', '이 꽃은 (함부로 만지면 안되는) 소중한 것이다' 등등과 같이 오인하는 것을 허용한다. 물론 해당 단어가 계속해서 다양한 상황에서 쓰이는 경험을 통해 본인이 이해한 의미가 강화되거나, 또는 오인한 의미를 바로잡게 될 것이다. 하지만 원뜻과의 차이가 크지 않거나 쓰일 수 있는 상황이 중첩되는 오인식 단어의 경우는 그 의미를 수정하는 것이 쉽지 않을 수 있다.

지금까지 살펴본 바와 같이, 아이가 첫 단어를 발화하기 위해서는 조음기관의 발달에 더하여 단어 자체를 습득하는 것이 필요하다. 언어를 처음 배우는 아이의 입장에서 단어를 배운다는 것은 해당 언어의 소리 체계를 이해하고, 형태론적 경계를 파악하고, 마지막으로 형태소의 의미를 파악하는 세부적인 단계가 존재하며, 각 단계 중 어떤 것도 결코 쉽지 않다. 따라서 아이가 처음으로 단어의 의미를 깨닫는 데는 인지적 발달과 함께 상당한 시간이 필요한 것이다.

아이의 모국어 습득 과정 관련 다음으로 짚어볼 흥미로운 점은, 한 단어 단계, 두 단어 단계 다음이 세 단어 단계가 아닌 다단어 단계로 급격한 도약이 있다는 것이다. 이는 현재 통사론의 기초가 되는 Chomsky(1957)와 Jackendoff(1977)의 엑스바 이론(X-bar theory)으로 설명해 볼 수 있다. 엑스바 이론에 따르면 인간 언어의 기본 구조는 같은 층위에서 최대 두 개의 요소가 결합하는 이분지 구조(binary node)를 갖는다. 아래 그림의 이분지 구조에서와 같이 최대 두 개의 요소가 결합하여 하나의 노드가 만들어진다고 가정한다면, 세 단어 또는 그 이상의 단어로 이루어진 발화라는 것은, 해당 아동이 두 단어를 결합한 것을 하나의 노드(예. like chocolate)로 보고 이를 다른 요소(예. I)와 결합하여 더 상위 노드를 만들어낼 수 있다는 것을 의미한다. 즉, 이 아동은 위계를 갖는 언어 구조를 생성하는 능력이 있는 것이며, 이는 여러 단어를 하나의 단위로 치환하고, 이를 다른 요소와 결합하여 더 큰 단위의 문장을 만들어내는 능력, 즉 언어를 무한으로 생성할 수 있는 생산성(productivity)의 근거가 될 수 있다. 따라서 두 단어 시기를 넘어가면 삼분지 구조의 경우와 같이 단순히 단어를 하나 더 수평적으로 덧붙일 수 있는 능력을 넘어서서 위계화된 구조를 만드는 능력이 갖춰지는 것이며, 따라서 발화할 수 있는 문장의 길이 또한 급격하게 길어진다고 해석할 수 있다.

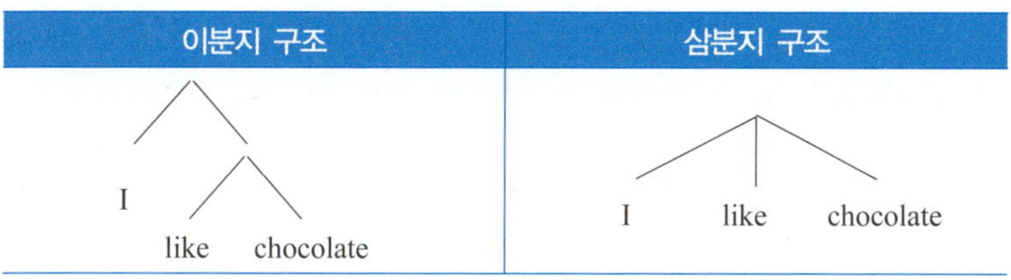

〈그림 2-1〉 언어 구조

지금까지 살펴본 모국어 습득 과정 연구는 1950년대 Noam Chomsky를 주축으로 활발하게 이루어져 왔다. Chomsky의 연구에서 또 다른 중요한 주장은 보편 문법(universal grammar)에 대한 것이다. 보편 문법의 핵심은 세상의 모든 언어가 무한하게 달라 보이지만 실상은 인간의 언어라면 갖춰야 할 공통적인 특징이 있기도 하고, 차이가 있더라도 어떤 체계를 가지고 유한하게 다르다는 점이다. 이러한 언어 간의 공통점을 원리(principle)로, 체계적인 차이를 매개변인(parameter)이라고 부른다. 원리에 대한 예를 몇 가지 들어 보자면, 모든 언어의 구조는 엑스바 이론의 주장과 같이 이분지 구조의 중첩으로 이루어지며, 서술어가 존재한다. 또한 두 사건

A, B를 나열한다면 특별한 시간 표현이 명시적으로 드러나지 않는 이상 기술 순서가 사건이 발생한 순서와 일치한다.[3)]

또한 매개변인에 대한 예를 들어, 보자면, 한국어와 영어의 어순은 상당히 다르다고 생각되지만 이는 주요 구문이 핵선행(head-initial) 구조를 갖는지, 핵후행(head-final) 구조를 갖는지 여부로 설명할 수 있다. (1)의 한국어 문장과 (2)의 영어 문장은 어순이 무작위로 달라 보인다. 하지만 〈표 2-1〉과 같이 이 문장을 구성하고 있는 각 구의 구조를 살펴보면, 한국어의 경우 일관되게 굵은 글씨로 표시된 핵이 뒤에 위치하는 핵후행 구조를, 영어의 경우 일관되게 핵이 상대적으로 앞에 위치하는 핵선행 구조를 갖는 것을 알 수 있다. 이를 원리와 매개변인 이론으로 설명하자면, 모든 언어는 핵과 보어(complement)로 구성된 구 구조를 갖는다는 원리가 있으며, 이때 핵이 보어를 선행하는지 후행하는지에 대한 매개변인 값의 설정에 따라 언어 간의 어순 차이가 나타나는 것으로 설명할 수 있다.

(1) 시아는 아빠가 만든 장난감을 좋아할 것이다.
(2) Sia will like the toys that her daddy made.

이때 중요한 점은, 언어 원리와 매개변인 등에 대한 보편 문법과 언어를 습득하는 능력을 인간이 생득적으로 갖고 있다는 것이다. 즉, 어린 아이의 입장에서 아이들은 자신이 어떤 언어를 배우게 될지 전혀 알 수 없을 것이다. 인종과 언어가 일치하는 것도 아

3) '숙제를 하고 게임을 했다'라는 문장은 특별한 시간 표현이 없지만 숙제를 한 것이 먼저고 게임을 한 것이 나중이라고 해석되며, 이처럼 기술 순서와 사건 발생 순서를 일치시켜 해석하는 것은 모든 언어의 보편적인 특성이다.

〈표 2-1〉 한국어와 영어 구 구조 비교

구 구조 (핵: 굵은 글씨)	한국어 (핵후행 구조 우세)	영어 (핵선행 구조 우세)
동사구(VP): **V**, NP	NP **V**	**V** NP
	장난감을 **좋아**한다	**like** the toys
명사구(NP): **N**, CP	CP **N**	**N** CP
	아빠가 만든 **장난감**	**toys** that her daddy made
문장(IP): **I**, VP	VP **I**	**I** VP
	... 장난감을 좋아**할 것**이다	**will** like the toys...

니고 자신이 배우게 될 언어가 무엇인지는 유전적 정보에 담겨 있지 않기 때문이다. 하지만 아이는 인간이라는 종의 특성상 유전적으로 언어 능력을 갖추고 있는데, 구체적으로 설명하자면 언어라는 것이 보편적으로 어떤 요소를 갖고 있으며, 어떤 매개변인이 있어 어느 범위 내에서 차이를 가질 수 있는지에 대해 이미 무의식적으로 아는 것이다.

하지만 보편 문법과 생득적 언어 습득 기재만으로는 언어 습득을 모두 설명할 수 없다. 언어 자극이 수반되어야만, 머릿속에 갖춰진 문법 체계 내에서 값이 정해지기 때문이다. 예를 들어, 보호자로부터 'You like it?'이라는 질문을 반복적으로 들으면서 아이는 동사구 어순이라는 매개변인에 대해 '핵후행'이 아닌 '핵선행'이라는 값을 설정하게 된다. 반면 어떤 아이는 보호자로부터 '이거 좋아?'라는 질문을 반복적으로 들으면서 자신의 언어 동사구 어순에 대해 '핵후행'이라는 값을 설정하게 된다. 같은 방식으로, 아이는 언어를 초월하는 보편적 원리와 언어에 따라 가치 또는 값이 정해져야 하는 여러 매개변인에 대해 배우지 않고도 알고 있으며, 언어 자극을 들으면서 매개변인의 값을 설정하고 안정적으로 해당 값을 고정해 가면서 자신의 언어를 습득해가는 것이다.

이와 같이 보편 문법과 언어 습득 기재에 대한 생득론을 주장하게 되는 근거는 자극의 빈곤(poverty of the stimulus) 문제다. Chomsky의 생득론 이전 주류 이론은 행동주의(behaviorism)다. 행동주의는 마치 서커스단의 동물이 재주를 익히는 것과 마찬가지로 아이들 또한 주어진 자극을 보고 모방하게 되며, 이때 올바른 모방이 일어나면 대화의 어려움 종식, 칭찬 등을 통해 강화가 이루어지고, 옳지 않은 발화에 대해서는 교정 등을 통해 억제하는 원리를 통해 습득이 일어난다고 주장했다. 하지만 생득론적 입장은 자극과 이를 단순히 모방하는 것만으로 아이의 언어 습득을 설명하기는 불충분하다고 본다. 아이들에게 주어지는 언어 자극은 불완전하다. 아이들은 깔끔하게 정제된 어학 자료를 통해 언어를 배우지 않는다. 아이들이 듣게 되는 어른들의 말은 실수가 빈번하고, 중간에 하던 말을 끊고 갑자기 다른 문장을 시작한다든지, 사람에 따라 조금씩 다른 사투리를 쓴다든지 다양한 변이를 갖는다. 아이들의 인지 수준을 고려할 때 이와 같이 다양한 실수와 예상치 못한 변이들을 포함한 언어 자극을 모방함으로써 상당히 고도화되고 복잡한 언어를 습득할 수 있다는 주장은 무리가 있다.

또한 아이들에게는 부정적인 증거(negative evidence)가 부족하다. 부정적 증거란 어떤 문법이 해당 언어에서 허용되지 않는지를 보여주는 증거를 의미한다. 우리가 모국어 화자로서 해당 언어를 습득하고 그 문법을 갖고 있다면 문법에 맞는 발화를 할 뿐만 아니라, 들어본 적이 없는 문장이라 하더라도 이 문장이 문법적인지 비문법적인지 판단할 수 있다. 하지만 언어 자극은 어떤 문법이 가능한 것인지를 제시할 뿐, 어떤 표현이 비문법적인지를 알려주지 않는다. 또한 간혹 아이가 과잉 일반화를 통해 어른들은 쓰지 않는, 따라서 한 번도 들어본 적이 없는 비문을 발화할 수 있는데 이때 어른들의 교정은 효과가 없다. 예를 들어, McNeill(1966)에 인용된 대화에서 아이가 'Nobody doesn't like me'라고 했을 때 부모는 'Nobody likes me'라고 지적하고 수정해줬지만 아이는 끝내 자신의 문법 오류를 인지하지 못하고 고치지 않았다. 이처럼 아이들은 주변 언어 자극을 통해 어떤 문법이 가능한지는 알 수 있지만, 아이에게 어떤 문법이 불가능한지를 알려줄 수 있는 것은 지극히 제한적이며 효과가 미미하다. 그럼에도 불구하고 아이들은 성인이 되었을 때 문법적인 발화를 할 뿐만 아니라 세밀한 비문법적 오류에 대해서도 판단할 수 있는 능력을 보인다. 이는 모국어 습득이 단순히 자극을 모방하는 것을 넘어서 선천적으로 타고난 무엇인가가 추가적으로 작용했음을 제시하며, 이제까지 많은 습득론자들은 그 추가적인 작용을 보편 문법과 생득적 언어 습득 기재의 존재로 설명해온 것이다.

만 13세까지 외딴 창고에 갇혀 언어 입력을 전혀 받지 못한 지니의 경우는 또한 언어 습득에 결정적 시기가 있음을 제시하는데, 이는 언어 습득 기재가 생물학적으로, 또는 유전적으로 타고난 것임을 뒷받침한다. 지니는 만 13세가 지나 발견되면서 비로소 풍부한 언어 입력을 받게 되었으나, 그럼에도 불구하고 끝내 그녀의 언어에서는 주로 문법적 기능을 갖는 관사, 수일치 형태소 -es와 같은 기능어의 사용이 결여되었으며, 그녀는 온전한 언어 습득에 도달하지 못했다. 이러한 습득의 실패는 특정한 시기에 필요한 자극을 받지 못한 동물이 자신의 종 특유의 능력을 갖추지 못하는 현상과 비슷하다. 따라서 언어 습득에서 결정적 시기가 존재한다는 것은 언어 습득 능력이 생물학적이고 선천적인 것이라는 주장을 뒷받침할 수 있다.

지금까지의 논의를 바탕으로 모국어 습득에서 중요한 요소를 설명하자면 1) 선천적으로 타고난 보편 문법과 언어 습득 기재, 2) 언어 입력, 그리고 3) 일반화 및 과잉 일반화, 유추 등의 기능을 포함하는 일반적인 인지로 요약할 수 있다. 즉, 아이가 모국어를 습득한다는 것은, 보고 듣는 언어적 입력을 이미 타고난 선천적인 언어 습득 도구와 일반적 인지를 활용하여 분석하고 내재화하는 과정이라고 정리할 수 있다.

그런데 1950년대부터 언어 습득 주류 이론이었던 생득론적 입장은 최근 다시 논란이 되고 있다. 여전히 제한된 언어 자극을 단순한 모방을 통해 습득한다는 행동주의 이론은 비판을 받고 있으나, 이에 더해 보편 문법이나 언어 습득만을 위한 기재가 선천적으로 존재한다는 주장에 대해서도 반론이 제기되고 있기 때문이다. 가장 큰 반론은 사용 중심 관점(usage-based approach)으로 인간에게는 언어 습득만을 위해 특화되어 타고나는 능력이 따로 있는 것이 아니며, 언어 습득 또한 일반적인 인지의 활용으로 설명할 수 있다는 것이다. 이러한 주장에 따르면 선천적으로 타고난 언어 습득 도구보다 일반 인지의 역할이 더욱 중요해지며, 일반 인지를 통한 일반화가 주요한 역할을 하는 만큼 언어 습득을 설명하기 위해서는 언어 자극에서의 빈도 등을 살펴보게 된다. 어떤 표현을 얼마나 자주 사용하는지, 또는 얼마나 제한적으로 사용하는지 등의 정보가 일반적인 인지를 통해 (무의식적으로) 분석된 결과 문법이 생성되고, 추가적인 언어 자극 정보에 따라 해당 문법이 강화되거나 수정될 수 있다고 보기 때문이다.

02 제2언어 습득과 개인차 변인

지금까지의 논의는 모국어 습득에 관한 것이었다. 언어 습득에서는 언어 입력과 일반적인 인지가 필수적이며 이를 기반으로 대부분의 아이들은 자신의 모국어를 예외 없이 성공적으로 습득해낸다. 반면 모국어가 아닌 언어를 추가적으로 배우는 제2언어 습득 맥락에서는 모국어 수준의 온전한 습득이 흔치 않고 개인마다 습득 속도 및 최종 도달 지점 등에 있어 차이가 크다. 따라서 제2언어 습득 상황에서는 이러한 개인차를 설명할 수 있는 변인을 추가로 살펴볼 필요가 있겠다.

먼저 제2언어 습득에서 추가적으로 고려해야 할 점은 모국어다. 아이들이 처음으로 언어를 배울 때와 달리 새로운 언어를 추가로 배우는 상황에서는 이미 습득한 언어가 영향을 준다. 무엇보다도 이미 습득한 언어가 대다수의 경우 주 언어, 즉 일상에서 가장 빈번하게 사용하는 언어이므로 이 언어의 영향을 없애는 것은 불가능하다. 따라서 외국어를 배우는 학습자의 모국어는 외국어의 습득에 주요한 영향을 줄 수 있다. 특히 모국어와 외국어 간에 유사한 부분이 있다면 해당 내용을 습득하는 데 도움을 받을 수 있고, 두 언어 간의 차이점은 어려움을 야기할 수 있다. 세부적인 영역에서 언어 간의 차이에 따라 새로운 외국어 습득의 난이도를 따져보는 것이 정확하겠지만, 일반적으로 한국어를 모국어로 갖는 학습자가 영어를 배우는 것이 다른 모국어를 가진 학습자가 영어를 배우는 것에 비해 어렵다고 본다. 이 장에서 자세하게 다룰 수는 없지만 한국어와 영어의 언어적 차이가 다른 언어와 영어와의 언어적 차이에 비해 크기 때문이다.

이를 반영하듯 미국 정부 인력의 외국어 학습을 담당하는 The School of Language Studies(SLS)에서는 영어를 모국어로 하는 화자가 습득 시 느끼는 난이도에 따라 언어를 네 부류로 분리했으며, 이 중 한국어는 아랍어, 일본어, 중국어와 함께 "super-hard languages"에 해당하는 네 번째 그룹에 속한다.[4] 이 분류에 따르면 이 기관에서 정한 특정 수준까지 도달하는데 1그룹 언어는 24-30주의 학습이 필요한 반면, 2그룹 언어는 대략 36주, 3그룹 언어는 대략 44주, 그리고 한국어가 포함된 4그룹은 88주의 학습이 필요하다. 이를 반대로 얘기하자면, 포르투갈어와 같이 1그룹에 속하는 언어를 모국어로 갖는 학습자가 특정 영어 수준까지 도달하는데 24주 정도의 학습이 필요하다면, 한국어를 모국어로 갖는 학습자의 경우는 88주의 학습이 필요한 것이다. 따라서 같은 언어 입력을 받고 인지 수준이 비슷하다 하더라도 학습자의 모국어에 따라 외국어 습득에 있어 개인차가 나타날 수 있다.

제2언어 습득에 영향을 미치는 또 다른 주요 변인으로는 언어 입력이 있다. 모국어 습득 시에도 가정마다 또는 본인이 속한 커뮤니티 등에 따라 언어 입력에 차이가 있기는 하나, 거의 대부분의 아이들이 성공적인 습득이 가능할 정도의 양질의 언어 입력을 받는다는 점에서 공통점이 있다. 반면 외국어 습득 상황에서는 언어 입력에 있어 개인차가 상당하다. 특히 한국처럼 영어가 공용어로 사용되지 않는 EFL(English as a Foreign language) 상황에서는 영어 입력에 대한 노출이 지극히 제한적이므로, 예컨대 하루 1시간 정도의 언어 노출 차이만으로도 영어 능숙도에 상당한 영향을 주게 된다.

4) 출처: https://www.state.gov/foreign-service-institute/foreign-language-training (2025년 2월 검색)

또한 단순한 입력의 양뿐만 아니라 입력의 질에 있어서도 차이가 존재한다. 어떤 방식으로 영어를 학습하는지에 따라 절대적인 영어 입력량 중에서도 양질의 유의미한 영어 입력의 비율은 달라질 수 있기 때문이다. 이처럼 충분하지 못한 영어 입력량과 EFL 상황에서 기인된 명시적인 방식의 문법과 해석 위주의 수업 방식은 특히 외국어를 습득하는 것에 도달하지 못하고 의식적으로 지식을 학습하는 데 그치도록 하므로, 학습자의 학업 태도나 인지 수준 등에 따라 또 다른 개인 간 격차를 유발하게 된다.

지금까지 모국어 습득 상황과 대비하여 외국어 습득 상황에서 모국어, 그리고 언어 입력의 양과 질 차이가 어떤 영향을 미치는지 정리했다면, 다음으로는 외국어 습득에 영향을 주는 구체적인 개인차 변인을 하나씩 살펴보겠다. 교실에 앉아 있는 학생들의 영어 실력은 천차만별이다. 하지만 일부 예외적인 경우를 제외한다면 대부분의 학생이 동일하게 EFL 상황에서 한계를 극복하며 영어를 배워 왔을 것이다. 인지 수준이 크게 다르지도 않고, 한국어라는 모국어를 공유하므로 모국어의 영향 또한 비슷할 것이다. 그렇다면 이러한 격차는 어디에서 온 것일까? 사교육의 도움, 또는 공교육 수업의 질 차이 등으로 인해 언어 입력의 양과 질이 다를 수 있겠다. 하지만 같은 기관에서 같은 수업을 들어온 경우라 하더라도 여전히 개인차가 존재한다. 여기서는 이러한 개인차를 설명하는 변인으로 언어 적성, 학습 스타일, 그리고 정의적 요인에 대해 살펴보겠다.

(1) 언어 적성

같은 영어수업을 듣고 같은 영어 과업을 수행하더라도 성취 수준이 높은 학습자가 있기 마련이다. 이처럼 같은 시간과 조건 하에서 다른 학습자에 대비하여 얼마나 언어를 잘 배울 수 있는지에 대한 예측을 언어 적성이라 정의한다(Stansfield, 1989). 언어 적성은 선척적이며 안정적인 자질로, 특정 언어에 대한 적성이라기보다는 언어 전반에 대한 적성을 의미한다. 즉, '중국어 적성은 높은 반면 스페인어 적성은 낮다'와 같은 표현은 적절하지 않다. 일반적으로 언어 적성이 높은 학습자라면 언어에 관계없이 같은 조건 하에서 다른 학생들보다 언어를 잘 배울 수 있는 능력이 있는 반면, 언어 적성이 낮은 학습자라면 어떤 언어라도 배우는 데 상대적으로 어려움을 겪게 되는 것이다. 이러한 언어 적성은 작업기억(working memory)과 관련이 있으나, 작업기억 능력만으로 설명할 수 없는 영역도 존재한다.

학습자의 언어 적성을 평가하는 도구로는 Modern Language Aptitude Test(MLAT: Carroll & Stanley, 2002)가 잘 알려져 있다. 이 시험에서는 실제 존재하지 않는 인위적으로 만든 언어를 짧은 시간 안에 습득하는 능력을 평가하는데, 크게 음소를 구분하는 능력, 소리와 철자의 관계를 다루는 음철법을 익히는 능력, 어휘를 습득하는 능력, 문법을 추론하고 판단하는 능력 등 네 가지 세부 영역에 대한 평가로 구성되어 있다. 이 네 가지 하위 영역 중에서는 음소를 구분하고 음철법을 익히는 두 능력이 높은 상관관계를 보이며, 또한 어휘를 습득하는 능력과 문법을 추론하는 능력 사이에도 높은 상관관계가 있다. 반면 음소 및 음철법에 대한 적성과 어휘 및 문법을 추론하는 적성 간에는 부적 상관관계가 있다는 연구 결과가 있다(Yalcın et al., 2016). 즉, 언어의 소리 정보에 민감한 사람이 음철법 또한 잘 익히는 경향이 있으며, 어휘 습득 능력이 좋은 사람이 문법 추론 능력 또한 좋은 경향이 있다는 것이다.

반대로 음성 정보 습득에 대한 적성이 뛰어난 사람일수록 어휘나 문법 추론 능력은 상대적으로 떨어지는 경향이 있다고 설명할 수 있다.

이러한 세부 적성 간의 상관관계 연구 결과는 어디까지나 경향성을 제시하는 것일 뿐, 모든 학생에게 일관되게 적용되는 것은 아니다. 모든 세부 능력에서 높은 적성을 보이는 학생, 음소 구분 능력과 어휘 습득에 대한 적성 두 가지가 높은 학생 등 다양한 부류가 존재할 수 있다. 하지만 현장교사들에게는 이러한 연구 결과가 어느 정도 설득력이 있을 것이다. 청각이 예민한 학생들, 음악을 좋아하거나 잘하는 학생들은 영어 발음 또한 좋은 경향이 있다. 또한 예컨대 힙합 가수처럼 기가 막히게 좋은 영어 발음을 구사하되 어휘 능력이나 문법 능력은 떨어지는 학생 또한 심심찮게 볼 수 있다. 학생들의 영어 습득 능력을 설명하는 데는 언어 적성 외에도 추가적인 변인이 있는 만큼 적성에 대한 연구를 일반화할 수는 없지만, 이처럼 언어 적성 내에서도 세부 적성이 구분되고 이들 간에 상관관계가 있다는 점은 흥미로운 발견이다.

(2) 학습 스타일

영어 성취 능력에 있어 개인차를 설명할 수 있는 또 다른 요인으로는 인지적 스타일이 있다. 인지적 스타일(cognitive style)은 개인이 문제를 해결하고, 사고하며, 지각하고, 기억할 때 전형적으로 또는 습관적으로 사용하는 방식을 의미한다(Allport, 1937). 인지적 스타일은 통합적(holistic) 스타일과 분석적(analytic) 스타일을 양극으로 하는 연속체(continuum)적 개념이다. 예컨대 어떤 학생은 새로운 개념을 접할 때 그 개념 자체에 주목하여 세부적으로 분석하는 분석적 경향이 높은가 하면, 어떤 학생은 새로운 개념이 이미 알고 있던 내용들과 어떤 관계를 가지며 큰 틀에서 어떤 위치에 있는지 등에 대해 확장적으로 통합하는 통합적 경향이 높을 수 있다. 하지만 정의상 통합적인 동시에 분석적인 인지적 스타일은 가능하지 않다.

인지적 스타일보다 더 보편적으로 쓰이는 개념으로는 학습 스타일이 있다. 학습 스타일을 간단히 정의하자면 자신에게 가장 효과적인 교수 방법 또는 학습 방법이라고 할 수 있다. 인지적 스타일과 달리 학습 스타일은 상호 배타적이지 않은 여러 요소를 포함하는 개념이다. 즉, 통합적-분석적 인지적 스타일 중 어떤 축에 가까운지에 더해 다양한 학습 스타일에 대한 선호가 있을 수 있으며, 이러한 학습 스타일은 인지적 스타일에 대비하여 여러 가지가 양립할 수 있다. 예를 들어, 어떤 학생은 시각적으로 정보를 접하고 학습하는 것과 신체를 사용하여 학습하는 두 가지 방식을 모두 선호할 수 있다. 또한 어떤 학생은 청각적으로 정보를 습득하고 학습하는 것과 신체를 사용하여 학습하는 방식을 모두 선호할 수 있다. 이와 같이 두 개의 축 중에서 어떤 축에 가까운지에 따라 정의되는 인지적 스타일과 달리 학습 스타일은 여러 가지 양립 가능한 요소들이 결합된 보다 포괄적인 개념으로 볼 수 있는 것이다. 또한 학습 스타일이란 인지적 스타일이 학습 상황에서 적용될 때 그 양상을 반영하는 개념으로, 인지적 스타일을 학습 스타일의 중요한 구성 요소 중 하나로 보기도 한다(Riding & Cheema, 1991).

학습 스타일, 인지적 스타일과 유사한 개인차 변인으로 Hartley (1998)는 또한 학습 전략(learning strategy)을 제시한다. 학습 스타일이 과제나 내용 등에 관계없이 일관된, 그리고 자동적인 선호를 반영하는 상대적으로 안정적인(stable) 개념이라면, 학습 전략은 학습자가 특정 과제에 따라 선택할 수도 있고 아닐 수도 있는 선택적이고 부차적인 특징이다. 학습 전략의 효과적인 사용은 학업 성취에 도움을 준다. 학업 능력이 뛰어난 학생이라면 스스로 다양한 효과적 학습 전략을 개발하고 사용한다. 하지만 주도적으로 학습 전략을 익히지 못한 학습자라도 교수를 통해 학습 전략을 배우는 것이 가능하다. 따라서 한국의 영어과 교육과정에서는 교과 내용뿐만 아니라 학습 전략에 대해서도 가르칠 것을 강조한다.

(3) 정의적 영역

영어교육에서 개인차를 설명하는 요인 중 가장 익숙한 변인은 정의적 영역과 관련된 것이다. 정의적 변인은 심리적 자질과 관련된 구인(construct)이다(Douglas, 2014: 143). 이 중에서도 대표적인 정의적 변인으로는 불안(anxiety)이 있다. 불안은 단일한 개념이 아니라 성격 특성, 동기, 자기 인식, 교실 역학과 같은 다양한 변수들과 복합적으로 상호작용하는 개념이다(MacIntyre, 1998). 즉, 불안은 독립적으로 작용하지 않고 인지적, 사회적 변인과 함께 상호작용하는 것이다. 예를 들어, 내향성과 외향성과 같은 성격 특성은 불안 수준에 영향을 미친다. 내향적인 학습자는 의사소통 중심의 교실 환경에서 더 높은 수준의 불안을 경험하는 경향이 있다(Brown, Robson, & Rosenkjar, 2001). 또한, 완벽주의 성향일수록 불안도가 높은 경향이 있는데, 실수를 두려워하고 지나치게 높은 기준을 설정하는 학습자일수록 더 큰 불안을 경험한다(Gregersen & Horwitz, 2002).

정의적 여과기(Affective Filter) 가설에 따르면, 높은 수준의 불안은 심리적 장벽 역할을 하여 언어 입력이 효과적으로 처리되는 것을 방해할 수 있다(Krashen, 1985). 이는 불안이 언어 습득 과정의 입력(input), 처리(processing), 출력(output) 단계에서 각각 부정적인 영향을 미치기 때문이다. 또한, 불안과 성취 수준은 상호작용을 하는데, 높은 불안 수준이 학습 성취도를 저하시키며, 낮은 언어 수행 능력은 불안을 증가시켜 악순환을 초래할 수 있다(Onwuegbuzie, Bailey, & Daley, 2000). 이와 더불어, 교실 환경이나 교수법과 같은 환경적 요인 또한 불안의 강도에 영향을 미친다. 예를 들어, 교사의 오류 수정 방식, 학습자의 교실 참여 기대 수준, 그리고 학습자와 교사 간 학습 스타일의 불일치는 언어 불안을 심화시킬 수 있다(Oxford, 1999). 하지만 최근에는 적정 수준의 불안감이 오히려 습득에 도움이 될 수 있다는 반론이 제기되었으며(Bernhardt & Kamil, 1995), 이를 통해 무작정 불안감을 낮추는 것보다는 불안감을 잘 활용할 수 있는 방식으로 전환이 이루어지고 있다.

불안과 함께 중요하게 다뤄지는 또 다른 정의적 요인은 동기(motivation)다. 동기는 제2언어 습득(SLA)에서 가장 중요한 요인 중 하나로, 학습자의 학습 의지와 지속적인 참여를 결정짓는 핵심 요소이다. 동기는 외국어 학습 속도와 성취도에 직접적인 영향을 미치며, 특히 동기가 없는 경우 학습 과정이 효과적으로 이루어지기 어렵다(Dörnyei, 1998). 또한, 동기는 학습자가 제2언어 학습을 시작하는 원동력일 뿐만 아니라, 장기적인 학습 과정에서 지속적인 추진력을 제공하는 역할을 한다. 학습자의 동기가 충분하지 않으면 지적 능력이 뛰어나더라도 학습 성공을 보장할 수 없으며, 효과적인 교육과정과 훌륭한 교수법 또한 기대한 학습 효과를 거두기 어렵다(Dörnyei & Csizér, 1998).

동기는 다양한 방식으로 분류될 수 있는데, 먼저 내적 동기와 외적 동기로 구분해볼 수 있다. 내적 동기는 학습자가 언어를 배우는 과정 자체에서 즐거움을 느끼며, 이러한 학습의 성취감이 스스로의 동기가 되는 경우를 의미한다. 반면, 외적 동기는 학습자가 외부적인 보상을 기대하며 학습하는 경우로, 좋은 성적을 받거나 취업 기회를 얻기 위해 언어를 배우는 것이 대표적인 예다. 또 다른 구분으로는 통합적 동기와 도구적 동기가 있는데, 통합적 동기는 특정 문화나 사회에 통합되고자 하는 욕구에서 비롯되며, 도구적 동기는 직업이나 학업적 성취를 위한 목표를 우선시 한다 (Chalak & Kassaian, 2010). Gardner와 MacIntyre(1993)에 따르면 학습자가 통합적 동기를 가질수록 외국어 습득 성공 가능성이 높으며, 도구적 동기 또한 언어 습득 과정에서 중요한 역할을 한다.

불안, 동기 외에도 자기 효능감, 자신감, 자아 정체성 등도 외국어 성취도에 영향을 미치는 정의적 변인으로 꼽힌다. 교사들은 학생들의 정의적 요인에 큰 관심을 기울인다. 학생들의 정의적 특성은 학업 태도에 영향을 주는데 교사는 이러한 학업 태도를 관찰함으로써 자신의 수업에 대해 성찰하고 강화하거나 수정하는 등의 판단을 하게 되기 때문이다. 따라서 교사들은 학생들의 정의적 요인을 개선하기 위해 많은 노력을 기울인다. 특히 학기 초반 업무의 대부분은 이러한 정의적 영역에 초점이 맞춰져 있다. 예를 들어, 교사들은 학기 초 학생들의 불안감을 낮추고 편안함을 느낄 수 있도록 환경을 조성하고 본인의 태도를 점검한다. 또한 학생들에게 영어를 배우는 것이 왜 중요한지, 영어능력을 갖추는 것이 어떤 이점이 있는지 등을 설명하면서 학생들을 동기화하는 데 최선을 다한다. 어떤 경우에는 직접적으로 수업과 관련이 없더라도 학생들이 즐거움을 느끼도록, 그래서 영어수업에 대한 내적 동기가 향상되도록 유머, 게임 등을 활용하기도 한다.

다수의 연구에서는 이러한 교사의 노력이 학생들의 정의적 영역에서 긍정적인 변화를 이끌었음을 제시하나, 그렇다고 해서 학생의 불안감이나 동기, 자신감 등을 바르게 형성하는 책임이 전적으로 교사에게 있는 것은 아니다. 예를 들어, 교사의 노력에도 불구하고 여전히 불안감이 높거나 동기·자신감이 결여된 학생이 있는가 하면, 교사의 노력 여부에 관계 없이 외부적인 영향으로 또는 학생 개인적인 사유로 내적 동기가 높고 학습 의욕이 높은 학생들이 있는 것이다. 특히 한국의 경쟁적인 분위기과 영어가 학생 분별의 도구로 사용되는 사회적 상황은 정의적인 면에서 학생들의 영어 학습을 어렵게 하는 바가 있다. 다음으로는 한국의 영어 공교육 상황이 지금까지 언급된 다양한 언어 습득 변인에 있어 어떠한 한계를 갖는지 구체적으로 짚어보겠다.

SECTION

03 한국 영어 공교육의 한계

지금까지 외국어 습득에 영향을 주는 요인으로 여러 가지 변인을 살펴봤다. 이 중에서 보편 문법이나 선척적 언어 습득 기재의 역할에 대해서는 이론에 따라 이견이 있으나 일반적 인지와 언어 입력의 중요성에 대해서는 공감이 있다. 이들은 모국어 습득, 외국어 습득에 동일하게 영향을 미치는 주요한 변인이다. 따라서 한국의 영어 공교육 상황에서도 보편 문법, 선척적 언어 습득 기재, 일반적 인지와 언어 입력은 동일하게 고려될 필요가 있다. 보편 문법이나 선천적 언어 습득 기재는 한국의 영어 학습자가 영어를 습득할 시에도 유효하며, 공교육에서 영어가 도입되는 3학년 학생의 경우에는 인지의 발달도 이미 상당한 수준으로 이루어지기에 해당 변인은 크게 문제가 없을 것으로 생각할 수 있다. 하지만 문제는 한국의 EFL 상황으로 인한 한계로 실제 수업이 의사소통 중심으로 이루어지기에 어려움이 있으며, 수업 시간 중 학생들이 실제로 영어를 이해하거나 사용하는 시간보다 교사가 명시적으로 영어에 대해 설명하는 시간의 비중이 높아 언어 습득 기재와 인지를 활용한 무의식적이고 자동적인 영어 습득이 어렵다는 것이다. 오히려 발달한 인지를 활용하여 주어진 언어 자극을 명시적이고 의식적으로 분석하는 학습이 강화될 수 있으며, 이를 유의미한 상황에서 충분히 사용해 보지는 못하므로 습득으로 이어지지는 못한다. 이러한 경향으로 인해 한국의 전형적이고 평균적인 영어 학습자는 고학년이 될수록 문법에 대한 지식과 문장의 구조를 명시적으로 분석하는 능력은 훌륭해지나 실시간 영어로 대화하거나 글로 쓰는 능력은 부족한 특성을 보인다.

다음으로 모국어와 외국어 습득에서 동일한 또 다른 변인으로는 언어 입력이 있다. 한국의 공교육에서는 초등학교의 경우 주 2-3회 40분씩 수업을 제공한다. 하지만 앞서 언급한 것처럼 그마저도 유의미한 언어 이해 및 발화의 기회가 부족한 실정이다. 또한 인도네시아나 인도, 필리핀처럼 다인종 국가라면 영어가 공용어의 지위를 갖게 되겠지만, 한국의 경우 교실 밖에서도 인종이나 언어의 다양성 문제가 없으므로 영어를 사용할 수 있는 기회는 거의 없다고 볼 수 있다. 게다가 제한된 시수의 수업에서조차 실질적으로 영어로 연습을 위한 목적이 아닌 '유의미한' 의사소통을 할 수 있는 기회는 극히 제한적이므로 유의미한 영어 입력의 양은 물론 질적인 부분에서도 부족함이 크다.

다음으로는 외국어 습득에서 추가적으로 고려되는 요인인 모국어의 영향과 정의적 요인에 대해 살펴보겠다. 먼저 모국어에 해당하는 한국어는 영어와 언어적으로 차이가 커서 한국 학생들은 다른 모국어 화자에 비해 상대적으로 영어를 배우기 불리한 위치에 있다. 이에 더해 사회 전반에서 한국어가 통용되므로 각 학생에게는 한국어가 압도적으로 우세한 언어가 되어 영어 학습 시 큰 영향을 미치게 된다. 이뿐만 아니라 교육과정에서는 영어로 영어를 가르치는 TEE(Teaching English in English)를 표방하나 실제로는 학생들의 불안감과 교사의 자신감 문제로 인해 수업의 대부분이 한국어로 진행된다. 수업 방식 또한 명시적인 문법 설명이나 모국어 해석 중심으로 이루어진다. 이러한 수업은 학생들이 영어로 사고하려는 과정에서 수시로 한국어의 간섭을 일으키게 되고, 그 결과 영어 습득 과정에서 다양한 오인식을 야기하거나 습득 자체가 어렵게 된다.

한국의 영어 학습자 내에서도 개인 간의 차이를 설명하는 변인에는 언어 적성, 인지적·학습 스타일, 그리고 정의적 요인이 있다. 이 중에서 언어 적성이나 학습 스타일의 경우 다수의 학생을 동시에 가르치는 공교육의 특성상 개별 학생의 특성을 충분히 고려할 수 없다는 문제가 있다. 언어 적성은 그 정의에서 알 수 있듯, 같은 수업을 같은 환경에서 듣더라도 발생하는 성취의 차이다. 이는 고학년으로 올라갈수록 적성에 따라 자연스럽게 영어 성취 수준의 격차가 발생할 수 있음을 암시한다. 하지만 공교육의 특성상 수업은 평균의 학생에게 초점을 맞춰 진행되며, 그 결과 적성 및 성취 수준이 상대적으로 높거나 낮은 학생들은 자신의 수준에 최적화된 수업을 받지 못하게 된다.

인지적·학습 스타일에 있어서는 교사 차원에서 개인별 차이를 고려하도록 권고해 왔다. 즉, 교사가 수업 방식을 다양화함으로써 다양한 스타일의 학생이 자신이 선호하는 방식으로 학습할 수 있는 기회를 제공하게 하는 것이다. 또한 학습 전략도 교사가 지도하여 자기 주도적으로 학습 전략을 익히지 못하는 학생들까지 효과적인 학습하는 법을 익히도록 한다. 하지만 이러한 교사 차원에서의 노력은 한계를 갖는다. 교사가 수업마다 과업이나 활동 방식에서 다양하게 변이를 줄 수는 있지만 하나의 수업 내에서는 결국 동일한 과업 또는 동일한 활동을 하는 것이 일반적이기 때문이다. 따라서 학생들은 자신의 학습 스타일을 충분히 고려하여 본인에게 가장 효과적인 학습을 할 수 있는 기회를 충분히 제공받지 못할 수 있다.

마지막으로 교사들이 가장 직접적으로 인식하는 정의적 요인에 대해 살펴보겠다. 한국에서는 영어가 실사용 목적으로 사용되기보다 수능과 같은 평가를 위한 목적으로 학습되는 경향이 높다. 따라서 교사들은 학생들이 영어 의사소통 능력 향상이라는 내재적 동기를 유발하는 데 큰 어려움을 겪는다. 아마 영어 교사가 가장 답하기 어려운 질문 중 하나가 '왜 꼭 영어를 써야 하나요?'일 것이다. 학생들은 한국어로 얼마든지 소통하고 원하는 바를 달성할 수 있다고 느낀다. 교실 밖에서, 평가의 목적 외에 학생들이 영어를 쓸 일은 거의 없으며, 그런 상황에서 어린 학생들은 왜 굳이 귀찮게 영어를 배워야 할지 의문을 제기하는 것이다. 이러한 의문을 받고도 학생들이 영어 학습에 내재적 동기를 갖도록 하는 것은 교사의 개인적 역량을 넘어선다. 반면 영어는 오히려 평가 및 변별 도구로서 인식되는 것이 큰데 이는 학생들이 영어수업에 대해 불안감을 느끼는 데 기여한다. 또한 소득 수준에 따라 해외 경험이 큰 학생과 해외 경험이 전무한 학생으로 나뉘게 되며, 이는 자연스럽게 영어 학습에 대한 동기 및 성취의 차이로 이어지는 동시에 경제적으로 어려운 학생에게 더 큰 불안감을 주는 악순환을 일으킨다. 게다가 변별을 위해서는 항상 평균 대비 낮은 점수를 받는 학생이 존재할 수밖에 없는데, 이들은 낮은 자존감과 낮은 자기 효능감을 갖게 된다. 반복된 실패의 경험으로 무기력함을 학습하게 된 느린 학습자를 지도하는 것은 학년이 올라갈수록 더욱 쉽지 않으며, 학습 결손이 누적되면서 이들은 교육과정의 성취 수준에서 점차 멀어지게 된다. 지금까지 제시된 언어 습득 요인별 한국 영어 공교육의 현황과 한계점은 〈표 2-2〉와 같이 정리해볼 수 있다.

〈표 2-2〉 한국 영어 공교육의 현황과 한계점

변인	한국의 영어 공교육 상황	한계점
보편 문법 언어 습득 기재 일반적 인지	보편 문법과 언어 습득 기재는 제2언어 습득 시에도 유효하며, 공교육에서 영어가 처음 도입되는 3학년 시기 학생들은 인지 발달이 어느 정도 이루어져 있음	EFL 상황 상 의사소통 중심의 수업을 진행하는 데는 어려움이 있으며, 학생들이 실제로 영어를 이해하고 사용하는 시간보다 교사의 명시적인 영어 설명의 비중이 높아 무의식적이고 자동적인 습득에 도달하지 못하고 의식적인 학습에 그치게 됨
언어 입력	초등학교의 경우 주 2-3회 정도의 수업을 받으나, 그마저도 유의미한 언어 이해 및 발화 기회가 적음. 교실 밖에서도 인종과 언어의 다양성 문제가 없으므로 공용어로 영어를 사용할 수 있는 기회가 거의 없으나 점차적으로 외래어, 영어 사용 빈도가 높아지고 있음	유의미하고 진실된(authentic) 언어 입력의 절대적인 양이 부족할 뿐만 아니라 영어로 유의미한 의사소통을 할 기회가 부족하여 언어 입력의 질 또한 개선이 필요함
모국어 전이	• 한국어와 영어의 언어적 차이가 커 영어 습득에 시간이 상대적으로 많이 요구됨 • 사회 전반에서 한국어가 통용되고 한국어가 대다수의 학생들에게 우세한 언어이므로 영어 학습 시 한국어의 영향이 큼	한국어와 영어의 언어적 차이로 인해 영어의 문법을 오인할 가능성이 높으며, 명시적인 문법 설명 및 모국어 해석 중심의 수업 방식으로 인해 한국어가 수시로 간섭하게 되어 영어 모드에 집중하기가 어려움
언어 적성	공교육의 특성상 다수의 학생을 동시에 가르쳐야 하므로 모든 학생이 평균 수준에 맞춰진 수업을 듣게 됨	학년이 높아질수록 언어 적성 차이로 인한 성취도 차이는 커지게 되나, 수업은 평균 수준의 학생을 중심으로 이루어지게 되어 적성 및 성취 수준이 상대적으로 높거나 낮은 학생은 본인의 수준에 맞지 않은 수업을 받게 됨
학습 스타일	마찬가지로 다수의 학생을 동시에 가르쳐야 하므로 교사가	다양한 학습 및 인지 스타일에 맞도록 수업에 변이가 있

	과업이나 수업 방식을 다양화하여 특정 학습 스타일을 선호하는 학생이 불이익을 받지 않도록 권장함	기는 하나, 여전히 본인에게 가장 효과적인 학습 스타일로 학습할 수 있는 기회가 부족할 수 있음
정의적 요인 (불안감, 동기, 자존감 등)	영어가 실사용 목적보다는 수능과 같은 평가를 위한 목적으로 학습되는 경향이 높음	학생들은 영어 의사소통 능력 향상이라는 내재적 동기를 갖기 어려우며 높은 불안감을 가질 수 있음 중등학교로 갈수록 영어 평가는 학생들의 수준을 변별하는 역할이 중요해지므로 대부분의 평가 결과 낮은 점수를 받는 학생이 발생하며, 이는 낮은 자존감으로 이어지게 됨

SECTION

04 인공지능을 활용한 한계 극복 방안

2022 개정 교육과정은 인공지능 및 에듀테크 도구를 활용하여 앞서 언급한 한국 영어 공교육의 본질적 한계점을 극복할 수 있는 방안을 제시한다. 우선 교육과정은 추구하는 능력 또는 인재상을 반영하는데, 2022 개정 교육과정의 궁극적 지향점은 이전 교육과정과 동일하게 영어 의사소통 역량이다. 하지만 이전 교육과정에서는 이러한 지향점과 실제 수업 운영 간의 괴리가 있었으며, 이러한 괴리는 EFL 맥락 및 수능과 같은 사회적 요인에 귀인하는 것이다. 특히 EFL 맥락으로 인한 한계를 극복하기 위한 가장 직관적인 방법은 영어가 일상에서 공용어로 사용되는 ESL 맥락을 도입하는 것인데, 이러한 변화는 국가적으로 많은 부작용과 비용을 수반하므로 현실적이지 않다. 하지만 2022 개정 교육과정은 인공지능 및 에듀테크 도구의 도입을 통해 이러한 물리적 제약을 극복할 수 있는 잠재력을 제공한다.

우선 에듀테크 및 다양한 언어 보조 학습 도구는 생동감 있고 풍부한 영어 학습 경험을 제공한다. 이는 이전까지의 한국어 설명 위주 수업에서 오는 빈번한 모국어 간섭, 그리고 습득에 도달하지 못하고 학습에 그치는 문제 등을 해결하는 데 도움을 준다. 예를 들어, 인공지능 활용 도구는 시청각적인 보조 자료를 제작하는 것을 용이하게 하여 보다 생생한 맥락 속에서 새로운 표현을 익힐 수 있도록 한다. 또는 한국어로 제공하던 설명을 VR이나 메타버스를 이용한 가상 공간에서의 영어 과업으로 대체함으로써 학생들은 모국어 활성화를 억제하며 영어를 '학습'하기보다는 실제로 '경험'하며 습득을 할 수 있게 될 것이다.

무엇보다도 온라인상에서의 소통은 영어 의사소통에 있어서 시공간적 제약을 극복하는 데 도움을 준다. 특히 2022 개정 교육과정에서는 오프라인뿐만 아니라 온라인에서의 다양한 영어 의사소통 기회를 제공하도록 한다. 이를 통해 교사-학습자, 학습자 간의 소통이 원활해지며, 교실 내에서의 유의미한 소통이 증가하게 된다. 게다가 학습자와 영어 사용 공동체 간, 또는 모국어가 서로 다른 학습자 간의 영어 소통 또한 가능하여 교실 밖에서 더 많은 의사소통 기회를 확보할 수 있다. 이러한 추세를 반영하여 여러 시·도 교육청에서는 국제공동수업에 대한 사업을 활발히 진행 중이다. 국제공동수업은 비실시간으로 각국 학생들이 작업을 하고 이를 온라인 또는 오프라인상으로 공유하는 방식과 실시간으로 원격화상채팅 프로그램을 이용하여 소통하는 방식 등과 같이 다양하게 운영할 수 있다. 이는 한국이 EFL 상황에서 갖게 되는 본질적인 문제인, 유의미한 의사소통 기회의 부족 문제를 어느 정도 해결할 수 있으며, 이를 통해 영어를 학습하는 것에 그치지 않고 습득에까지 도달할 수 있다.

언어 입력 면에서도 개선 방안이 존재한다. 앞서 언급한 생동감 있는 맥락 속 언어 입력 제공은 언어 입력의 질을 향상시켜준다는 점에서, 또한 학습자의 집중력을 높여 연이어 제공할 수 있는 입력의 양을 늘려준다는 점에서 의미가 있다. 이에 더해 교육과정에서는 다양한 매체를 통해 언어 입력의 진실성(authenticity)과 다양성을 키우도록 한다. 특히 인공지능은 수업과 관련된 표현을 다양한 매체에서 검색하거나 제작하는 것을 용이하게 하므로, 학생들은 손쉽게 다양한 맥락에서 핵심 표현을 접할 수 있게 된다. 이는 인공지능의 활용이 교육적인 효과뿐만 아니라 교사의 수업 준비 용이성이라는 강점이 있음을 보여준다.

또한 앞서 언급한 바와 유사하게 교육과정은 메타버스, SNS, 등 다양한 사이버 공간 및 온오프라인 연계 상호작용 활동, 그리고 에듀테크의 활용을 통해 학생들의 능동적인 참여를 유도하도록 한다. 이와 같은 소통 도구의 보급은 교사의 입장에서 손쉽게 학생들 간의 상호작용 활동을 진행시키고 모니터링할 수 있도록 한다. 예를 들어, 교사는 온라인 협업 도구를 활용하여 학생들이 각자 자신의 역할을 수행하면서 협업을 하게 하거나 상대방과 대화하며 과업을 수행하도록 할 수 있으며, 그 과정에서 학생들의 실시간 진행 상황 또는 이전의 수행 내역을 쉽게 확인해 볼 수 있는 것이다. 교사의 일방적 강의 중심 수업에서 학생 간의 상호작용이 많은 수업으로 변화하게 되면 절대적인 영어 입력의 양이 증가하게 된다. 이뿐만 아니라 학생이 스스로 영어를 발화할 수 있는 기회 또한 증가하는데 이처럼 맥락 속에서 상호작용을 통해 주고 받는 대화는 장기 기억으로 넘어갈 수 있는 가능성도 높아 입력의 질 면에서도 바람직하다.

다음으로 2022 개정 교육과정에서 강조하는 인공지능 및 에듀테크 도구 활용은 개인차 변인과 관련된 문제를 해결하는데 탁월하다. 개인차 변인 중 언어 적성 및 인지적·학습 스타일과 관련된 한계점은 일대다 수업으로 인한 개별화의 부족으로 요약할 수 있다. 이와 같은 개별화 문제는 인공지능 및 다양한 도구의 활용을 통해 극복할 수 있다. 우선 개별화의 전제는 진단이다. 즉, 학생들이 어떤 수준에 있고 어떤 스타일을 선호하는지에 대한 판단이 선행되어야 한다. 다음으로는 진단에 따라 적절한 활동이 제공되어야 한다. 마지막으로는 활동에 따른 개별화된 피드백이 제공되어야 한다. 이러한 세부 과정에서 2022 개정 교육과정은 인공지능 기술을 활용하도록 제안한다.

예를 들어, 다양한 진단 도구를 활용하여 학생들의 특성과 성취 단계를 진단하도록 한다. 특히 인공지능은 학습자의 초기 수행에 따라 추가적인 활동이나 문항의 난이도를 조절하는 적응 평가(adaptive test)가 가능하도록 한다. 이에 따라 같은 시간 내에 보다 세밀한 진단이 가능해질 것이다. 또한 교육과정은 인공지능이나 앱, 번역기와 같은 디지털 도구의 활용을 권장하는데, 이를 통해 학습자는 천편일률적인 연습 활동이나 지필고사에 참여하는 대신 자신의 수준에 맞게 학습을 하거나 표현하고 평가받는 것이 가능해진다. 또한 온라인으로 활동을 시행하거나 오프라인에서의 활동을 디지털화함으로써 학생들이 다양한 도구를 활용하여 학습한 과정을 손쉽게 누가 기록할 수 있다. 예를 들어, 이전에는 학생들의 활동 결과물을 포트폴리오로 보관했다면 이제는 디지털 상으로 저장하고 언제 어디서든 손쉽게 열어 볼 수 있는 것이다. 또한 교사는 하나의 과업 수행을 단편적으로 보지 않고 이처럼 장기적인 수행을 종합적으로 열람함으로써 더욱 종합적이고 적절한 피드백을 제공할 수 있다. 이러한 정보는 학생들의 언어 적성에 따른 다양한 성취 수준 및 스타일을 고려한 개별 학습을 제공하는 데 사용되는 선순환이 생길 수 있다.

마지막으로는 정의적 영역에서의 한계점 또한 에듀테크의 활용을 통해 개선 가능하다. 교육과정에서는 에듀테크 기반 디지털 매체를 활용하는 것이 언어의 입력 뿐만 아니라 정의적인 부분에서도 유익할 수 있음을 제시한다. 즉, 다양한 매체를 통해 더 생동감 있는 영어를 접함으로써 영어에 대한 흥미도를 높일 뿐만 아니라 다중 모드의 중첩적 정보를 통해 영어 이해에 도움을 받음으로써 불안감을 해소할 수도 있기 때문이다. 또한 온오프라인에서의 다양한 의사소통 기회의 제공은 그동안 한국 영어 공교육의 가장 근원적인 한계점에 해당했던 내재적 동기 부족의 문제를 해결할 수 있다. 특히 앞서 언급한 국제공동수업과 같이 실시간 또는 비실시간으로 다른 언어권의 학생들과 교류하는 경험은 어떤 것보다도 강한 영어 학습 동기를 제공한다. 영어를 활용하여 소통하는 경험을 통해 영어능력이 자신의 세상과 지식의 저변을 넓혀줄 수 있음을 실질적으로 느낄 수 있기 때문이다.

또한 에듀테크의 활용은 정의적 영역 중에서도 자신감 고취의 면에서 긍정적인 역할을 한다. 사전 앱, 번역기 등의 사용은 학생들이 이전 교육과정에서는 추구하기 어려웠던 자신감을 키울 수 있고, 유창성과 창의성을 함양하는데도 도움을 준다. 또한 다양한 매체로 표현된 자료를 접하면서 영어에 대한 흥미, 자신감이 커지고 이는 자기 주도적인 학습으로 이어질 수 있다. 예컨대 현재 온라인상에는 다양한 영어 이야기책을 제공해주는 플랫폼이 있다. 학생들은 교과 외에도 이 플랫폼에서 자신의 수준을 진단받고 자신의 수준과 관심사에 맞는 책을 자기 주도적으로 읽을 수 있을 것이다. 이러한 경험은 단순히 제공받는 영어 입력의 양을 키워줄 뿐만 아니라 학습자가 자신감을 갖고 계속해서 자신의 학습을 주도해나가는 성향을 키워준다. 2022 개정 교육과정에서 제시된 인공지능 활용 영어 공교육 개선 방안은 표 2-3과 같이 정리해볼 수 있다.

〈표 2-3〉 인공지능 활용 한계점과 개선 방안

<table>
<tr><th>변인</th><th>한계점</th><th>인공지능 활용 개선안</th></tr>
<tr><td>보편 문법
언어 습득 기재
일반적 인지</td><td>명시적인 설명 위주의 수업으로 인해 습득에 도달하지 못하고 학습에 그침</td><td rowspan="2">각종 언어 보조 학습 도구를 활용해 생동감 있고 풍부한 영어 학습을 경험하고 디지털 소양을 키움 (p24)
온오프라인상의 다양한 영어 의사소통의 기회(교사와 학습자 간, 학습자 간, 학습자와 영어 사용 공동체 간)를 제공하고 안내 (p26)</td></tr>
<tr><td>모국어 전이</td><td>한국어의 언어적 영향 및 수업 방식으로 인한 수시 모국어 간섭으로 영어 모드 집중이 어려움</td></tr>
<tr><td>언어 입력</td><td>유의미하고 진실된 (authentic) 언어 입력의 절대적인 양과 유의미한 의사소통 기회 부족</td><td>• 다양한 매체를 통한 언어 입력의 진실성, 다양성 강화 (p26)
• 사이버 공간 및 온오프라인 연계 상호작용 활동, 에듀테크 이용한 능동적인 참여 유도: 유의미한 소통 높임 (p14, p18, p24)</td></tr>
<tr><td>언어 적성</td><td>언어 적성 차이로 인한 수준 차이 반영 부족</td><td rowspan="2">• 인공지능이나 사전앱, 번역기 등의 디지털 도구를 활용하여 학습자의 수준에 맞는 맞춤형 자기 주도적 학습 및 평가 (p16, p19, p27, p28)
• 다양한 도구 활용 학습 과정을 누가기록 및 적절한 피드백을 제공 (p16)
• 학생의 특성과 성취 단계 진단 및 이를 고려하여 개별화 수업 제공 (p25)</td></tr>
<tr><td>학습 스타일</td><td>학습 스타일의 차이 반영 부족</td></tr>
<tr><td>정의적 요인
(불안감, 동기,
자존감 등)</td><td>내재적 동기 부여가 어렵고 시험의 특성상 불안감을 높이고 자존감을 떨어뜨리기 쉬움</td><td>• 에듀테크 기반 디지털 매체로 영어 입력 및 영어 학습에 대한 흥미도 향상, 영어에 관한 불안감 해소에 기여 (p10)
• 온오프라인상의 다양한 영어 의사소통의 기회(교사와 학습자 간, 학습자 간, 학습자와 영어 사용 공동체 간)를 제공하고 안내 (p26)
• 에듀테크 도구의 도움으로 자신감, 유창성, 창의성 함양 (p18, p24)
• 다양한 매체로 표현된 학습 자료를 통한 영어 흥미도, 자신감 고취 및 자기주도적 학습 (p15)</td></tr>
</table>

2022 개정 교육과정은 지금까지 정리한 바와 같이 언어 습득 변인별로 한국 영어 공교육이 가져온 한계점을 인공지능 및 에듀테크 등을 활용하여 극복하는 방안을 제시한다. 이 내용만 살펴본다면 이제부터 한국 영어 공교육에서 비약적인 발전이 있을 것으로 기대가 된다. 하지만 교육 현장의 실상을 보자면 역시나 교사들은 이러한 이상적인 지침이 현실화되는 데는 어려움이 있다고 느낄 것이다. 예컨대 인공지능을 활용하여 개별화된 학습과 평가를 실시한다는 제안은 효과적인 방안이 아닐 수 없지만, 구체적으로 어떻게 인공지능을 활용하여 충분히 개별화된 학습과 평가를 실시할 것인지는 답보된 것이 없는 것이다. 또한 어떤 도구를 활용하여 어느 수준까지 개별화할 것인지에 대해서는 도구의 발달 및 개별 교사가 도구를 선별하는 능력에 영향을 받는다. 따라서 이 장에서 제시한 문제점 및 개선안은 어디까지나 큰 틀에서의 방향성을 제시하는 것에 불과하다. 결국 4차 산업혁명 시대 교사의 전문성은 자신의 학교 상황 속에서 학습을 넘어서는 습득을 유도하고, 더 풍부하고 유의미한 언어 입력을 제공하며, 학생 개인별로 맞춤 학습과 평가 등을 시행하고, 학생들의 불안감을 낮추고 내재적 동기, 의욕, 자신감을 고취시키는 인공지능 활용 능력에 있으며, 이를 위해서는 끊임없는 탐색과 노력이 필요할 것이다.

참고문헌

Reference

Allport, G. W. (1937). *Personality: A Psychlogical Interpretation.* New York: Holt and Co.

Bernhardt, E. B., & Kamil, M. L. (1995). Interpreting relationships between L1 and L2 reading: Consolidating the linguistic threshold and the linguistic interdependence hypotheses. *Applied Linguistics, 16*(1), 15-34.

Brown, J. D., Robson, G., & Rosenkjar, P. R. (2001). Personality, motivation, anxiety, strategies, and language proficiency of Japanese students. In Z. Dornyei & R. W. Schmidt (Eds.), *Motivation and Second Language Acquisition* (pp. 361-398). Honolulu: University of Hawaii, Second Language Teaching and Curriculum Center.

Carroll, J. & Stanley, S. (2002). *Modern Language Aptitude Test: Manual 2002 Edition.* Bethesda, MD: Language Learning and Testing Foundation, Inc.

Chalak, A., & Kassaian, Z. (2010). Motivation and attitudes of Iranian undergraduate EFL students towards learning English. *GEMA Online™ Journal of Language Studies, 10*(2), 37-56.

Chomsky, N. (1957). Logical structure in language. *Journal of the American Society for Information Science, 8*(4), 284-291.

Dörnyei, Z. (1998). Motivation in second and foreign language learning. *Language Teaching, 31*(3), 117-135.

Dörnyei, Z., & Csizér, K. (1998). Ten commandments for motivating language learners: Results of an empirical study. *Language Teaching Research, 2*(3), 203-229.

Douglas, B. H. (2014). *Principles of Language and Teaching (6th ed.)*. White Plains, NY: Pearson Education.

Gardner, R. C., & MacIntyre, P. D. (1993). A student's contributions to second language learning. *Affective variables. Language Teaching, 26*, 1-11.

Hartley, J. (1998). *Learning and Studying: A Research Perspective.* London: Routledge.

Jackendoff, R. (1977). *X-bar Syntax: A Study of Phrase Structure.* MIT press.

Krashen, S. (1985). *The Input Hypothesis: Issues and Implications.* London: Longman.

MacIntyre, P. D. (1998). Language anxiety: A review of the research for language teachers. In D. J. Young (Ed.), *Affect in Foreign Language and Second Language Learning* (pp. 24-45). Boston: McGraw-Hill.

McNeill, D. (1966). Developmental psycholinguistics. In F. Smith & G. A. Miller (Eds.) *The Genesis of Language*. Cambridge, MA: MIT Press. 15-84.

Onwuegbuzie, A. J., Bailey, P., & Daley, C. E. (2000). Cognitive, affective, and personality, and demographic predictors of foreign-language achievement. *The Journal of Educational Research, 94*(1), 3-15.

Oxford, R. (1999). Second language learning: Individual differences. In B. Spolsky (Ed.), *Concise Encyclopedia of Educational Linguistics* (pp. 552-560). Oxford, UK: Elsevier.

Riding, R., & Cheema, I. (1991). Cognitive styles—an overview and integration. *Educational Psychology, 11*(3-4), 193-215.

Stansfield, C. W. (1989). *Language Aptitude Reconsidered.* ERIC Digest. Washington DC: ERIC Clearinghouse on Languages and Linguistics.

Yalçın, Ş., Çeçen, S., & Erçetin, G. (2016). The relationship between aptitude and working memory: An instructed SLA context. *Language Awareness, 25*(1-2), 144-158.

AI

CHAPTER 03

영어과의 심미적 감성과 창의적 사고 역량

2022 개정 영어과 교육과정에서는 협력적 소통, 지식 정보처리, 자기 관리, 공동체, 심미적 감성, 그리고 창의적 사고를 영어 의사소통 역량 달성을 위한 6대 영역으로 설정하고 있다. 이 중에서 심미적 감성은 이해 능력에 기대어 학습자의 공감을 끌어내어 삶의 의미와 가치를 발견하는 역량이고, 창의적 사고는 학습자가 주체적으로 다양한 지식, 기술, 경험을 융합하여 비판적으로 메시지를 분석하여 독창적인 방식으로 표현하는 능력을 뜻한다. 영어교육에서 이해와 표현이 불가분의 관계임을 염두에 둔다면, 스토리를 포함한 각종 내러티브 텍스트를 다룰 때 심미적 감성은 창의적 사고와 상보적 관계를 이룰 수밖에 없다. 인공지능 시대의 영어교육은 의사소통기능의 반복 숙달에 그치지 않고 창의성과 심미성을 활용하여 영어로 표현된 콘텐츠의 심층적 의미를 파악하고 깊이 감상한 바를 토대로 소통하는 수준까지 도달해야 한다. 이번 장에서는 영어과의 심미적 감성과 창의적 사고의 특질을 정리하고 교육과정에서 이런 점이 어떻게 반영되어 있고 새롭게 바뀔 수 있는지 살펴볼 것이다.

SECTION

01 교육적 맥락에서 바라본 심미적 감성과 창의적 사고

교육적 의미로 바라보는 심미적 감성은 진귀한 예술품의 미적 가치를 논하는 형이상학적 담론이 아니라 일상에서 경험하는 다양한 감정들을 기록하고 이를 접하는 이들의 공감을 끌어내는 소통을 통해 구현된다. Dewey(1934: 9)는 보편적 취향과 동떨어진 예술적 실험이 미술시장의 투기 자본과 결탁하여 그들만의 "독특한 심미적 개인주의"에 매몰된 문제점을 비판하면서 일상적 경험에서 느끼는 복잡다단한 감정이야말로 심미적 감성의 요체라고 지적한다. 그는 "진정성 있는 경험이라면, 심지어 조야한 경험이더라도 어떤 경험 양식과도 동떨어진 대상보다도 미적 경험의 고유한 본성에 관한 단서를 제공하기 더 적절하다"(Dewey, 1934: 11)면서 만인에게 보편적인 활동 경험에 담긴 정서에 주목한다. 심미적 체험은 말초적 자극만 바라거나 거리를 두고 멀뚱히 쳐다보는 것에 있지 않다. 구체적인 삶의 경험이 아로새겨진 콘텐츠를 접하고 이면에 깔린 정서를 포착하면서 그로 인해 예상되는 일들을 생각하며 또 다른 정서까지 떠올리는 연쇄작용이야말로 심미성의 핵심이다. 이런 의미에서 "부분들을 단일한 전체로 묶는 것은 정서적 단계이지 그저 경험이 의도하는 사실에 이름만 붙인 '지적인 것'이 아니다"(Dewey, 1934: 55). 각자의 과거를 회상하고 이를 콘텐츠라는 현재와 결합하여 가능한 비전들을 상상하는 "심미적 경험이라는 이런 즐거운 인식을 약속하는 것"(Dewey, 1934: 19)이야말로 교육에서 추구할 심미적 감성으로 볼 수 있다.

이미지와 동영상과 같은 비언어 매체를 제외한다면, 심미적 감성을 담기 적합한 언어 학습 콘텐츠로는 내러티브(산문)와 시(운문)를 꼽을 수 있다. 내러티브의 교육적 효용성을 역설한 대표적인 학자는 브루너(Jerome Bruner)이다. 브루너는 학습자가 내러티브에 담긴 사건 전환과 이를 통해 구현되는 인간의 소망과 좌절에 몰입하며 발견하는 '진지한 즐거움'을 오락적 쾌감이나 순간적 시선 끌기와 구분한다. 내러티브의 전형적 형식인 이야기 속에서 "접하는 예외가 아무튼 그럴 법하거나 [모종의] '의미'를 지니는 가능성의 세계에 관한 서술"(Bruner, 1990: 49)이라서 독자가 평범함과 예외성을 오가며 다양한 정서 층위를 경험하고 삶의 의미를 나름대로 정리하는 진지한 즐거움에 느끼도록 한다. 다른 말로 풀어보면, "내러티브의 풍요로운 역동성 안에서 평범함이 파괴되고, 사태가 극복되면서 일상성이 회복되고 순화되며, 일상의 친숙한 궤도로 되돌아오는 자연스러운 구도에서 진지한 즐거움"을 경험하는 것이다(강석진 외, 2024: 32).

한편, 시는 대상을 새롭고 낯설게 바라보는 신선한 언어를 구사하여 복잡한 감정 층위를 두루 건드린다는 점에서 인물의 삶과 연관된 심미적 감성을 다루는 내러티브와 결이 다르다. 시는 구체적 시공간에서 움직이는 인물의 내면으로 들어가기보다 강렬한 정서를 담은 장면이나 상황에 집중한다. 이렇게 분량이 짧고 압축적인 장르이기에 상상력을 발휘하여 주어진 장면과 상황을 다양하게 해석할 여지를 제공하는 시의 장점은 내러티브에 버금가는 교육적 가치를 지니고 있다. 시의 운율을 즐기며 자연스럽게 파닉스와 어휘를 익히는 내용과 언어 학습상의 장점 이외에도 "시를 공유하면 스트레스를 줄이고, 웃음을 늘리고, 편안함을 제공하며, 영감을 주고, 안도와 감정 거울을 선사하며, 정체성을 강화한다. 심지어 어른들도 그러하다"(Vardell, 2006: 11). 심미적 감성을 키우는 시 교육은 사회문화적 배경지식을 끌어와 비유와 상징의 정답을 찾는 골치 아픈 문자언어 덩어리가 아니라 재미있는 '감정놀이 장난감'으로 학습자가 시를 받아들이도록 하는 일로부터 시작될 것이다. 시는 명료하게 해석되지 않아 궁금증을 불러일으키는 대목들로 채워져 있어서 감정에 대해 자신과 주위 사람들에게 묻고 답하기 수월하다. 이를 통해 "시 읽기가 질문하는 힘을 기르는 가장 편리한 매체"(정은귀, 2024: 274)임을 알 수 있다.

정서를 자극하는 콘텐츠는 예측 불가능한 전개를 통해 창의적 사고를 유발한다. 이처럼 **심미적 감성과 창의적 사고는 서로 긴밀하게 연결되어** 있다. 칸트(Immanuel Kant)가 인간 인식을 감성과 지성으로 구분하면서 상상력이라는 같은 뿌리에서 갈라진 것이라고 주장한 점도 심미적 감성과 창의적 사고가 얽혀 있음을 예증한다(김상환, 2023: 19).

20세기에 들어서 교육적으로 유의미한 **창의적 사고**는 길포드(J. P. Guilford)에 의해 정립되었다. 길포드는 "문제에 관한 민감성"(sensitivity to problems), 아이디어 생성의 "유창성"(fluency), "독창적이고 참신한 생각"(novel ideas), "사고의 유연성"(flexibility of mind), "종합 능력"(synthesizing ability), "분석 능력"(analyzing ability), 유기적 완전체로의 "재조직 혹은 재정의"(reorganization or redefinition), 그리고 섬세한 개념구조를 구상할 수 있는 "복잡성"(complexity)이라는 8가지 특징으로 창의적 사고를 정리하였다(Guilford, 1950: 451-53). 이러한 창의적 사고 개념은 인간의 인지와 정서의 거의 모든 영역에 걸쳐져 있어서 이론적으로 타당하더라도 실제적 교육 맥락에 적용하기 곤란하다. 이런 문제의식에 따라, 길포드는 창의성 교육을 적용하는 실질적 방안으로 비판적이고 논리적으로 정보를 이해하고 재정리하는 **수렴적 사고**(convergent thinking)와 정보를 참신한 관점에서 다양하게 풀어내는 **확산적 사고**(divergent thinking)를 제안하였다(Guilford, 1957: 111). 수렴적 사고는 혼란한 정보를 나름의 관점에 따라 질서를 부여하여 정리하는 것이고, 확산적 사고는 정보를 새로운 방향으로 변형하는 역량을 뜻한다.

창의적 사고가 나름의 방향을 잡아 **정보를 해석하고 재구성**하는 것이라면, 영어교육에서 창의적 사고를 기를 때 유익한 콘텐츠는 다양한 해석과 재구성이 가능한 것이어야 한다. 영어교육에서 창의적 사고는 언어 습득 장치(Language Acquisition Device)를 활용하여 제한된 어휘와 문법 지식으로 무한한 표현을 산출한다고 본 촘스키(Noam Chomsky)의 창의성도 포함한다. 언어적 유창성이 창의적 사고를 구성하는 토대이기 때문이다. 속담과 광고 문구에서 흔히 볼 수 있듯이 수많은 일상의 언어는 창의적 비유로 구성되어 있다. "언어적 창의성은 탁월한 작가들만이 지닌 속성이 아니라 모든 사람들이 함께 공유하는 것"(강석진 외, 2022: 11)이기에 효과적인 의미 전달 혹은 소통과 무관하지 않다.

심미적 감성과 마찬가지로, **내러티브와 시**는 일상의 언어를 재조직하여 다양한 해석을 통해 인지와 정서적 비약을 추동하기에 **창의적 사고 함양에 효과적**이다. 내러티브는 진부한 표현이나 내용을 반복하지 않고 무질서로부터 신기한 것을 찾는 즉흥성(improvisation)을 본질로 삼는다(Clandinin & Connelly, 2000: 7). 시 또한 인간의 삶에서 절대로 사소하지 않은 보편적 정서를 다루면서도 노랫말처럼 일상 언어에 깃든 반복성을 가지고 때때로 유연하게 바꾸며 의도적 모호함으로 다양하게 해석될 여지를 남겨두는 창의적 구성과 주제를 특징으로 한다(Maley & Duff, 1989: 8-12).

특히 내러티브 이해와 표현은 수동적으로 주어진 메시지를 받아들이는 것보다 창의적인 자기표현이 중요해진 세태에 요구되는 역량이다. 시공간을 넘나드는 영웅들이 쟁투를 벌이는 공상과학영화, 우승을 위해 사투를 벌이는 오디션 프로그램, 그리고 온갖 계략으로 피라미드 위계의 꼭대기에 올라가려는 서바이벌 예능의 유행은 절대 가치가 무너지고 생존과 쟁취를 위한 악다구니만 남은 현실을 반영한다. 이러한 "수직축에 대한 욕망"(신정아와 최용호, 2022: 177)은 편향된 정보만 제공하는 알고리즘을 거대 자본이 지배하여 주체의 주체성을 잃어버린 세태를 보여준다. Lyotard(1983: 60)는 이런 현상이 기술 발달로 정보 독점이 무너진 포스트모던 사회에서 사회적 권위가 해체되고 단일한 거대 내러티브(grand narrative)가 시대적 소명을 다했음을 보여주는 것이라며 개별 주체가 상상의 발명을 본질로 삼는 작은 내러티브(little narrative)를 추구해야 한다고 제안한다. 작은 내러티브에 매진하는 작업은 창의적 발견의 기쁨을 누리기 위한 놀이처럼 상상력을 발휘하여 다양한 언어를 넘나들며 각자의 의미를 만들고 서로의 이야기를 공유하는 것을 뜻한다(Lyotard, 1983: 10). 거대 내러티브는 진리와 정의와 같은 보편적 가치를 기반으로 한 일관된 세계관을 말하는 반면, 작은 내러티브는 개인의 경험과 상상을 바탕으로 구성된 다중적, 비공식적 이야기다. 영어교육에서는 후자가 더욱 학습자 중심적, 창의적 접근에 부합한다. 작은 내러티브는 각자만의 독창적 논리를 정립하고 공감적 소통을 시도하는 행위라는 점에서 자연스럽게 심미적 감성과 창의적 사고로 연결된다.

현실과 가상의 구분이 모호한 디지털 세상에서 작은 내러티브로 거대 내러티브의 빈자리를 채우려면 통합적 의미의 자아 서사가 절실히 요구된다. 인공지능 기술로 필요한 정보를 가져와 의미있게 재구성하려면 개인적 경험과 지식을 끌어와야 하는 것이다.

그렇다면 영어교육의 목표 또한 특정한 어구를 이해하고 표현하는 기계적 훈련에서 벗어나 자아 효능감을 높이는 방향으로 전환해야 한다. 개인마다 학습 과정과 결과물이 다를 수밖에 없음을 인정하면서 반드시 지켜야 할 학습 언어와 내용만 지정하고 자율성을 갖고 결과물을 만들고 그 의미를 나름의 논리로 해명하는 작업이야말로 미래 영어교육이 추구할 방향일 것이다.

디지털 기반 소통 환경에서는 이모티콘과 이미지와 같은 **비언어 매체를 이용한 메시지 생산이 보편화**될 수밖에 없다. 이러한 매체는 언어 표현처럼 의도하는 바가 겉으로 드러나지 않기 때문에 은유적 속성을 띤다. **비언어 매체의 은유성**은 창의적 해석과 재구성을 통해 효과적으로 메시지를 이해하고 표현하는 고차원적 역량인 동시에 인지 수준에 비해 영어능력이 부족한 학습자가 창의적 사고를 발휘하여 원하는 메시지를 알고 있는 일상적 비유로 이해하고 표현하도록 돕는 양면성을 지닌다. 사정이 이와 같다면, 영어교육에서 창의적 사고란 문예적 탐구에 골몰하는 역량이 아니라 **원활한 소통을 위한 리터러시 소양**일 것이다. 이러한 이론적 고찰을 바탕으로, 다음 장에서는 심미적 감성과 창의적 사고가 2022 개정 영어과 교육과정에서 어떻게 구현되고 있는지를 살펴보고자 한다.

SECTION

02 영어과 교육과정 속의 심미적 감성과 창의적 사고

(1) 현황과 분석

영어과 교육과정의 6가지 세부 목표는 상황에 맞는 협력적 소통, 흥미와 관심을 토대로 한 자기 주도적 학습, 문화적 다양성을 바탕으로 한 공감과 참여, 비판적·융합적 사고에 관한 창의적 표현, 영어로 된 작품을 통한 공감적 이해와 심미적 감수성, 그리고 다양한 매체를 목적에 맞게 활용하는 것으로 이루어져 있다(교육부, 2022: 6).[1] 이 중에서 심미적 감성과 창의적 사고에서 다루는 문예적 탐구와 참신한 생각은 여타 세부 목표들과 명료하게 분리되지 않을 뿐 아니라 둘 사이의 엄정한 구분 또한 불가능하다. 이런 맥락에서, 영어과의 심미적 감성과 창의적 사고는 협력, 흥미, 참여, 비판, 융합, 매체 활용과 같은 교육과정의 핵심 개념을 가지고 논할 수밖에 없다.

교육과정의 성취기준에서는 상대방의 정서를 염두에 둔 원만한 소통에 주안점을 두고 심미적 감성을 풀이한다. 초등영어교육에서는 일상적 상황 맥락에서 "자신의 감정을 쉽고 간단한 문장으로 말하거나 보고 쓴다"(12)고 명시하면서 학습자의 언어와 인지 수준의 제약으로 인해 감정에 관한 어구를 이해하는 언어 훈련에 무게를 둔다. 상대방에게 명확하게 자신의 감정을 전달하여 역지사지를 촉구하는 것이다. 고교 "공통영어"에서는 "상대방의 입장을 고려하

1) 이하 2022 개정 영어과 교육과정 인용은 괄호 안에 해당 페이지만 제시한다.

면서 가능하면 구체적인 표현을 사용"하는 동시에 "지나치게 주관적이거나 단정적인 표현을 사용하지 않도록" 유의하라는 지침(52)을 통해 학습자가 일상에서 공감과 배려를 통해 소통할 것을 주문한다. 이처럼 심미적 감성은 성공적 소통을 위한 기초를 이룬다.

심미적 감성은 학습자가 **공감할 수 있는 일상의 문화적 맥락**을 통해서도 기를 수 있다. 이에 대해 고교 "영어 I"에서는 "일상생활의 주제와 문화"에 관한 문학 텍스트 말고도 사회문화적 배경에 대한 이해와 열린 마음으로 수용하는 것을 전제로 한 "다양한 문화에 대한 공감 능력과 문화적 감수성"(87)이라고 설명한다. 문학과 문화 자료로 심미적 감성을 다룰 때는 정답을 찾기보다 학습자가 자료를 접하고 주체적으로 떠올린 정서를 스스럼없이 표현하는 것에 방점을 둔다. 이에 관한 교수·학습 지침은 문화에 관한 일화나 예술작품 등과 같이 "영어로 표현된 다양한 문화적 산물들을 체험하면서 심미적 감성을 함양할 기회를 제공"하고 이를 "학습자가 스스로 탐구하고 감상"하며 자발적으로 몰입하도록 규정한다(71). 실수를 두려워하지 않고 자신의 "생각과 느낌을 공유하면서 소통의 즐거움을 깨닫고 능동적으로 의사소통에 참여"(71)하다보면 자연스럽게 심미적 감성을 기를 수 있기 때문이다. 영어과 교육과정에서 논하는 심미적 감수성의 의미를 정리하면 표 3-1과 같다.

심미적 감성을 기르기 수월한 자료는 아무래도 감성적 언어로 이루어진 **문학 텍스트**일 것이다. 이런 사실은 "인물의 심정이나 글의 분위기를 추론하기 위해서는 문학적 장르의 글을 활용"(87)하도록 권하는 지침에 잘 드러난다. 초등영어에서는 언어에 담긴 정서에 적절히 반응하는 것에 주안점을 두기 때문에 "시, 노래, 이야기 등 문학이나 예술적 감성을 불러일으키는 듣기 자료를 통해 기쁨, 슬픔 등의 감정을 느끼고 공감하는"(10) 내용을 도달할 목표로 제

〈표 3-1〉 영어과 교육과정의 심미적 감수성 정리

개념 구분	설명	교수·학습 방향
상대방의 정서를 헤아리며 원만하게 소통하는 능력	• 감정 관련 어구의 이해와 숙지 • 다양한 감정을 느끼고 공감 • 다양한 관점을 이해 • 공감과 배려의 자세로 소통	• 문학 텍스트(시, 노래, 이야기) 활용하기 • 감정과 분위기 추론과 숨은 의도 파악하기 • 이해와 공감의 근거와 이유 제시하기
다양한 맥락에서의 문화적 감수성과 공감 능력	• 다양한 문화 배경지식의 이해와 수용 • 문화에 관한 생각과 느낌의 공유 • 소통의 즐거움에 의한 자발적 몰입	

안한다. 학년이 올라가면, 학습자는 근거를 가지고 다양한 관점을 이해하고 공감하는 가운데 "인물의 기분이나 감정을 추론"(20)하거나 분위기와 숨은 의도를 파악하고 감상을 표현해야 한다. 느낌과 생각을 표현할 때는 "단순히 사건이나 내용을 나열하기보다는 사건이나 내용이 왜 감동적이고 인상적인지 근거를 제시하면서 기술"(171)하는 단계까지 나가야 한다. 비록 학교급과 학년군에 따라 반응 속도와 방식이나 공감의 깊이는 다를 수 있음에도 불구하고, 교육과정에서 심미적 감성을 기를 때 영어로 된 문학 텍스트를 활용하도록 규정한 사실은 공통적이다.

한편, 교육과정에서는 **창의적 사고를 비언어까지 포함한 다양한 매체를 활용하여 원활하게 소통하는 역량으로 규정**한다. 이와 같은 정의는 비언어 매체인 "사진, 그림, 디지털 매체 등을 활용하여 다양한 방식으로 의미를 전달하거나 교환"(12)하는 방식과 같이 "학습자의 수준과 특성에 알맞은 매체와 전략을 사용하여 창의적으로 의미를 생성하고 표현하는 것"(17)이라는 지침을 통해 확인된다. 이에 의하면, 창의성은 내용의 기발함이 아니라 다양한 매체를 사용하여 부족한 언어 지식을 보완하는 유연한 상황 대처능력 혹은 영어 의사소통 능력 4가지 중에서 전략적 능력에 가깝다. 이처럼 필요한 매체를 끌어와 원하는 의미로 구성하는 능력은 길포드가 제안한 창의적 사고의 8가지 특징 중에서 "문제에 관한 민감성", "아이디어 생성의 유창성", "사고의 유연성" 그리고 "섬세한 개념 구조를 구상할 수 있는 복잡성"과 연관된다. 이런 점은 길포드가 주장한 수렴적 사고와 확산적 사고 모두에 걸쳐져 있는 것처럼 보인다.

매체 활용 능력 말고도, 교육과정에서는 **논리적 분석력** 역시 창의적 사고와 관련지어 설명한다. 엉뚱한 발상이 아니라 문학 텍스트의 단서들을 이리저리 조합하면서 순서, 전후 관계, 인과관계와 같은 "사건의 논리적 관계를 파악"(20)하고 각자만의 방식으로 표현하는 것을 창의적 사고로 본 것이다. 적절한 전략을 동원하여 타당성과 논리성을 따지며 "사실과 의견을 구분하여 파악"하는 작업은 나만의 관점이 반영된 창의적 결과물을 산출하는 첫 단추라 할 수 있다(50). 이처럼 논리적이되 주체적으로 비판하는 능력은 길포드의 창의적 사고 8가지 특징 중에서 "독창적이고 참신한 생각", "종합 능력", "분석 능력" 그리고 "유기적 완전체로의 재조직 혹은 재정의"와 관련되기에 대체로 수렴적 사고에 해당한다.

고교 수준에서는 창의적 사고를 배경지식에 기초하여 **문학 텍스트를 심층 분석하는 역량**으로 규정한다. 사회문화적 지식으로 인물과 사건의 미묘한 역학관계가 드러나는 사건과 맥락을 짚어내고, 낯설거나 관용적인 "표현의 함축적 의미"를 이해하고, 문학 텍스트 전반의 "전개 방식이나 구조를 파악"하는 문예적 탐구를 창의적 사고의 요체로 보는 것이다(42). 이러한 의미의 창의성은 보편적 시각에서 참신하다고 볼 수 있는 나만의 작품 이해를 가용한 매체를 사용하여 콘텐츠로 만드는 능력이라 할 수 있다. 이에 대해 교육과정에서는 "다양한 매체의 내용을 새로운 관점에서 비판적으로 분석하는 행위는 창의적인 문제 해결 능력을 배양"해야 한다고 기술한다(157).

교육과정에서 창의적 사고를 끌어내는 대표적인 방법으로 프로젝트 기반 학습을 추천한다. 즉, 영어 학습과 주제 개념을 융합하여 "문제 해결 프로젝트 등의 활동과 다양한 매체를 활용"하여 창의적 사고를 키우도록 추천하는 것이다(25). 창의성을 발휘하려면 언어 사용만 익히고 평가하는 한계를 뛰어넘어 학습자가 다양한 주제와 매체를 유연하게 사용하여 자기만의 의미있는 결과물을 산출하도록 보장해야 한다. 이런 의미에서 학습자가 "평가를 학습 과정의 일부로 인식"하면서 학습 전반을 성찰하고 "개인적 의미를 발견하며 학습 계획을 자기 주도적으로 수정·보완할 수 있는 계기"로 삼아야 한다(27). 영어교육에서 일필휘지로 번뜩이는 재치를 풀어놓기도 힘들고, 무엇보다 이해와 표현을 다양한 각도로 곱씹는 과정에서 창의적 사고를 키울 수 있다. 이런 이유로, 교수자는 "학습자 스스로 표현한 말과 글을 여러 번 살펴보면서 내용의 오류나 불분명한 표현 또는 더 나은 전개 방식을 점검하여 수정하도록 격려하고"(72) 지속적인 수정을 거치며 창의적 사고를 다듬도록 유도해야 한다.

〈표 3-2〉에서 알 수 있듯, 창의적 사고는 수렴적·확산적 사고를 아우르며 다양한 매체와 전략을 통해 발현되는 실천적 역량으로 정의되고 있다. 영어과에서 흥미와 자신감을 갖고 주변의 일상에 관한 주제로 동료와의 의사소통과 협력 과업에 참여하는 정의적 영역(affective domain) 교수·학습 지침은 창의적 사고를 표현하기 위한 기저를 이룬다. 나눔과 공감을 실천하면서 "필요한 도움이나 지지를 얻고 자아 효능감을 느낄 수 있도록"(53)해야 협소한 관점

〈표 3-2〉 영어과 교육과정의 창의적 사고 정리

<table>
<tr><th rowspan="2">개념 구분</th><th rowspan="2">설명</th><th colspan="2">사고 유형</th><th rowspan="2">교수·학습 방향</th></tr>
<tr><th>수렴</th><th>확산</th></tr>
<tr><td>다양한 매체를 사용한 원활한 소통 능력</td><td>• 수준과 능력을 감안한 (비)언어 매체 선택
• 다양한 매체로 원하는 의미 구성
• 언어 능력을 보완한 유연한 상황 대처</td><td>△</td><td>△</td><td rowspan="2">• 반복 수정을 거쳐 참신한 생각으로 표현하기
• 자기만의 의미를 담은 콘텐츠(메시지) 만들기
• 가용한 매체를 활용한 독창적 콘텐츠 만들기
• 공감적 소통으로 협력하며 독창적 콘텐츠 만들기</td></tr>
<tr><td>비판적·논리적 분석과 체계적 구조화 능력</td><td>• 사실과 의견의 구별
• 사건의 논리적 관계 파악
• 문예적 분석과 해석</td><td>○</td><td>X</td></tr>
</table>

에 매몰되지 않고 열린 자세로 다름을 수용하여 창의성을 계발할 수 있기 때문이다. 이런 목적 달성을 위한 언어 학습으로는 "핵심 단어 반복하기, 재구성하기, 우회적으로 표현하기, 쉬운 말로 대체하기, 질문하거나 환기하기, 예시나 근거 들기, 통계 자료 제시하기 등" (72)과 더불어 동작이나 표정과 같은 비언어적 단서까지 활용한 의사소통 능력을 들 수 있다. 물론, 창의성은 언어 지식만 훈련해서 기를 수 없다. "자기 주도적 학습 태도를 기르는 기회와 동료 학습(peer learning) 및 동료 수정(peer correction)의 기회를 제공" 받아(151) 자기만의 의미를 담은 메시지를 구성하였을 때라야 창의성을 발현할 수 있다. 주체적 관점으로 비판적으로 분석하면서 참신한 생각을 개진하는 작업은 학습자에게 도전적인 과업일 수밖에 없다. 따라서 교수자는 다양한 학습자 수준을 염두에 두면서 예시를 제공한다거나 "자신의 언어적인 제한을 극복하고 창의적인 발상을 공유"하는 문맥과 배경지식에 관한 다양한 단서와 사고 촉발

방법을 제공해야 한다(54, 159).

(2) 검토와 비판

영어과 교육과정은 몰입의 즐거움을 느끼며 학습자가 주체적 관점으로 언어 자료를 유연하게 재구성하는 것을 통해 심미적 감성과 창의적 사고를 길러야 한다는 방향으로 작성되어 있다. 교육과정은 학교급, 학년군, 그리고 세부 교과에서 심미성과 창의성을 토대로 한 영어 학습 방향을 제시함에도 불구하고 언어 학습을 중점적으로 기술하다보니 한계점 역시 지니고 있다. 영어과 교육과정에서 규정하는 심미적 감성과 창의적 사고를 비판적으로 검토하면 다음과 같은 네 가지로 정리된다.

첫째, 심미적 감성과 창의적 사고를 관련짓기보다는 심미적 감성을 이해 영역에, 창의적 사고를 표현 영역에 한정지어 논하는 경향을 보인다. 우선, 심미적 감성은 공감적 소통을 위해 대화 상대자의 메시지(언어)에 깃든 정서를 이해하고 자신의 심경을 알맞은 메시지로 표현하는 것에 초점을 맞춘다. 그렇다보니, 적어도 고교 공통영어 수준 이하에서는 창의적 사고를 담은 참신한 언어와 매체로 정서를 표현하는 성취 목표가 배제된다. 또한, "효과적인 정보 전달이나 의견 교환을 위해서는 적절한 전략과 창의적인 사고 과정이 필요하다"(85)는 지침은 교육과정에서 의도하는 창의성이 참신한 생각보다 적당한 매체를 골라 효과적인 의사소통 목적 달성의 수단처럼 여겨질 수 있다. 창의적 사고를 의사소통 위주로 다루다보면 창의성의 본질에서 멀어진다. 디지털 매체 발달로 소통 매체가 다변화되는 추세에 부응하는 것을 창의성으로 오해할 수 있는 것이다.

둘째, 심미적 감성과 창의적 사고에 관한 성취기준과 교수·학습 및 평가 지침이 원론적 언급에 그치기 때문에 학교급, 학년군, 그리고 세부 교과의 차이점을 명확히 변별하지 못하고 있다. 학년이 올라감에 따라 정서 관련 어구 학습으로부터 심미성이나 창의성과 연관성이 높은 내용 중심 학습으로 비중이 옮겨가는 인상을 주지만, 이 또한 추측의 영역일 뿐 명시적 지침을 내놓은 것으로 보기 어렵다. "영미 문학 읽기"의 교과 목표조차 작품에 관한 주체적 감상, 비판적·창의적 사고력, 심미적 소양, 인문학적 상상력, 포용적 태도, 타 문화 가치 이해, 공감과 상호 협력처럼 비판적 해석과 감상처럼 다른 학교급이나 여타 선택 교과의 목표와 뚜렷하게 구분되지 않는다. 그나마 "영미 문학 읽기"의 성취기준에서는 인물의 의도 파악, 감상과 공유, 작품 구조 분석, 문학적 비유의 의미 파악과 이에 관한 창의적 표현, 다양한 매체를 통한 작품 분석과 같이 심미성과 창의성을 구체적으로 규정한다(171). 이렇게 규정하다 보면, 영어 학습에 관한 구체성이 성취기준에서 사라지자 국어과의 문학교육 성취기준과 변별성이 사라지는 또 다른 문제에 봉착한다.

셋째, "영미 문학 읽기"를 제외한다면, 심미성과 창의성을 언어 훈련의 도구로 종속시키기 때문에 몰입의 즐거움과 주체적 내용 재구성을 실질적으로 다루지 못하는 형국이다. "포용적·상호 협력적으로 의사소통에 참여하는 태도는 문제 해결의 토대가 된다"(85)는 지침은 심미적 감성을 담은 협력적 소통을 수단으로 삼아 문제를 해결하라고 촉구한다. 플롯 구조와 은유적 언어를 파악하는 성취기준으로 이루어진 "영미 문학 읽기"는 영어 독해 훈련의 일환이거나 기껏해야 수렴적 사고를 다루는 듯 보인다. 이러한 수업에서는 학습자가 몰입과 공감을 통해 자율적으로 해석할 기회를 갖기 어렵다. 오히려, 정답이 정해진 듯한 작품을 반복적으로 읽고 기계적으로 답을 도출하는 데 그칠 위험이 있다. 결국, 영어교육에서 다양한 의견을 활발하게 주고받으며 사고와 정서의 확장, 다시 말해 심미적 감성과 창의적 사고를 도모하기 힘들어진다.

넷째, 앞 항목의 연장선상에서, 작품을 언어 학습의 수단으로만 여겨 심미성과 창의성에 소홀하면 **비언어·디지털 매체를 효과적으로 활용하지 못할 수 있다.** 가령, 작품을 읽고 자신의 생각과 감정을 감상문 형식으로 표현하거나 작품을 새롭게 재해석하는 비평문 쓰기(173)를 관련 사례로 생각해 볼 수 있다. 작품에 관한 "독해(comprehension)와 해석(interpretation) 과정을 균형 있게 고려"한 수업 진행을 장려하는 지침(175)은 이해와 감상의 균형을 장려하는 미덕을 갖추고 있지만, 다분히 문자언어 학습을 전제로 하므로 다양한 매체를 활용한 이해와 감상 방식을 구체적으로 짚어주지 못하는 한계를 지니고 있다. 한편, "시적 장치가 음악성, 회화성, 상징성, 서사성 등과 같은 시의 특성을 어떻게 구현하는지 파악"(171)하는 문예적 탐구는 주어진 언어 형태에 따라 창의적으로 운율, 이미지, 은유, 상징 등을 표현하도록 요구한다는 점에서 영어 학습으로부터 다소 벗어난 인상을 준다. 심미적 감성과 창의적 사고 함양에 효과적일지라도 무슨 영어 어구를 어떤 정도와 방식으로 문예적 과업에 적용할지 막연하다면 영어교육도 국어과의 문학교육도 아닌 어정쩡한 상태로 전락할 수 있다.

다섯째, 교수·학습 방향에서 **학습자가 경험과 배경지식을 사용하여 작품의 이해와 감상이 이루어지고 이를 적절한 매체를 통해 창의적으로 표현하는 구체적 지침이나 준거가 부족하다.** 여기에서 말하는 지침이나 준거는 정답을 알려주는 단서라기보다 주체적으로 작품의 주요 흐름을 파악하되 과도하게 헤매지 않도록 돕는 비계라 할 수 있다. 교육과정에서 제안하는 분석 준거로는 이야기 문법(story grammar)과 도식 조직자(graphic organizer)를 활용하여 산문(소설)의 구조를 파악하고 인물, 사건, 배경을 협력 스토리텔링을 통해 창의적으로 원작을 재구성하는 것(172)을 들 수 있다. "인상 깊은 장면이나 문장을 발췌하여 토론"(173)하는 것 역시 학습자들의 상이한 반응을 공유하여 정서 증폭이 일어남으로써 심미적 감수성을 기르도록 한다. 다만, 이런 준거들에 지나치게 의존하다 보면, 분석 준거를 작품에 대입했을 때 거의 모든 학습자들이 동일하게 답하여 심미성과 창의성 함양과 멀어질 수 있다. 이런 문제점은 분석 준거가 부적절해서가 아니라 다양한 정서와 사고를 촉발하지 못하는 작품을 골라서였을 수도 있다. 게다가, 플롯의 객관적 정보의 연결고리를 논리적으로 정리하는 수렴적 사고에 초점이 맞추어지고 협력 과업에서 확산적 사고를 미미한 비중으로만 건드리고 넘어갈 가능성이 크다. 이럴 때, 개별 학습자, 특히 영어 수준이 높지 않은 학습자의 정서와 경험이 배제될 우려가 있다.

얼개를 명확히 보여주는 작품을 활용해야 한다는 문학 장르 선정 준거는 장단점을 모두 지니고 있다. 작품의 구조 파악이 수월하면 정답이 비교적 명확하여 평가에 유리할 수 있지만 이해와 감상

〈표 3-3〉 영어과 교육과정의 문학 장르 활용 지침

장르	준거	사례	비고
시	• 일상에서 사용되는 운율을 지닌 언어 • 이미지, 은유, 상징 등의 시의 특성이 잘 드러나는 작품	• 형태시(pattern poetry)	간단하고 짧고 쉬운 작품
희곡	• 발단, 전개, 절정, 하강, 대단원이 잘 드러나는 작품	• 사례 제시 없음	
이야기/소설	• 배경(시공간), 인물, 목적, 갈등, 결말 구조가 잘 드러나는 작품	• 이야기: 동화, 우화, 신화 등	

포인트가 특정한 방식으로 정해져 있어서 중등영어교육 현장에서 요구되는 사고의 폭과 깊이 확장에 제약이 따른다. 오히려 은유적 언어를 구사하여 다양한 각도로 해석할 가능성이 농후한 작품이야말로 토론을 비롯한 표현 중심 수업을 지향하는 중등영어교육에서 더 적절할 수 있다. 물론, 초등영어교육에서는 은유적 언어와 플롯 구조를 직접적으로 영어수업에서 다루기 곤란하기에 내용 파악과 분석보다 운율과 삽화를 즐기며 영어에 대한 감각과 흥미를 키우기 수월한 작품을 선정해야 할 것이다.

SECTION

03 심미적 감성과 창의적 사고 함양을 위한 영어과 교육과정

(1) 매체 사용을 중심으로 한 영어과 역량 및 영역 재구성

교육과정의 영어 의사소통 역량 도식(1장 참고)은 이해와 표현 능력으로 나눈 후, 이해 능력을 둘러싸고 협력적 소통, 지식 정보처리, 심미적 감성, 그리고 공동체 영역을, 표현 능력의 외곽에 지식 정보처리, 창의적 사고, 자기 관리, 그리고 공동체 영역을 배치한다. 이렇게 6가지 역량을 배치하면, 이해와 표현 능력을 특정 역량으로 임의 할당한 것으로 해석될 수 있다. 자신의 주체적 관점에 따라 창의적 사고를 끌어와 주어진 언어 자료를 이해하거나 심미적 감성에 기반한 협력적 소통을 통해 표현하는 능력을 온전히 담지 못하는 것이다. 교육과정 집필진이 의도한 것은 아닐 수 있지만 이해 영역에서 창의적 사고와 지식 정보처리를 배제하거나 표현 영역에서 협력적 소통과 심미적 감성을 고려하지 않음으로써 영어 의사소통 역량이 왜곡되어 받아들여질 가능성이 있는 것이다.

심미적 감성과 창의적 사고는 영어과 역량을 구성하는 다른 네 가지 영역을 매개로 하여 맞물려 있다. 심미적 감성의 핵심은 대화 상대방이나 주어진 자료에 녹아있는 정서를 포착하여 적절한 언어와 비언어 매체로 표현하는 것에 있다. 여기에서, 상대방의 다음 반응이나 자료의 후속 내용에 담긴 정서를 짐작하기 어려울 때 창의적 사고를 발휘한다면 가능성 높은 정서를 떠올리며 메시지를 산출하여 소통과 몰입을 이어갈 수 있다. 따라서 심미적 감성과 창의적 사고가 각각 이해와 표현 능력으로 분리된 것으로 오독할 여지를 없애는 한편, 두 영역이 다른 네 영역과 얽혀있다는 사실에 주목할 필요가 있다. 이런 연장선상에서, 김혜련(2025: 133-134)은 개인의 유창성, 융통성, 독창성, 정교성에 초점을 맞춘 창의적 사고 역량이 사회적 공감과 삶의 가치를 발견하고 향유하는 심미적 감성 역량의 상상력을 매개로 하여 생태환경과 다문화와 같은 공동체 역량으로 확장될 수 있다고 주장한다.

영어 의사소통 역량을 구성하는 이해와 표현 능력은 개념상 분리되지만 현실적으로 디지털 매체를 통한 활발할 실시간 소통에서 겹쳐서 나타날 개연성이 크다. 따라서 매체 사용을 기준으로 의사소통 역량을 구조화하는 편이 달라진 소통 환경에 부합한다. 매체는 언어와 비언어로 나누어지고, 언어는 다시 듣기, 말하기, 읽기, 쓰기와 같은 네 기능으로 분류된다. 영어과에서 언어 학습을 축으로 삼는 점을 고려할 때, 초보 단계의 학습자는 여섯 영역을 두루 반영하여 언어 기능 학습을 수행하고 이 과정에서 부족한 소통 능력을 비언어 매체를 보조수단으로 활용할 수 있을 것이다. 따라서 미래 영어과 교육과정은 매체의 고유한 소통 방식과 복잡도를 정리한 후 언어 네 기능과 관련지어 학습위계를 구축할 필요가 있다.

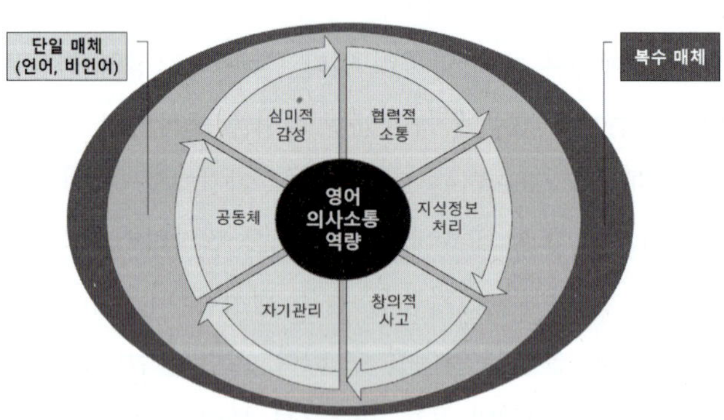

〈그림 3-1〉 영어과 교육과정의 목표와 영역 재구성 방향

매체 사용의 단계별 확장을 염두에 둔 영어과 교육과정의 목표와 영역은 〈그림 3-1〉처럼 재구성할 수 있을 것이다.

(2) 학습자와 과정 중심 영어교육으로의 전환

심미적 감성과 창의적 사고에는 개별 학습자의 느낌과 생각이 녹아있기 마련이다. 이런 의미에서, 공급자 중심으로 목표와 교수 기법을 제시하여 일방적으로 밀어붙이기보다 수요자의 흥미와 능력에 맞추어 학습 방향과 수단을 유연하게 바꾸고 자신이 수행한 바를 점검하는 영어교육이 바람직하다. 즉, 언어 요소 숙지에 치중하거나 주제(내용)를 단편적으로 건드리는 **결과 중심 학습에서 탈피하여 학습자에 따라 차별화된 콘텐츠 이해와 표현 방식을** 택할 필요가 있다. 심미적 감성과 창의적 사고를 위주로 조직한 수업에서 언어 학습과 평가가 빈약하다면 인공지능 기술을 보완재로 활용해야 할 것이다.

2022 영어과 교육과정의 내용체계 표는 심미적 감성을 가치·태도에 반영하고 있다. 다만, 흥미와 자신감을 가지고 즐기며, 상대의 감정을 느끼고 공감하며, 다양한 문화와 의견을 존중하고 포용하는 태도는 심미적 감성을 언어와 배경 맥락(지식·이해)이나 교수활동(과정·기능)과 긴밀히 연결하기보다 수업에 임하는 학습자의 심리적 차원으로 제한하고 있음을 시사한다. 학습자의 정서 상태가 영어 학습에 긍정적 영향을 미치는 것은 분명하다. 영어과 교육과정은 여기에서 더 나아가 창의적 사고를 장려해야 한다. 역할놀이 상황에서는 한정된 반응을 유도할 뿐이기에 학습자의 자율성과 비판적·창의적 사고가 개입될 여지가 적다는 점에서 진정한 의미의 학습자 중심 교육이라 보기 어려운 것이다. 학습자가 정의적·

인지적 차원에서 주체적으로 임하도록 하려면, 학습 목표와 구성을 교수자가 원하는 언어와 내용으로만 채우지 않고 학습자 스스로 학습 과정에서 생기는 언어와 내용(주제)상의 궁금증을 해소할 여지를 두어야 한다. 이럴 때, 교수자의 역할은 디지털 도구와 질의응답처럼 자기 주도적 학습을 촉진하는 갖가지 수단을 학습자에게 적시에 적합한 방식으로 제공하는 것이다. 창의적 사고는 사전에 정교하게 조직된 활동과 평가를 충실히 이행하는 것만으로 길러지지 않는다. 이것은 주어진 자료의 언어와 내용을 숙지한 상태에서 학습자의 배경지식과 경험을 활용하고 주변의 도움을 받으면서 주체적으로 분석하고 재구성하여 표현하는 일을 지속하면서 길러진다. 결국, 심미적 감성과 창의적 사고를 키우려면 학습자의 주체성을 북돋우고 결과보다 과정을 중심으로 영어교육을 재편해야 하는 것이다.

학습자와 과정 중심 영어교육으로의 전환은 언어 요소별로 단계를 구분하는 기존의 영어과 성취기준과 교수·학습평가를 부정한다기보다 학습자의 수준과 흥미에 맞도록 유연하게 속도와 내용을 미세 조절하도록 허용함을 뜻한다. 심미적 감성과 창의성 사고는 학습 목표로만 다루어지는 것이 아니다. 학습자가 교재의 언어 및 내용과 연관된 배경지식이나 경험을 떠올리는 과정에서도 심미성과 창의성을 건드리기 때문이다. 물론, 학습자마다 주목하는 심미성과 창의성은 다를 수밖에 없다. 따라서 학습자와 과정 중심 영어교육은 공통으로 배울 언어 요소와 내용(필요조건)을 구체적으로 제시하고, 여기에다 개별 학습자와 궁합이 맞는 심미성과 창의성(충분조건)을 덧붙이는 방향을 모색해야 한다. 초등 수준에서라면, 감정이 뚜렷하게 드러나는 시각 자료와 어구를 짝짓는 것부터 시작하여 상황과 어울린다고 판단한 감정과 어구를 고르고 이유를 제시

〈표 3-4〉 학습자와 과정 중심 영어교육을 위한 성찰 기록지 예시

공통 목표 \ 학습 영역		심미적 감성	창의적 사고
언어	*glad, happy, sad, sick, wrong, tired*	*sorry, worry, lorry*	*doll*
내용 (주제)	*감정을 이해하고 표현하기*	*격려와 위로를 주고받으며 서로의 감정을 헤아림*	*비슷한 발음으로 챈트 놀이를 하고 걱정인형을 가져와 대화를 나눔*

학습 영역 \ 학습 과정		전	중	후
학습자 반응	심미적 감성	*찡그린 표정을 한 주인공의 기분이 좋지 않아 보임*	숙제가 많아 걱정하는 상황이 나와 비슷함	주인공의 sad, tired 감정이 나의 worry tired와 비슷함
	창의적 사고	입가의 주름이 많은 것으로 보아 이빨이 아픈 것 같음	sorry, worry와 앞 글자만 다른 발음을 해보다 lorry를 배움	걱정인형을 들고 감정 표현을 더 찾아보고 혼잣말을 함

하면서 동료들의 반응과 비교하는 등의 방식으로 심미성과 창의성을 키울 수 있다. 중등 이상에서라면, 판단에 참고할 만한 사회문화적 지식이나 자료 분석에 유용한 준거를 학습자에게 제공함으로써 깊이 있는 해석과 더불어 창의적 사고를 표현한 결과물 산출을 뒷받침해야 한다.

최소한의 언어와 내용 목표로부터 출발하여 학습자의 심미적 감성과 창의적 사고 성장 과정에서 추가적인 언어와 내용 학습이 수반되려면 학습 성찰 기록물이 요구된다. 특히 쓰기 과업은 "성찰을 창의성을 체화하는 과정"으로 이끄는 중요한 역할을 한다(Guillaumier, 2016: 353). 학습자는 주어진 언어와 내용을 토대로 자신이 이해하고 표현하려는 바를 정리하면서 무슨 심미적 감성을 새

로 익혔고 자신이 어떤 심경 변화를 거쳤는지 짚어야 한다. 심미적 감성에 몰입하여 떠오르는 생각을 정리하는 것은 창의적 사고로 직결된다. 학습 목표에 도달하는 과정에서 느끼고 깨달은 바를 정리하고 추가적인 생각을 표현하기 위해 참신한 언어와 콘텐츠 구성 형식을 떠올리는 작업에서 창의적 사고가 발동하지 않을 수 없다. 비록 교육과정에서 학습자가 영어 콘텐츠를 통해 심미적 감성과 창의적 사고 함양하는 성장 과정에 관한 예시 성찰 기록지를 제공할 수는 없겠지만, 성찰 기록지에 포함될 항목들만큼은 교수·학습과 평가 지침에서 제시할 수 있을 것이다. 여기에서 말하는 성찰 기록지는 학습자 본인의 성찰에 초점을 맞춘다는 점에서 KWL 차트처럼 언어 학습에 초점을 맞추어 배운 내용을 복기하는 일반적인 학습 기록물(learning log)과 구분된다. 교사는 이와 같은 성찰 기록지를 통해 학습자의 정서적 반응과 창의적 표현 경향을 파악하고, 피드백이나 수업 재설계의 단초로 활용할 수 있다.

(3) 내러티브 중심 영어교육으로의 전환

디지털 시대의 학습자는 대면 접촉이 축소되어 무질서하게 파편적 시청각 이미지만 접하는 소통 환경에서 타인의 정서와 사고를 이해하기 어려울 수 있다. 언어와 비언어 매체를 혼용하는 언어 사용 환경에서 문자적 의미에 치중하는 전통적 영어교육을 고수하면 소통의 기회도 많지 않고 온전한 소통을 기대하기도 쉽지 않다. 이런 의미에서, 영어 학습자는 내러티브를 적극 활용해야 한다. 내러티브는 삶의 다양한 양태를 접하고 자신의 삶을 지속적으로 성찰함으로써 혼란스러운 정보에 휩쓸리지 않고 주체적으로 필요한 언어와 내용을 소화하고 재조직하는 틀이기 때문에 심미적 감성과 창의적 사고에 기반한 언어 사용과 소통에 기여한다. 영어교육적 맥락에서의 내러티브는 까다로운 고전문학이 아니라 여러 매체를 통해 창의적인 방식으로 전해지는 나와 비슷한 삶을 사는 이웃들의 일상을 반영한 콘텐츠를 폭넓게 지칭한다. 이러한 내러티브는 "우리 자신 바깥으로 나가려 하고, 우리의 경험과 타인의 것을 삼각측량함으로써 우리가 누구인지 알아내려 하며, 우리만의 고독한 경험보다 더 큰 무언가의 일부임을 느끼려는 열망"(Chambers & Gregory, 2006: 17)을 충족시키는 힘을 지니고 있다는 점에서 심미적 감성을 건드리기 마련이다.

내러티브는 일회적 반응에 머물지 않고 **지속적인 소통과 몰입을 통해서 함양하는 심미적 감성과 창의적 사고를 영어교육과 결합**하기 적합한 수단이다. 내러티브를 통한 몰입은 학습자가 순간적인 희로애락을 뛰어넘어 깊은 차원의 역지사지와 공감에 이르게 한다. 창의성 또한 내러티브 흐름에 재미를 느끼고 몰입하며 생각나는 것을 자유롭게 표현하는 가운데 솟아난다. 무엇보다, 학습자가 접하는 복잡다단한 현실은 내러티브와 같은 인지 처리장치가 있어야만 총체적 의미로 정리될 수 있다. 내러티브의 완결성을 파악하고 이에 관해 표현하는 학습 과정은 정보를 이리저리 맞춰가며 변형하는 몰입의 시간으로 이어진다. 학습자가 몰입하며 주체적으로 정보를 조합하다보면 어느 순간에 의미있는 정보를 발견하거나 불현듯 깨달음이 찾아온다. 수렴적 사고를 활용하여 창의적으로 내러티브에 산재된 정보 조각들을 주체적으로 이리저리 조직하다보면 어느 순간에 총체적 의미를 추출하게 되는 것이다. 이런 이유로, **내러티브 활용은 학습자와 과정 중심 영어교육과 일맥상통**한다. 학습자가 공감과 몰입을 거쳐 지식과 깨달음을 획득하고 즐거움을 만끽하는 동안 뜻하지 않은 인지적·정서적 학습이 일어나는 것이다.

〈표 3-5〉 내러티브 중심 영어교육의 장점 정리

이유 \ 학습 요소		목표		영역	
		언어	내용(주제)	심미적 감성	창의적 사고
1	몰입의 즐거움: 동기 유발을 통한 능동적 참여와 소통을 위한 집중력 향상	○	○	○	○
2	맞춤형 학습에 유리: 학습자가 배움의 전 과정을 주도하여 자기 효능감 고취	○	○	○	○
3	장기 기억에 유리: 플롯의 자연스러운 맥락을 활용한 정보 관계망 형성	○	○	△	△
4	삶의 다양성을 간접 경험: 정서적 성장과 창의성 증진	△	○	○	○
5	문화 이해 증진: 다문화사회에 요구되는 차이점 이해와 존중 및 공감 능력 계발	△	○	○	△
6	영어 거부감 완화: 실제적 언어의 자연스러운 습득과 소통의지 강화	○	△	△	△
7	자료 분석과 비판력 증진: 세부 내용 구조화와 추론(문제 해결) 능력 향상	△	○	△	○
8	상호작용과 협력 학습을 촉진: 의사소통과 상황 대처 기술의 향상	○	○	○	○
9	자유로운 메시지 변환: 디지털 매체 등을 활용한 메시지 확장과 재구성	△	○	○	○

※ ○: 매우 그러함, △: 다소 그러함

내러티브를 이용하여 심미적 감성과 창의적 사고를 키우는 영어교육의 장점은 〈표 3-5〉에 정리되어 있다.

내러티브는 관점에 따라 다양하게 해석되기 때문에 나만의 내러티브로 재창조될 수 있다. 이런 이유로, 영어과에서 내러티브 기반 학습은 오해와 오독 가능성을 인정하고 꾸준히 활발히 소통하면서 자기만의 해석에 이르는 것에 주안점을 둔다. 작품에 관한 배경지식에 정통해서 특정 문구의 함축적 의미를 곧장 파악하여 답하는 교수자보다 사실관계에서 어긋날지라도 골똘히 묵상하며 자기만의 여러 해석 가능성을 다양한 영어로 표현해보는 것이 학습적으로 더 큰 의미를 지닌다. 그러므로 내러티브 활용 수업에서 교수자는 "학생들을 독자로서의 잠재 역량이 아니라 지적으로 부족하다고 확신시키는" 위험성에 빠지지 않게 유의해야 한다(Blau 2003: 91). 미래의 영어교육은 어구의 문자적 의미에만 골몰하거나 맞는 내용을 찾아내는 정답 찾기에 갇히지 않고 내러티브를 통해 학습자 본인과 타인에 대해 알아가는 과정에 방점을 찍어야 할 것이다.

내러티브를 능숙하게 사용하려면 이야기의 발단, 갈등, 도전, 절정, 해결과 같은 플롯 구조처럼 내러티브의 구성 원리와 기법을 어느 정도 알고 있어야 한다. 특히 초등 수준에서 내러티브에 몰입하려면 색깔, 모양, 숫자와 같은 기초 개념이나 다양한 문화권에

〈표 3-6〉 구두 언어 기반 내러티브의 진행(Parkinson & Thomas 54, 73)

순서		설명
1	간명한 핵심 정보 제공	앞으로 나올 인물, 사건, 배경의 핵심 정보를 간단히 제시하여 몰입을 위한 배경지식 활성화
2	내러티브의 방향 설정	누가 언제 무엇을 어디에서 벌이는지 언급하여 내러티브의 맥락을 청자(독자)에게 전달
3	사건 속으로 휘말리기	인물에 빙의하여 플롯을 제시하면서 핵심적 갈등이 전개되는 일련의 과정을 제시
4	내러티브의 의미 평가	이야기꾼이 흥미로운 부분과 해당 대목의 의미를 청자가 수용하도록 설득
5	갈등 해결	급소를 찌르는 구절(punch line)을 던지며 갈등이 어떻게 해결되는지 제시
6	내러티브 종결	이야기를 정리하면서 청자의 정서와 교훈을 환기하며 현실로 복귀

관한 기초 상식처럼 일정한 배경지식이 요구되기도 한다. 이런 지식 제공 문제는 타 교과의 이전 학년 성취기준에서 제시한 바를 영어과에서 활용할 수 있다는 전제를 인정함으로써 해소될 수 있다.

내러티브의 인물, 사건, 배경은 일정한 주기로 반복적으로 제시되는 경우가 많다. 이런 점은 반복 숙달을 기본으로 삼는 전통적인 영어교육과 좋은 궁합을 이룬다. 내러티브를 이해하고 자신의 경우에 비추어 창의적으로 표현하는 일련의 학습 절차는 해석과 반응에 필요한 언어 학습을 포함하고 있다. 신출 어휘를 완벽히 숙지하고 내용 파악도 끝나 학습 동기가 떨어질 즈음에 내러티브를 변형하는 활동으로 넘어가면 새로운 어휘나 내용을 다루면서 심미성과 창의성을 심화할 수 있다. 가령, 내러티브에 관해 상대방과 질의응답을 나누며 재구성하는 과업은 심미성과 창의성을 끌어올리는 동시에 영어 표현을 무의식중에 반복하여 학습 강화로 이어진다. 내러티브 기반 영어교육은 명시적 언어 학습이 아닐지언정, 몰입의 즐거움을 느끼며 원하는 결과물을 만들고 자기 효능감을 끌어올림으로써 심미성, 창의성, 그리고 언어 능력 향상을 도모한다. 이를 위해 교수자는 기존 영어교육에서 사용하는 활동 중에서 내러티브와 결합하기 적합한 것을 찾아 수업에 적용할 필요가 있다. 예를 들어, 내러티브에서 사용된 as if 구문이나 be+like 등의 유용한 패턴을 예로 삼아 특정 정서를 표현하기 위해 어떤 창의적 비유를 사용할지 고민하여 다양한 문장을 만들고 나서 산출한 표현으로 나만의 내러티브로 변형할 수 있다. 때로는 내러티브에서 사용한 표현의 유의어와 반의어를 정리하여 내러티브를 다른 방향으로 개작을 시도할 수도 있다.

(4) 운문 활용의 보편적 확대

기발한 시적 언어와 심상에 심미적 감성과 창의적 사고가 깃들어 있다는 점은 상식으로 통용된다. 영어교육에서도 운문(동요, 시 등) 사용 비중을 장려하면 심미적 감성과 창의적 사고를 기를 수 있다. 이와 관련하여, 2022 영어과 교육과정에서는 내용 체계에서 "이야기 서사 및 운문"에 시를 포함하는 동시에, 시, 노래, 이야기를 초등 이해 영역 성취기준에 포함하고 있다. 그럼에도 불구하고, 교육과정에서 시를 통한 영어교육을 다룬 부분은 일부에 불과하다. 중학교 성취기준에서는 이에 관해 거의 다루지 않고 있으며, 고등 수준에서도 산문(문학, 비문학)의 논리적 분석과 비판적 고찰에 집중하는 바람에 시 교육과 관련해서 "영미 문학 읽기" 교과에서 "자신의 생각이나 감정을 표현하는 간단한 형태시 등을 작성"(171)하는 제안이 고작이다. 내러티브만으로도 심미성과 창의성을 영어교육에서 충분히 함양할 수 있다면, 시, 넓게 보아 운문을 영어교육에서 중시하지 않아도 무방한 것일까? 내러티브와 비교하였을 때, 영어교육에서 운문만의 차별화된 특·장점은 없는 것일까?

OTT를 통해 실감형 서사 콘텐츠를 감상하지 않는 이상, 디지털 영상 매체로 공부하고 즐기는 것에 익숙한 학습자들은 세부 정보를 치밀하게 조직하여 구성한 문자 텍스트를 긴 시간 동안 읽는 것을 버거워한다. 사실상 의사소통 목적으로 실용적인 표현을 배우고자 이런 수고를 감내할 학습자는 드물 것이다. 내러티브 이외의 언어 학습 자료가 차고 넘치기 때문이다. 이와 달리, 운문 장르는 짧지만 깊이 몰입하면서 상상력을 최대한 끌어내기 적합하여 심미적 감성과 창의적 사고 함양에 최적화된 언어 자료다. 운문의 함축적 언어는 시적 허용(poetic license)을 통해 비문법적 표현을 허용하기에 일상의 의사소통과 무관한 '비생산성'을 특징으로 한다. 이런 특징은 정확한 언어 구사에 대한 학습자들의 부담을 덜어준다.

영어교육에서 운문을 다룰 때, 학습자는 상징과 환유처럼 국어과에서 배우는 기초적인 문예적 개념과 용어로 분석하거나 반복되는 구문을 활용하여 작품과 관련된 다양한 표현을 떠올려 적어볼 수 있다. 예를 들어, 특정 작가의 시구를 읽으며 떠오르는 심상을 언어와 비언어로 표현하는 활동이 가능할 것이다. "The ( )—is ( ) than the ( )—"처럼 괄호 넣기를 하면서 손, 눈, 다리 등 구체적인 신체의 부분들을 넣고 이에 비견되는 다른 대상을 찾아 넣어서 연관되는 활동과 존재 가치를 상상할 수 있다. 이 과정에서 손이 하는 일, 눈이 하는 일, 다리가 하는 일을 통하여 어떤 방식의 확장성이 가능한지를 묻다 보면 학습자들이 완전히 다른 이질적인 단어들의 연결고리를 주체적으로 파악하고 정리하게 된다(정은귀 278).

〈표 3-7〉 시 학습의 방향과 전략(Parkinson and Thomas, 2000: 54, 73)

방향	정의	교수·학습 전략		
바꿔 말하기	시구가 담은 정서, 대상, 상황을 다른 언어로 표현	문자적 의미	명료	다른 가능한 의미 탐색
			불명료	모든 가능한 의미 탐색
언어적 요소	운운(음성), 파격(문법), 규칙(배열)의 체계성 식별과 의도 파악	음소, 음절, 강세, 박자, 어휘 선택의 이유와 규칙성 파악		
개인적 반응	화자(작가)의 의도와 무관한 독자의 주관적 정서 반응과 주제 파악	반복적 읽기를 거쳐 다양한 해석 가능성 모색과 동료 학습자와의 의견 교환		

내러티브 기반 영어교육과 마찬가지로, 작품 이해를 위한 사회문화적 배경지식은 영어 학습에서 운문을 보편적으로 사용하기 위해 넘어야 할 가장 큰 걸림돌이다. 경우에 따라, 어떠한 심미적 감

성과 창의적 사고로도 이해할 수 없고 오직 사회문화적 배경지식을 동원해야 해석되는 함축적 언어에 봉착할 수 있다. 교수자가 매순간 세세하게 배경지식을 풀이한다면, 영어 학습이 국어과의 문예적 탐구와 비슷해질 뿐 아니라 학습자가 교수자만 쳐다보며 정답을 찾는 가운데 어구 몇 개만 수동적으로 익히는 지루한 수업으로 전락할 것이다. 문학에 익숙하지 않은 영어 교사가 수업 진행에 어려움을 겪는 문제도 무시할 수 없다. 이렇듯 배경지식에 기대는 수업에서는 심미성과 창의성을 기르기 어렵다.

영어교육에서 시를 사용하는 목적은 배경지식을 심층 탐구하기보다 자기만의 시선으로 작품을 관통하는 심상을 파악하고 이를 토대로 구절마다 어떠한 정서가 반영되어 있고 화자의 목소리에 숨은(뻔해 보이지 않는) 의미를 생각하고 정답과 무관하게 이를 표현해보는 것에 있다. 교수자는 위와 같은 목적 달성을 위해 무슨 배경지식이나 언어 지식을 언제 어떻게 학습자에게 제공할지 상황에 따라 유연하게 판단하고 적용해야 한다. 학습자마다 필요한 배경지식이나 언어 지식이 다르고 제공 방식도 같을 수 없기 때문이다. 심지어 사후적으로 점검하고 정리할 요량으로 학습자에게 배경지식을 별도로 제시할 수도 있을 것이다.

운문 활용을 보편화하기 위한 또 하나의 논점으로 교육과정의 어휘 선정과 사용 준거를 생각해 볼 수 있다. 일반적으로, 어휘 지도는 일상의 사용 빈도를 중심으로 의미, 발음, 철자를 한꺼번에 배운다는 것을 전제로 한다. 이런 통념이 작동하기 때문에 yoke나 jolt처럼 발음과 철자가 쉽지만 의미적으로 일상에서 자주 사용되지 않는 어휘가 교육과정에서 제외되곤 한다. 여기에서, 어린 학습자가 언어를 배울 때 정확한 뜻을 모르더라도 쉬운 발음과 철자를 반복적으로 흥얼거리다가 인지 발달을 통해 의미의 빈자리를 채우는 점을 기억할 필요가 있다. 영어권 아이들이 닥터 수스(Dr. Seuss)의 그림책에서 "in a box / with a fox / in a house / with a mouse"와 같은 운율을 챈트 형식으로 접하며 모국어를 습득할 때 box, fox, house, mouse의 의미를 명시적으로 배우지 않는다. 심지어 한국어교육에서 상황에 따라 "작품, 잔품, 잗품, 잘품, 잠품, 잡품"처럼 영어의 최소 대립쌍(minimal pair) 훈련과 유사한 무의미 철자를 활용함을 감안한다면, 외국어나 제2언어로 영어를 배우는 한국의 영어교육에서도 의미에 구속받지 않고 운문이 살아있는 파닉스 학습을 초등영어교육에 도입할 수 있을 것이다. 이러한 파닉스 학습은 운문을 통해 반복의 재미에 몰입하며 심미적 감성을 키우는 동시에 기발한 언어 조합을 시도하여 창의적 사고를 기르는 것에 기여할 가능성 또한 크다. 이에 따라, 파닉스 학습을 오로지 고빈도 어휘를 소리내어 읽기(decode) 위한 방편으로 제한하지 말고 초등영어 학습자들이 몰입의 즐거움을 통해 영어에 관한 자신감을 갖고 언어적 직관을 벼리는 중요한 영어 교수법으로 재인식해야 할 것이다. 수학에서 익힘책을 분권으로 활용하듯, 초등영어교육에서도 파닉스 별책을 이용하여 운문을 통해 음가를 골고루 충분히 익히도록 교육과정과 교과서 집필 지침을 다듬는 방안을 고민해야 할 것이다.

지금까지 논의한 바와 같이, 심미적 감성과 창의적 사고는 단순한 보조적 학습 요소가 아닌, 디지털 전환 시대의 핵심 영어교육 역량이다. 이를 실현하기 위해서는 교육과정의 재구성뿐 아니라 교사 연수, 교과서 집필 지침, 교수·학습·평가의 혁신까지 종합적인 변화가 요구된다.

참고문헌

Reference

강석진, 이동환, 양영유, 강규한, 이종우. (2022). 인공지능 시대의 창의성 함양과 영어교육. *영미문학교육, 26*(3), 5-34.

강석진, 이종우, 홍영숙, 이동환, 전영주. (2024). 영어교육에서 내러티브를 통한 심미적 감수성 함양. *영미문학교육, 28*(3), 27-46.

교육부. (2022). *영어과 교육과정*. 교육부 고시 제2022-33호 [별책 14].

김상환. (2023). 서론: 이야기꾼과 놀이꾼. 김상환 외 편집, *이야기꾼과 놀이꾼: 서사와 창의성* (pp. 11-54), 서울: 이학사.

김혜련. (2025). 2022 개정 교육과정에 따른 초등영어교육에서 심미적 감성 역량의 의미. *초등영어교육, 31*(1), 123-142.

신정아, 최용호. (2022). 노스럽 프라이를 통해서 본 메타 서사의 시대. 김상환 외 편집, *일꾼과 이야기꾼: 서사적 주체* (pp. 175-204), 서울: 이학사.

정은귀. (2024). "나는 가능성 안에 살아요": 심미적 감성 교육과 시의 역할. *영미문학교육*, 28(3), 269-295.

Blau, S. D. (2003). *The Literature Workshop: Teaching Texts and Their Readers*. Portsmouth, NH: Heinemann.

Bruner, J. (1990) *Acts of Meaning*. Cambridge, MA: Harvard UP.

Chambers, E., & Gregory, M. (2006). *Teaching and Learning English Literature*. London: Sage Publications.

Clandinin, D. J, & Connelly, F. M. (2000). *Narrative Inquiry: Experience and Story in Qualitative Research*. San Francisco, CA: Jossey-Bass Publishers.

Dewey, J. (1934). *Art as Experience*. New York: Perigee Books.

Guilford, J. P. (1957). Creative abilities in the arts. *Psychological Review, 64*(2), 110-118.

Guilford, J. P. (1950). Creativity. *The American Psychologist, 5*(9), 444-454.

Guillaumier, C. (2016). Reflection as creative process: Perspectives, challenges and practice. *Art & Humanities in Higher Education 15*(3-4), 353-363.

Lyotard, J-F. (1983). *The Postmodern Condition: A Report on Knowledge*. Minneapolis: U of Minnesota P.

Maley, A, & Duff, A. (1989). *The Inward Ear: Poetry in the Language Classroom*. Cambridge: Cambridge UP.

Parkinson, B, & Thomas, H. R. (2000). *Teaching Literature in a Second Language*. Edinburgh: Edinburgh UP.

Vardell, S. M. (2006). *Poetry Aloud Here!: Sharing Poetry with Children in the Library*. Chicago: American Library Association.

CHAPTER 04

영어과 교육과정의 초·중등 연계 방향

초·중등 영어과 교육과정의 연계는 학습자가 영어 학습을 지속적으로 발전시킬 수 있도록 하는 핵심 요소이다. 초등에서 습득한 기초 의사소통 능력이 중등에서 논리적이고 체계적인 언어 활용 능력으로 확장되려면, 성취기준, 교수·학습 방법, 평가 방식, 어휘 및 문형의 점진적 연결이 필수적이다. 성취기준 측면에서 2022 개정 영어과 교육과정은 초·중등 모두에서 '이해(reception)'와 '표현(production)'을 중심으로 구성되며, 초등의 직관적 학습이 중등에서 논리적 분석과 확장으로 이어져야 한다. 교수·학습 방법에서는 초등의 놀이·체험 중심 학습이 중등에서 프로젝트 기반 학습과 협력적 토론으로 발전하는 연계가 필요하다. 또한, 초등의 수행 중심 평가가 중등에서 문법·독해 평가와 병행될 수 있도록 조정하여 학습 부담을 완화해야 한다. 영어교육의 연계성을 높이기 위해서는 초·중등 교사 간 협력 강화, 연계 학습 자료 개발, 평가 방식 개선이 요구된다. 특히, 초등에서 습득한 언어적 직관이 중등에서 창의적 사고와 논리적 표현으로 전환될 수 있도록 교육과정이 설계되어야 한다. 이번 장에서는 초·중등 영어과 교육과정의 연계 개념과 필요성을 정리하고, 학습자가 자연스럽게 영어능력을 확장할 수 있도록 성취기준과 교수·학습 방법, 평가 방식, 정책적 개선 방향을 탐색할 것이다.

SECTION

01 초·중등 영어과 교육과정 연계성 개념의 이론적 배경

초등학교와 중학교 영어과 교육과정 간의 연계성은 학습자가 영어 학습을 지속적으로 발전시킬 수 있도록 하는 핵심 요소이다. 초등에서 습득한 기초적인 의사소통 능력이 중등에서 보다 체계적으로 확장될 수 있도록 교육과정이 구성되어야 한다. 특히, 한국과 같은 EFL 환경에서는 영어자료의 노출이 영어 학습 성공의 중요한 요인이며, 읽기는 이러한 환경적 제약을 극복할 수 있는 효과적인 언어 입력원으로 작용할 수 있다(Krashen, 1993).

한국의 공교육에서는 영어 교과서가 학생들이 가장 쉽게 접할 수 있는 학습 자료이며, 실제 수업에서도 가장 중요한 비중을 차지한다(이재근, 정은숙, 2015). 그러나 교육 현장에서는 초·중등 간의 연계 부족으로 인해 학습자들이 영어 학습에서 단절을 경험하는 경우가 많다. 학년 간, 학교급 간 교과서 지문을 분석한 연구들은 연계성이 미흡하다는 문제를 제기해왔다(김정렬, 양지윤, 2012; 이정민, 현태덕, 2013; 전문기, 2011; 허영아, 2012). 특히, Coh-Metrix를 이용한 영어 교과서 분석 결과 학년 간 텍스트 난이도의 연계성이 부족하고(이정민, 현태덕, 2013; 허영아, 2012), 초·중등 간 난이도 차이가 커 연계성이 제대로 반영되지 않았다는 연구 결과가 보고되었다(임영진, 조윤경, 정영경, 2015; 배지영, 2019; 배지영, 김규미, 2022).

초등과 중등 교육과정 및 교과서가 자연스럽게 연결되지 않으면, 학습자들은 이전 학습 내용을 충분히 활용하지 못하고 새로운 내용에 대한 부담을 느낄 가능성이 높아진다. 따라서 초등에서 형성된 영어 사용 경험과 중등의 학문적 영어 학습이 조화를 이루어야 하며, 이를 위해 초·중등 영어과 교육과정의 연계 개념과 필요성을 먼저 살펴볼 필요가 있다.

(1) 영어과 교육과정에서의 연계성 개념

교육과정에서 연계성이란 학년과 학교 수준 사이의 교육 내용이 계속성과 계열성의 원리에 따라 조직된 상태를 의미한다(서울대학교 교육연구소, 1994, p. 157). Tyler(1949)는 교육목표를 학습 내용으로 조직하는 과정에서 세 가지 중요한 원리를 제시하였다. 첫째, 계속성(continuity)은 핵심 교육 요소가 교육과정 전반에 걸쳐 반복적으로 등장하는 특성이다. 둘째, 계열성(sequence)은 학습 경험이 이전 경험을 기반으로 점진적으로 심화되는 특성이다. 셋째, 통합성(integration)은 다양한 교과와 학습 경험이 학생의 통합된 이해를 촉진하도록 상호 연결되는 특성이다. 이러한 원리들이 적절히 적용된 교육과정은 학생들이 학교 교육 전반에 걸쳐 연속적이고 체계적인 학습 경험을 할 수 있게 한다. 영어 교과서에서 읽기 지문의 연계성은 이 중 계속성과 계열성의 원리에 해당한다.

계속성은 학습 내용의 주요 요소가 반복적으로 등장하여 학습자에게 익숙한 환경을 제공하는 것을 의미하며, 영어 교과에서는 어휘와 구문, 의사소통 기능과 주제의 반복성을 포함한다(김정렬, 2014). 계열성은 학습 내용이 점진적으로 확장되며 선행 학습을 기반으로 새로운 학습이 이루어지는 것을 뜻한다(김진석, 2007). 초·중등 영어과 교육과정의 연계성은 학습자가 초등에서 배운 영어 지식을 중등에서도 자연스럽게 확장하고 활용할 수 있도록 논리적으로 구성되는 것을 의미하며, 이는 단순한 반복이 아니라 학습자의 인지 발달과 언어 습득 과정을 고려한 점진적 확장이 이루어져야 함을 시사한다(Greenfield & Bruner, 1966).

연계성이 높은 교육과정은 누적적 학습, 일관된 목표 설정, 발달적 접근이라는 세 가지 특징을 가진다. 첫째, 누적적 학습이 이루어지려면 초·중등 영어과 교육과정이 단계적으로 구성되어야 하며, 이전 학습을 기반으로 새로운 언어 지식이 확장될 수 있어야 한다. 예를 들어, 초등에서 배운 기초 문형(예: "I like apples.")이 중등에서는 복합 문장으로 확장될 수 있도록 구성되어야 한다(Spada & Lightbown, 2019). 둘째, 일관된 목표 설정이 필요하다. 초등과 중등 교육과정은 성취기준과 핵심 역량 면에서 조화를 이루어야 하며, 초등에서 강조하는 듣기·말하기 능력이 중등에서도 자연스럽게 활용될 수 있도록 평가 방식과 교수법이 일관되게 설정되어야 한다. 이러한 관점에서 초·중등 교육과정 간에는 이러한 연계가 충분하지 않으며, 중등에서는 갑작스럽게 문법과 독해 중심의 학습이 강조되면서 학습자들이 어려움을 겪는 경우가 많다. 셋째, 발달적 접근이 요구된다. 초등과 중등 학습자의 인지 발달 단계가 다르므로, 이를 고려한 학습 접근법이 필요하다. Vygotsky (1978)는 학습이 학습자의 인지적 성장에 맞추어 제공될 때 가장 효과적이라고 강조하였다. 초등에서는 놀이와 체험을 통한 직관적 학습이 강조되며, 중등에서는 보다 논리적 사고를 요구하는 학습이 이루어져야 한다. 따라서 초등과 중등의 학습 방법이 자연스럽게 연결될 수 있도록 조정할 필요가 있다.

교육과정에 근거하여 집필되는 교과서는 교육과정에서 추구하는 목표를 달성하기 위한 핵심 자료로, 한국 영어교육 현실에서 교수자와 학습자 모두에게 의존도가 높은 학습 도구이다(이재근, 정은숙, 2015). 2007 개정 교육과정 이후, 시대적 변화와 흐름에 따라 교육과정이 상시·부분 개정이 가능해지면서 교과서 개정 주기도 짧아졌다. 따라서 변화하는 교육과정 속에서 교과서의 연계성 확보가 더욱 중요해지고 있으며, 이에 대한 연구가 필요하다. 교과용 도서 편찬 지침에서도 교과서의 내용은 학습자의 인지적, 정의적 수준을 고려하여 학년 간 자연스럽게 연계되고 일관성 있게 언어 기능을 신장할 수 있도록 조직되어야 한다고 명시하고 있다(임찬빈 외, 2011).

연계성을 고려할 때는 종적 연계성과 횡적 연계성 두 가지 측면을 검토해야 한다(김진석, 2007). 종적 연계성은 학년 간 학습 내용이 일정한 순서로 선정 및 조직되는 것을 의미하며, 횡적 연계성은 동일 학년 내에서 여러 교과 영역 간 내용이 연관되거나 단원 간 연계성을 고려하는 것을 의미한다. 영어교육에서는 특히 초·중등 영어교육 간의 차이(영어 교과의 중요성, 문자언어 비중, 교수·학습 방법의 차이 등)로 인해 종적 연계성을 강화할 필요성이 크다(김정렬, 2014). 이러한 연계성 논의를 바탕으로, 초등과 중등영어교육의 목표 및 차이점을 구체적으로 살펴봄으로써 두 학교급 간 효과적인 연계 방안을 모색할 수 있다.

(2) 초등과 중등영어교육의 목표 및 차이점

초등과 중등영어교육의 목표는 학습자의 연령과 인지 발달 수준에 따라 다르게 설정된다. 초등에서는 영어에 대한 흥미를 유발하고 기초적인 의사소통 능력을 형성하는 데 중점을 둔다. 반면, 중등에서는 보다 체계적인 언어 사용 능력을 기르는 것에 중점을 두며, 읽기·쓰기 영역이 강화된다. 표 4-1은 2022 개정 영어과 교육과정(교육부, 2022)을 바탕으로 정리한 차이점이다.

〈표 4-1〉 초등과 중등영어교육의 주요 차이점

개념 구분	초등	중등
목표	기초적인 의사소통 능력 형성	언어의 구조적 이해와 표현 능력 강화
핵심 역량	듣기·말하기 중심	읽기·쓰기 강화, 논리적 표현 확장
언어 접근 방식	직관적 학습(Intuitive Learning), 유창성(Fluency) 강조	명시적 학습(Explicit Learning), 정확성(Accuracy) 강조
교수·학습 방법	놀이, 노래, 스토리텔링 등 활동 중심	문법 분석, 글쓰기, 프로젝트 기반 학습
평가 방식	수행 중심 평가 (말하기, 듣기 평가 비중 높음)	형식적 평가 (읽기, 쓰기 중심의 시험 비중 증가)

주제(내용) 통합 교수법 측면에서도 초등과 중등은 뚜렷한 차이를 보인다. 초등에서는 한 명의 교사가 여러 교과를 담당하는 학급담임제 특성상, 교사들이 교과 간 횡적 연계에 익숙하고 유연한 주제 통합이 자연스럽게 이루어진다. 예를 들어, 영어수업에서 사회, 과학, 미술 등 다양한 교과 내용을 활용한 통합적 접근이 용이하다. 반면, 중등에서는 교과 전문성을 갖춘 교사가 영어만을 지도하는 교과담임제로 인해, 언어적 역량 심화에 중점을 두고 타 교과와의 통합은 제한적으로 이루어지는 경향이 있다. 초등 교사들은 여러 교과의 횡적 연계에 익숙하여 유연하게 교과 주제를 통합할 수 있는 반면, 종적 연계에는 상대적으로 약점을 보인다. 중등 교사들은 영어 전공자로서 타 교과 내용에 대한 지식이 제한적이어서 주제는 간단히 다루고 언어적 역량을 심화하는 방식(문장 구조 분석, 문법/어휘 중심)의 수업이 주로 이루어진다.

초등 교육에서 강조되는 직관적 학습 방법이 중등에서 문법 및 독해 중심의 학습으로 급격히 전환될 경우, 학습자들은 학습 방식 변화에 적응하는 데 어려움을 겪을 수 있다. 또한 초등의 주제 통합적 접근에서 중등의 언어 구조 중심 접근으로의 전환 역시 학습자에게 부담이 될 수 있다. 이를 방지하기 위해 초·중등 간의 학습 접근 방식이 자연스럽게 연결될 필요가 있으며, 초·중등 교사 간 협력적 전문성 개발을 통해 각 학교급의 강점을 상호보완하는 방안을 모색해야 할 것이다.

(3) 외국어 학습에서의 언어적 직관 및 언어 구조 인지능력

외국어 학습자는 언어 습득 과정에서 언어적 직관(linguistic intuition)과 언어 구조 인지능력(cognitive ability for language structure)을 활용하여 새로운 언어를 이해하고 표현한다. 특히, 초·중등 학습자의 언어 습득 과정은 인지 발달과 밀접한 관련이 있기 때문에 연계성이 높은 교육과정이 학습자의 자연스러운 영어능력 향상에 중요한 역할을 한다(Ellis, 2008).

언어적 직관은 학습자가 명시적인 문법 설명 없이도 언어의 규칙성과 패턴을 자연스럽게 인식하고 습득하는 능력을 의미한다. 이는 초등 학습자들이 모국어를 습득하는 방식과 유사한 방식으로 외국어를 익히는 과정에서 중요한 역할을 한다. 초등 학습자는 언어를 규칙적으로 사용하고 반복적인 노출을 경험하면서 문법적 규칙을 암묵적으로 습득하는 경향이 있다(Krashen, 1982). 예를 들어, "I like apples."에서 "She likes apples."로의 변화나 "I am playing soccer."에서 "He is playing soccer."로의 변화는 학습자가 반복적인 노출을 통해 자연스럽게 익히게 된다. 이러한 과정은 명시적인 문법 설명 없이도 주어에 따른 동사 변화를 직관적으로 습득하는데 도움을 준다. 따라서 초등 교육과정에서는 듣기와 말하기를 중심으로 한 직관적 학습 방법이 강조될 필요가 있다. 그러나 중등

과정에서는 보다 복잡한 문장 구조와 다양한 문법 규칙을 이해해야 하므로 단순한 반복을 통한 언어적 직관에만 의존해서는 충분한 학습 효과를 기대하기 어렵다. 이에 따라, 중등 과정에서는 초등에서 길러진 언어적 직관을 기반으로 문법적 이해를 확장하는 과정이 필요하다.

반면, 중등 과정의 학습자는 초등에서 형성된 언어적 기반을 토대로 더욱 체계적이고 명시적인 방식으로 언어를 분석하고 활용하는 능력을 발달시키게 된다(Swain, 1995). 언어 구조 인지능력은 학습자가 문법적 규칙을 의식적으로 이해하고 적용하는 능력을 의미한다. 비록 초등학생 연령의 학습자도 모국어나 외국어에서 복문이나 수식절을 자연스럽게 이해하고 사용할 수 있지만, 중등 과정에서는 이러한 구조에 대한 명시적 학습을 통해 더 정교하고 다양한 문장 구조를 의식적으로 활용할 수 있게 된다. 예를 들어, "I like apples."라는 단순 문장을 "I like apples because they are sweet."와 같은 복합 문장으로, 또는 "The apples that I like are sweet."와 같이 관계대명사를 활용한 문장으로 의식적으로 변형하고 확장하는 능력을 체계적으로 기르게 된다.

이를 위해 중등 교육과정에서는 의미 협상(negotiation of meaning), 형태 초점 교수법(focus on form), 프로젝트 기반 학습(project-based learning) 등의 교수법이 효과적으로 활용될 수 있다. 의미 협상 활동을 통해 학생들은 서로의 말이나 글에서 의미를 찾고 조정하는 연습을 하며, 형태 초점 교수법을 통해 의사소통을 강조하는 환경에서 문법적 요소를 자연스럽게 익히게 된다. 또한 프로젝트 기반 학습은 실생활과 관련된 주제를 중심으로 영어 문장을 분석하고 활용하는 기회를 제공하여 학습자가 언어를 보다 유의미하게 받아들일 수 있도록 돕는다. 따라서 초등과 중등영어과 교육과정의 연계를 강화하기 위해서는 초등에서의 직관적 언어 습득 방식을 중등에서 명시적이고 논리적인 학습 방식과 조화롭게 연결하는 것이 필수적이다(Ellis, 2008).

(4) 효과적인 연계성이 학습자에게 미치는 영향

초·중등 영어과 교육과정이 효과적으로 연계될 경우, 학습자는 보다 자연스럽게 영어를 습득하고 학습 과정에서 긍정적인 경험을 하게 된다. 반면, 연계성이 확보되지 않으면 학습자는 초등에서 배운 내용을 중등에서 충분히 활용하지 못하고 학습 부담을 느끼게 될 가능성이 크다.

연계성이 높은 교육과정에서는 초등에서 습득한 듣기·말하기 중심의 영어능력이 중등에서 읽기·쓰기 영역으로 자연스럽게 확장될 수 있도록 지도된다. 예를 들어, 초등에서 배운 대화 중심 표현이 중등에서 문장으로 정리되고, 더 복잡한 어휘와 문법이 추가되는 방식으로 학습이 이루어진다. 반면, 연계성이 부족한 교육과정에서는 초등에서 배운 내용을 충분히 활용하지 못하고 중등에서 새로운 학습을 시작하는 것처럼 느껴질 수 있다. 이는 학습자의 언어 습득 과정에서 비효율적인 단절을 초래하며, 영어 학습에 대한 흥미를 감소시킬 수 있다.

또한, 초·중등 영어교육이 체계적으로 연계될 경우, 학습자는 영어 학습에 대한 자신감을 갖게 된다(Csizér & Dörnyei, 2005). 초등에서 배운 내용을 중등에서도 자연스럽게 활용할 수 있을 때, 학습자는 자신이 영어를 효과적으로 사용할 수 있다는 확신을 얻게 된다. 반면, 초등과 중등의 교수법과 평가 방식이 급격하게 변화할 경우, 학습자는 학습 과정에서 혼란을 느끼고 영어 학습에 대한 동기가 저하될 수 있다. 따라서 중등에서도 초등에서 익숙했던 학습 방법을 적절히 활용하면서 점진적으로 새로운 학습 방식을 도입하는 것이 중요하다.

외국어 학습은 학습자의 인지적 발달과 밀접한 관련이 있으며(Vygotsky, 1978), 효과적인 영어 학습은 다양한 접근법의 균형적 적용을 통해 이루어진다. 초등 단계에서는 의사소통 중심의 자연스러운 언어 습득이 강조되지만, 중등 단계에서는 이러한 경험적 학습과 함께 보다 체계적인 언어 이해 과정이 병행된다. EFL 환경에서는 의식적인 학습뿐 아니라 무의식적 습득, 직관적 활용, 경험적 학습 등 다양한 접근법이 모두 중요하다. 따라서 초등과 중등 간 연계성이 강화될 경우, 학습자는 초등에서 경험한 의사소통 중심의 학습을 토대로 중등에서 보다 다양한 언어 학습 전략을 발전시킬 수 있으며, 이는 문법적 이해와 독해 능력 향상으로 자연스럽게 연결될 수 있다.

또한, 초·중등 영어교육이 연계성을 갖추면, 학습자는 보다 장기적으로 영어 학습을 지속할 가능성이 높아진다. 초등에서 긍정적인 학습 경험을 한 학생이 중등에서도 연계된 학습을 경험하면, 영어 학습에 대한 거부감 없이 지속적으로 학습할 가능성이 커진다. 결과적으로, 초·중등 영어과 교육과정의 효과적인 연계성 확보는 학습자의 언어 발달을 지원하고, 장기적인 영어 학습의 성공을 도모하는 중요한 요인이 된다.

SECTION

02 초·중등 영어과 교육과정의 연계 실태 분석과 진단

초·중등 영어과 교육과정의 연계는 학습자가 영어 학습을 지속적으로 발전시킬 수 있도록 하는 핵심 요소이다. 초등학교에서는 영어 학습의 기초를 형성하고, 중학교에서는 이를 보다 체계적으로 확장해야 한다. 그러나 현재의 교육과정에서는 초등과 중등 간 학습 내용, 교수·학습 방법, 평가 방식에서 차이가 커서 학습자들이 자연스럽게 전이(transfer)하기 어려운 문제점이 존재한다. 특히, 초등학교에서 강조되는 듣기와 말하기 중심의 활동 기반 학습이 중학교에서는 문법과 독해 중심의 정형화된 학습으로 급격히 변화하면서 학습자들이 어려움을 겪는 경우가 많다. 이러한 변화는 학습자의 학습 동기를 저하시킬 뿐만 아니라, 영어 학습에 대한 자신감을 상실하게 만들 수 있다. 따라서 현재 초·중등 영어과 교육과정의 연계 수준을 분석하고, 연계가 부족한 요소와 그로 인한 문제점을 진단하는 것이 필요하다.

(1) 초등학교 영어과 교육과정의 주요 특징

초등학교 영어과 교육과정은 학습자의 영어 의사소통 역량을 함양하는 것을 가장 중요한 목표로 삼고 있으며, 학생들이 영어를 단순히 암기하는 것이 아니라 실생활에서 자연스럽게 사용할 수 있도록 돕는 방향으로 구성되어 있다. 학생들의 삶과 밀접한 상황을 반영한 학습 활동을 중심으로 운영되며, 학습자가 다양한 환경에서 영어를 활용하는 경험을 쌓을 수 있도록 설계되어 있다. 단순한 문법적 지식 습득이 아닌 전반적인 사고력과 창의성을 키우는 데 초점을 맞추며, 지식 정보처리 능력, 창의적 사고력, 자기 관리 역량, 공동체 의식, 심미적 감성, 협력적 소통 역량과 같은 핵심 역량을 포함하고 있다. 이를 통해 학습자는 영어를 매개로 다양한 문제를 해결하고 창의적인 사고를 확장할 수 있다.

초등영어과 교육과정에서는 듣기, 말하기, 읽기, 쓰기의 네 가지 언어 기능을 보다 효과적으로 학습할 수 있도록 이해(reception)와 표현(production) 영역으로 통합하여 지도한다. 이해 영역에는 듣기(listening), 읽기(reading), 보기(viewing)가 포함되며, 학생들이 영어를 수용하고 의미를 파악할 수 있도록 다양한 청각 및 시각적 자료를 활용한다. 표현 영역에는 말하기(speaking), 쓰기(writing), 제시하기(presenting)가 포함되며, 학생들이 자신의 생각을 효과적으로 표현할 수 있도록 한다. 이러한 교수·학습 방법은 학생들이 실생활 속에서 영어를 실제로 사용할 수 있도록 설계되었으며, 게임, 역할극, 프로젝트 기반 학습 등 학습자 중심의 활동이 적극적으로 활용된다. 또한, 디지털 기술의 발달에 따라 멀티미디어 활용이 강조되며, 인공지능(AI) 및 다양한 정보통신기술(ICT) 기반 자료를 활용하여 학습자의 참여도를 높이고 영어 학습을 보다 흥미롭게 만들 수 있도록 한다. 개별 학생의 수준과 학습 속도를 고려한 협력 학습(collaborative learning)과 개별화 학습(personalized learning)도 적극 도입되어 학습자의 성취도를 높이는 데 기여하고 있다.

초등학교 영어과 교육과정의 평가 방식은 학생들이 영어를 실제로 사용할 수 있는 능력을 중심으로 이루어진다. 기존의 전통적인 시험 방식보다는 수행평가(performance-based assessment)를 강조하며, 학생들이 학습한 내용을 실제 대화나 프로젝트를 통해 적용할 수 있도록 설계되어 있다. 수행평가는 단순한 암기식 평가가 아닌 실생활에서 활용할 수 있는 언어 능력을 측정하는 데 중점을 두며, 학생들이 짧은 발표를 하거나 역할극을 수행하는 방식으로 진행된다. 이를 통해 학습자는 보다 자연스럽게 영어를 표현할 기회를 가지며, 자기 평가(self-assessment) 및 동료 평가(peer assessment)를 적극 활용하여 스스로 학습 목표를 설정하고 학습을 개선할 수 있게 된다. 초등영어교육에서의 평가는 학생들에게 부담을 주는 것이 아니라, 학습을 돕고 동기를 부여하는 방향으로 설계되며, 평가 과정에서 학습자의 정서적 안정감 또한 고려된다.

초등학교 영어과 교육과정의 내용 구성은 학습자들이 자연스럽게 영어를 익힐 수 있도록 기초적인 의사소통 표현과 핵심 어휘를 포함하고 있으며, 생활과 밀접한 주제(예: 가족, 학교, 친구, 음식, 취미 등)와 연계하여 이루어진다. 또한, 다양한 문화적 요소를 반영하여 세계 여러 나라의 문화를 이해하는 과정을 통해 영어를 자연스럽게 접할 수 있도록 구성되어 있다. 영어 사용의 사회적 맥락을 고려하여 점진적으로 확장될 수 있도록 설계되었으며, 초등 저학년에서는 간단한 인사와 감정 표현을 중심으로 학습하고, 고학년으로 갈수록 보다 복잡한 문장 구조와 실생활에서 활용 가능한 표현을 익히도록 구성되어 있다. 초등영어과 교육과정은 학생들이 영어 학습에 대한 흥미를 지속적으로 유지하고, 실생활에서 영어를 유용하게 사용할 수 있도록 돕는 데 중점을 두고 있으며, 중학교 영어과 교육과정과의 연계를 고려한 체계적인 영어 학습 경험을 제공하는 것이 중요하다.

(2) 중학교 영어과 교육과정의 주요 특징

중학교 영어과 교육과정은 초등 과정에서 습득한 기초적인 영어 의사소통 능력을 더욱 발전시키는 것을 목표로 한다. 이를 통해 학습자는 자기 주도적 학습 역량을 갖추고, 다양한 의사소통 환경에서 영어를 효과적으로 활용할 수 있도록 한다. 특히, 영어를 단순한 학습 대상으로서가 아니라 정보 탐색과 논리적 사고를 표현하는 도구로 사용할 수 있도록 지도한다.

초등에서 강조된 듣기와 말하기 중심의 활동이 중등에서는 읽기와 쓰기 능력을 심화하는 방향으로 확장된다. 이를 통해 학생들은 보다 복잡한 문장 구조를 이해하고 사용할 수 있으며, 다양한 텍스트를 분석하고 자신의 의견을 명확하게 표현하는 능력을 기른다. 또한, 중학교 영어과 교육과정은 학습자가 문화적 다양성을 이해하고 협력적 의사소통 능력을 함양하도록 구성되어 있어, 단순한 의사소통을 넘어 논리적 사고력과 창의적인 문제 해결 능력을 강조하는 방향으로 나아간다.

중학교 영어과 교육과정은 듣기, 말하기, 읽기, 쓰기의 네 가지 기능을 보다 심화하며, 초등과 마찬가지로 이해(reception)와 표현(production) 영역으로 통합하여 지도한다. 이해 영역에서는 듣기, 읽기, 보기를 통해 다양한 정보를 효과적으로 해석하고 이해하는 능력을 기른다. 이는 초등에서의 기본적인 의미 파악 중심의 이해 활동을 바탕으로, 보다 복잡한 정보나 학습적 내용을 분석하고 종합하는 능력을 심화시키는 데 중점을 둔다. 표현 영역에서는 말하기, 쓰기, 제시하기를 통해 자신의 생각과 의견을 논리적이고 창의적으로 표현하는 능력을 기르도록 한다. 초등에서는 주로 일상적이고 친숙한 주제를 중심으로 기초적인 표현 능력을 신장하는 데 초점을 두는 반면, 중등에서는 개인적 경험, 사회적 이슈 등 보다 폭넓은 주제를 다루며 구조적이고 체계적인 표현 능력을 강조한다. 이러한 접근을 통해 학습자는 영어를 단순한 학습 대상이 아닌 실생활에서 활용 가능한 도구로 사용할 수 있도록 훈련받는다.

이러한 목표를 달성하기 위해 중학교 영어과 교육과정은 다양한 교수·학습 방법을 활용한다. 예를 들어, 문제 해결 기반 학습(project-based learning)을 통해 학생들이 현실적인 문제를 영어로 탐색하고 해결하는 기회를 제공한다. 또한, 디지털 도구 및 ICT(정보통신기술)의 활용이 강조되며, 온라인 학습 플랫폼을 통한 협업 활동, AI 기반 언어 학습 프로그램 활용 등 다양한 학습 방식을 도입하여 학생들의 자기 주도적 학습 역량을 강화한다. 협력 학습(collaborative learning)의 비중이 높아지면서 팀 프로젝트나 그룹 활동을 통해 학습자들은 협력적으로 문제를 해결하고, 실생활에서 실제로 사용할 수 있는 영어를 자연스럽게 익히게 된다.

평가 방식 또한 학습자의 의사소통 능력과 영어 사용 능력을 종합적으로 평가하는 방향으로 이루어진다. 단순한 암기식 평가보다는 실생활에서 활용 가능한 영어능력을 측정하는 데 초점을 맞추며, 평가 방식의 다양화를 통해 학습자의 실질적인 활용 능력을 강조한다. 형식적 평가(formal assessment)에서는 객관식 및 서술형 시험을 통해 학생들의 읽기·쓰기 능력을 평가하며, 문법적 정확성과 텍스트 해석 능력을 측정한다. 수행평가에서는 프로젝트 발표, 역할극 수행, 글쓰기 과제 등을 통해 학생들이 실제로 영어를 사용할 수 있는 능력을 평가한다. 또한, 자기 평가 및 동료 평가를 활용하여 학습자가 자신의 학습 과정을 스스로 반성하고 개선할 수 있도록 지원한다.

내용 구성 측면에서 중학교 영어과 교육과정은 초등에서 배운 기초적인 영어 표현과 문장을 심화하여 보다 깊이 있는 학습을 제공하는 방향으로 설계되었다. 초등에서 익힌 기본 어휘(600~1,200단어 수준)를 기반으로 약 1,500단어 수준으로 어휘량이 확장되며, 보다 전문적이고 심화된 어휘가 포함된다. 문장 구조도 보다 복잡해지며, 단순한 문장에서 벗어나 다양한 문법 요소가 포함된 복합 문장을 이해하고 활용하는 능력을 기르는 데 중점을 둔다. 또한, 텍스트의 다양성도 강화되어 초등에서 활용된 동화, 짧은 이야기 등의 자료에서 벗어나 기사, 논설문, 수필, 문학 작품 등 보다 다양한 텍스트 유형을 포함한다. 이를 통해 학습자들은 영어를 학습하면서 세계 여러 나라의 문화를 접하고, 다양한 문화적 배경이 반영된 학습 자료를 통해 글로벌 의사소통 능력을 함양할 수 있도록 한다.

이처럼 중학교 영어과 교육과정은 초등에서 배운 내용을 기반으로 심화된 언어 활용 능력을 개발할 수 있도록 구성되어 있으며, 다양한 평가 방식과 학습 접근법을 통해 학습자가 영어를 보다 능동적으로 학습할 수 있도록 지원한다.

(3) 초·중등 교육과정 연계의 현재 수준과 문제점

초·중등 영어과 교육과정의 연계는 학습자가 영어 학습을 지속적으로 발전시킬 수 있도록 돕는 중요한 요소이다. 그러나 현재의 교육과정에서는 초등과 중등 간 학습 내용, 교수·학습 방법, 평가 방식에서 상당한 차이가 존재하여 연계성이 부족한 문제가 발생하고 있다. 이러한 불연속성은 학습자들의 영어 학습 동기를 저하시킬 뿐만 아니라, 학습 부담을 증가시키고 영어 학습에 대한 자신감을 약화시키는 결과를 초래할 수 있다.

성취기준 분석

초·중등 영어과 교육과정은 공통적으로 이해와 표현 영역을 중심으로 구성되어 있으나, 각 교육 단계에서 요구하는 수행 수준과 학습 내용의 깊이에 차이가 존재한다. 초등학교 성취기준은 학습자가 기본적인 단어와 문장의 소리를 인식하고, 주요 정보를 파악하며, 시청각 자료를 활용하여 영어를 이해하는 능력을 강조한다. 또한, 간단한 자기소개, 감정 표현, 기초적인 작문 및 말하기 수행을 주요 목표로 삼는다. 이에 반해, 중학교 성취기준은 보다 정교한 논리적 표현, 자신의 의견을 주장하는 능력, 창의적 사고를 반영한 말하기 및 쓰기 능력을 강조하며, 문장 간 논리적 관계를 파악하고 보다 복잡한 문법적 요소를 활용할 수 있도록 요구한다. 이러한 성취기준의 변화는 초등에서 비교적 자연스럽게 언어를 습득한 학습자들이 중등 과정에서 보다 학문적인 접근 방식으로 전환되는 과정에서 어려움을 겪는 데 영향을 미친다. 특히, 중학교에서 문법적 정확성과 논리적 표현 능력이 강조됨에 따라, 초등에서 활동 중심으로 영어를 학습한 학생들이 중등 과정에 적응하는 데 부담을 느낄 가능성이 크다.

어휘 및 문형 연계 분석

초·중등 교육과정 간 어휘와 문형의 연계 부족은 학습자의 언어 습득 과정에서 단절을 초래하는 주요 요인이다. 초등학교에서는 3·4학년 수준에서 300단어, 5·6학년에서 600단어 수준의 기초 어휘를 학습하며, 일상생활에서 활용 가능한 표현을 중심으로 학습이 이루어진다. 그러나 중학교에서는 어휘 수준이 1,500단어 이상으로 확장되며, 보다 전문적이고 복잡한 문형이 포함된다. 2022 개정 교육과정에서는 의사소통 기능(의소)에 대한 유연성이 확보되었으나, 언어 형식과 어휘에 있어서는 여전히 학교급 간 구분이 엄격하게 유지되어 연계성을 저해하고 있다. 특히 어휘의 경우, 분류 기준의 일관성이 부족할 뿐만 아니라, 초등 학습자들에게 실제로 유용하고 필요한 많은 단어들이 중등 수준으로 분류되어 초등 교과서에서 활용할 수 없는 상황이다. 이러한 엄격한 급간 어휘 구분은 교과서 개발 과정에서 큰 제약으로 작용하며, 초등에서 배운 어휘가 충분히 활용되지 못한 채 중등에서 새로운 단어와 문형이 대거 도입되면서 학습자의 부담이 증가하는 문제를 야기한다. 이는 교육과정 연계성 확보의 중요한 장애물로 작용하고 있다.

문법적 측면에서도 초등과 중등 간 차이가 크다. 초등에서는 기초적인 단어, 문장의 소리, 철자, 강세, 리듬 등을 학습하며 기본적인 의사소통 기능을 익히는 데 중점을 둔다. 반면, 중학교에서는 문장의 연음, 축약, 복합 문장 구조, 문법적 관계 등을 보다 체계적으로 이해하고 활용하는 능력을 요구한다. 이로 인해 학습자들은 초등에서 암묵적으로 익혔던 문법 지식을 중등에서 명시적인 규칙 학습으로 전환하는 과정에서 적응에 어려움을 겪을 가능성이 크다.

초등과 중등 교과서의 단원 구성 방식에서도 이러한 차이가 명확하게 나타난다. 초등학교 영어 교과서의 단원은 주로 의사소통 기능(communicative functions) 중심으로 구성되며, 학습자는 특정한 상황에서 자연스럽게 활용할 수 있는 표현을 학습한다. 예를 들어, 초등 6학년 영어 교과서의 한 단원은 “What are you going to do this weekend? (계획 묻고 답하기/공감하기)”는 주제로 구성될 수 있다. 이 단원에서는 “I’m going to go camping.” / “That’s a good plan.”과 같은 문장을 익히며, 특정 표현을 반복적으로 사용하면서 자연스럽게 언어적 패턴을 습득하도록 한다.

반면, 중학교 영어 교과서는 주제(topic)와 의사소통 기능을 중심으로 단원이 구성되면서도, 문법적 위계(grammatical hierarchy)가 체계적으로 통합되어 있다. 2022 개정 교육과정의 중학교 영어 교과서는 '학교생활', '건강한 생활', '세계 문화' 등의 주제를 단원명으로 내세우고 있으나, 각 단원 내에서는 특정 문법 요소(be동사, 일반동사, 조동사, 현재완료, to부정사 등)를 체계적으로 다루고 있다. 예를 들어, '세계 여행'이라는 주제의 단원에서는 현재완료 시제를 중점적으로 다루며 "I have visited three countries this year." / "She has traveled to many places in Europe."와 같은 문장을 통해 경험을 나타내는 현재완료의 용법을 학습한다. 또한 '미래의 계획'이라는 주제 단원에서는 to부정사를 중심으로 "I study hard to pass the test." / "He is saving money to buy a new computer."와 같은 문장을 익히게 된다. 이처럼 중학교 영어교육에서는 의사소통 맥락 안에서 문법적 요소를 체계적으로 학습하는 통합적 접근이 이루어진다. 이는 주제 중심의 의사소통 활동과 문법적 위계에 따른 언어 구조 학습이 균형을 이루는 방식으로, 초등영어교육과는 차별화되는 특징이다.

이처럼 중학교 교과서는 문법 항목을 중심으로 단원이 구성되면서 초등에서 강조된 의미 중심의 의사소통 기능과의 연계가 원활하지 않다. 초등 과정에서 학습자는 실생활에서 활용할 수 있는 표현을 중심으로 자연스럽게 문장을 익혔지만, 중등 과정에서는 언어 형식이 우선시되면서 문법 규칙을 체계적으로 학습해야 하는 부담이 커진다. 특히, 초등에서는 다양한 문맥 속에서 의사소통 기능을 익히며 언어 습득이 이루어졌다면, 중등에서는 특정 문법 요소를 중심으로 학습이 진행되기 때문에 학습자가 실제 의사소통 상황에서 이를 자연스럽게 활용하는 데 어려움을 느낄 가능성이 크다. 이러한 단절을 해소하기 위해서는 초등에서 학습한 표현이 중등에서도 실생활 속에서 활용될 수 있도록 단계적으로 연계하는 방안이 필요하다. 동시에, 중등 교육과정, 특히 중학교 1학년 과정에서는 초등의 교수법적 장점을 적극 반영할 필요가 있다. 예를 들어, 문법 중심의 교과 구성을 유지하면서도 주제(내용) 중심의 영어 코너를 마련하거나, 초등에서 효과적으로 활용되었던 놀이 및 게임 기반 학습 활동을 부분적으로 도입하는 방안을 고려할 수 있다. 이러한 이중적 접근은 학습자들이 문법적 지식을 습득하면서도 실제 의사소통 상황에서 자연스럽게 언어를 활용할 수 있는 능력을 발달시키는 데 기여할 것이다.

교수·학습 방법 연계 분석

초등학교와 중학교의 교수·학습 방법 또한 상당한 차이를 보이며, 이는 학습자들의 연계성을 저해하는 요인으로 작용한다. 초등에서는 학습자의 흥미를 유발하는 놀이 기반 학습과 실생활 중심의 활동이 강조된다. 역할극, 게임, 동화 읽기, 노래, 스토리텔링 등의 방법이 적극 활용되며, 시청각 자료를 통한 직관적인 언어 습득이 이루어진다. 학습자는 자연스러운 언어 입력을 통해 문법 규칙을 암묵적으로 습득하며, 실생활에서 사용할 수 있는 기본적인 표현을 익히는 것이 중심이 된다.

반면, 중학교에서는 보다 체계적이고 논리적인 학습이 요구되며, 문법 설명과 독해 중심의 학습 방식이 강화된다. 협력적 토론이나 프로젝트 기반 학습(PBL)이 일부 적용되기는 하지만, 여전히 시험 대비 중심의 학습이 이루어지는 경우가 많다. 또한, 인공지능(AI) 및 온라인 학습 플랫폼을 활용한 학습이 증가하면서 학습자가 자기 주도적으로 학습할 수 있는 능력이 강조된다. 이러한 변화는 초등에서 활동 중심 학습에 익숙했던 학생들에게 적응의 어려움을 초래할 수 있다.

평가 방식의 차이

평가 방식의 변화 또한 학습자의 적응을 어렵게 만드는 요인 중 하나이다. 초등과 중등 교육과정 간 평가 방식의 차이는 학습자들이 학습 방식 변화에 적응하는 것을 어렵게 만들며, 학습 부담을 가중시킬 수 있다. 초등학교에서는 수행평가와 프로젝트 기반 평가가 중심이 되며, 학습자가 직접 영어를 활용하는 과정에서 평가가 이루어진다. 자기 평가와 동료 평가도 적극적으로 활용되며, 학습자가 학습 과정에서 스스로 점검하고 개선할 기회를 갖는다. 그러나 중학교에서는 수행평가 외에도 형식적 평가가 강화되며, 시험을 통한 평가 비중이 높아진다. 문법적 정확성과 논리적 표현 능력을 측정하는 평가 방식이 강조되면서, 학습자들이 초등에서 익숙했던 수행 중심 평가 방식과의 괴리를 경험하게 된다. 특히, 초등에서는 말하기·듣기 평가가 활발하게 이루어지지만, 중학교에서는 상대적으로 시험에서 차지하는 비중이 낮아지는 것도 연계성을 저해하는 요소가 될 수 있다.

초·중등 영어과 교육과정의 연계성 부족은 학습자의 영어 학습 과정에서 단절을 초래하고, 학습 부담을 증가시키며, 영어 학습에 대한 동기를 저하시킬 가능성이 크다. 성취기준, 어휘 및 문형, 교수·학습 방법, 평가 방식 등 여러 측면에서 초등과 중등 간 차이가 크기 때문에, 학습자들이 초등에서 익힌 지식을 자연스럽게 확장하기보다는 중학교에서 새로운 학습을 시작하는 것처럼 느끼는 경우가 많다. 특히, 초등에서 활동 중심 학습에 익숙한 학생들이 중등에서 문법 및 독해 중심 학습으로 전환되면서 학습 동기가 저하될 가능성이 높다.

이러한 문제를 해결하기 위해서는 초등과 중등 교육과정 간의 체계적인 연계성이 확보되어야 하며, 특히 성취기준과 교수·학습 방법에서 보다 점진적인 변화를 유도하는 접근이 필요하다. 또한, 평가 방식에서도 초등에서 강조되던 수행 중심 평가가 중등에서도 일부 유지될 수 있도록 조정하여 학습자의 부담을 완화하고, 실질적인 영어 사용 능력을 평가하는 방향으로 개선이 이루어져야 할 것이다.

SECTION

03 효과적인 초·중등 영어과 교육과정 연계를 위한 제언

초·중등 영어과 교육과정의 효과적인 연계를 위해서는 성취기준, 교수·학습 방법, 평가 방식, 어휘 및 문형의 점진적인 연결이 필요하다. 특히, 중학교의 학습 방식이 초등학교에서도 어느 정도 반영될 필요가 있으며, 반대로 초등학교에서 강조되는 학습 방법이 중등에서도 지속될 수 있도록 조정하는 것이 중요하다. 이를 통해 학습자들이 초등에서 익힌 영어능력을 자연스럽게 심화하고 발전시킬 수 있도록 해야 한다. 본 장에서는 초·중등 영어과 교육과정의 연계를 강화하기 위한 방안을 구체적인 예시와 함께 제안하고자 한다.

(1) 성취기준의 연계 방안

초등학교 6학년에서는 기본적인 의사소통 능력과 언어적 직관을 개발하는 데 중점을 두고 있으며, 중학교 1학년에서는 이를 체계적으로 확장하여 논리적인 언어 사용 능력을 강화하는 것이 목표이다. 2022 개정 교육과정에서는 초등과 중등의 성취기준이 '이해(reception)'와 '표현(production)'이라는 두 가지 영역으로 구성되어 있으며, 이를 연계하여 발전시키는 것이 필요하다. 특히, 초등 6학년과 중학교 1학년의 성취기준은 학습 난이도가 크게 변화하지 않으면서도 보다 긴 문장, 다양한 표현, 문법적 요소의 도입이 점진적으로 이루어질 수 있도록 조정해야 한다. 이에 따라 성취기준을 어떻게 연계할 수 있는지를 구체적인 예시와 함께 제시하고자 한다.

이해 성취기준

초등학교 6학년에서는 기본적인 듣기·읽기 능력과 언어적 직관을 활용하여 의미를 이해하는 능력을 키우는 것이 중심이다. 이에 반해, 중학교 1학년에서는 초등에서 익힌 내용을 바탕으로 논리적 관계를 파악하고, 화자의 의도나 함축적 의미를 추론하는 능력을 확장하는 것이 목표이다. 특히, 강세·리듬·억양 등의 청취 능력은 보다 세밀한 음운적 요소(연음, 축약)로 발전하고, 단순한 내용 이해에서 세부 정보 분석 및 감정·의도 추론까지 확장될 수 있도록 지도해야 한다. 〈표 4-2〉는 초등학교 6학년과 중학교 1학년의 이해(reception) 영역 성취기준이 어떻게 연계될 수 있는지를 구체적으로 보여준다.

〈표 4-2〉 초등학교 6학년과 중학교 1학년의 이해 성취기준 연계 방안

영역	초등학교 6학년 성취기준(예시)	중학교 1학년 성취기준(예시)	연계 방안 및 예시
음운적 특징 이해	**[6영01-01]**간단한 단어, 어구, 문장을 듣고 강세, 리듬, 억양을 식별한다.	**[9영01-01]**단어, 어구, 문장을 듣고 연음이나 축약된 소리를 식별한다.	• 초등: "Listen and Repeat" 활동에서 단어의 강세 인식하기 (ex. "banana", "elephant") • 중등: "Connected Speech Practice" 활동에서 연음 및 축약된 표현 듣고 쓰기 (ex. "What do you" → "Whaddaya")
음운적 특징 발화	**[6영01-02]**간단한 단어, 어구, 문장을 강세, 리듬, 억양에 맞게 소리 내어 읽는다.	**[9영01-01]**단어, 어구, 문장을 듣고 연음이나 축약된 소리를 식별한다.	• 초등: 'Read Aloud' 활동에서 문장 단위로 억양 살려 읽기 • 중등: 'Shadowing Practice' 활동을 통해 원어민 발음을 듣고 따라 하며 연음 익히기

세부 정보 파악	**[6영01-04]**일상생활 주제에 관한 담화나 글의 세부 정보를 파악한다.	**[9영01-02]**친숙한 주제에 관한 담화나 글에서 세부 정보를 파악한다.	• 초등: 'Who, What, Where' 활동을 통해 문장에서 기본 정보 찾기 • 중등: 'Find the Details' 활동에서 텍스트의 함축적인 정보까지 분석하기
중심 내용 파악	**[6영01-05]**일상생활 주제에 관한 담화나 글의 중심 내용을 파악한다.	**[9영01-03]**친숙한 주제에 관한 담화나 글의 중심 내용을 파악한다.	• 초등: 'Main Idea Matching' 활동을 통해 그림과 중심 내용을 연결하기 • 중등: 'Summary Writing' 활동을 통해 핵심 내용을 한두 문장으로 정리하기
사건의 순서 이해	**[6영01-06]**일상생활 주제에 관한 담화나 글에서 일이나 사건의 순서를 파악한다.	**[9영01-04]**친숙한 주제에 관한 담화나 글에서 일이나 사건의 논리적 관계를 파악한다.	• 초등: 'Put the Story in Order' 활동에서 이야기 순서 정리하기 • 중등: 'Cause and Effect Chart' 활동을 통해 사건 간 관계 정리하기
화자의 감정 추론	**[6영01-09]**시, 노래, 이야기를 공감하며 듣거나 읽는다.	**[9영01-05]**친숙한 주제에 관한 담화나 글에서 인물의 기분이나 감정을 추론한다.	• 초등: 'Emoji Reaction' 활동에서 문장을 듣고 적절한 감정 표현하기 • 중등: 'Why is the Character Feeling This Way?' 활동에서 텍스트 속 인물의 감정 변화 분석하기
의도 및 함축적 의미 추론	**[6영01-10]**일상생활 주제나 문화에 관한 담화나 글을 포용의 태도로 듣거나 읽는다.	**[9영01-06]**친숙한 주제에 관한 담화나 글에서 화자나 필자의 의도나 목적을 추론한다. **[9영01-07]**단어, 어구, 문장의 함축적 의미를 추론한다.	• 초등: 'Compare Two Cultures' 활동을 통해 문화적 차이 이해하기 • 중등: 'What Does the Speaker Really Mean?' 활동에서 대화 속 의도 분석하기

초등에서는 직관적인 이해와 기본적인 정보 파악에 초점을 맞추고, 중등에서는 이를 확장하여 논리적 관계 분석, 감정 추론, 의

도 파악까지 발전할 수 있도록 구성하였다. 특히, 초등 과정에서 익힌 강세·리듬·억양이 중등에서 연음과 축약된 발음 인식으로 연결되며, 기본적인 정보 파악에서 감정·의도 추론까지 점진적으로 학습 수준이 높아지는 것을 확인할 수 있다.

표현 성취기준

초등학교 6학년에서는 기본적인 말하기와 쓰기 능력을 익히고, 짧은 문장을 활용한 의사소통을 연습하는 것이 중심이다. 반면, 중학교 1학년에서는 보다 복잡한 문장을 사용하여 감정을 표현하고, 논리적인 설명을 추가하는 것이 목표다. 특히, 초등 과정에서 강세·리듬·억양에 맞춰 말하는 연습이 중등 과정에서 연음 및 축약 발음을 활용한 자연스러운 말하기 연습으로 확장되며, 기본적인 문장 쓰기가 다양한 형식의 글쓰기로 발전할 수 있도록 연계해야 한다. 이를 바탕으로 성취기준 연계 방안은 〈표 4-3〉과 같다.

〈표 4-3〉 초등학교 6학년과 중학교 1학년의 표현 성취기준 연계 방안

영역	초등학교 6학년 성취기준(예시)	중학교 1학년 성취기준(예시)	연계 방안 및 예시
발음과 말하기 리듬	**[6영02-01]**간단한 단어, 어구, 문장을 강세, 리듬, 억양에 맞게 말한다.	**[9영02-01]**연음이나 축약된 소리를 활용하여 단어, 어구, 문장을 말한다.	• 초등: 'Chant and Repeat' 활동을 통해 강세와 리듬 익히기 • 중등: 'Listen and Imitate' 활동에서 원어민 발음을 따라 하며 연음 연습하기 (ex. *I am going to* → *I'm gonna*)
시각적 자료 활용 말하기	**[6영02-02]**실물, 그림, 동작 등을 보고 간단한 단어, 어구, 문장으로 말하거나 쓴다.	**[9영02-03]**친숙한 주제에 관해 사실적 정보를 설명한다.	• 초등: 'Picture Description' 활동에서 "It is a big dog."과 같이 말하기 • 중등: 'Fact-Based Speaking' 활동에서 "This dog is a golden retriever. It is friendly and

			helpful."처럼 구체적으로 설명하기
문장부호와 철자 사용	**[6영02-03]**알파벳 대소문자와 문장부호를 문장에서 바르게 사용한다.	**[9영02-08]**간단한 일기, 편지, 이메일 등의 글을 쓴다.	• 초등: 'Correct the Sentence' 활동에서 문장부호와 대문자 교정하기 • 중등: 'Write an Email' 활동에서 형식적인 이메일 작성 연습
사람과 사물 소개	**[6영02-04]**주변 사람이나 사물을 간단한 문장으로 소개하거나 묘사한다.	**[9영02-02]**대상이나 인물의 감정을 묘사한다.	• 초등: "This is my friend. She is ten years old." • 중등: "This is my friend. She is ten years old and always cheerful."
위치·방법 설명	**[6영02-05]**주변 장소나 위치, 행동 순서나 방법을 간단한 문장으로 설명한다.	**[9영02-05]**친숙한 주제에 관해 일이나 사건의 논리적 관계를 설명한다.	• 초등: "Turn left. The school is next to the bank." • 중등: "If you turn left, you will see the school next to the bank."
감정과 의견 표현	**[6영02-06]**자신의 감정이나 의견, 경험이나 계획을 간단한 문장으로 표현한다.	**[9영02-06]**친숙한 주제에 관해 자신의 의견을 주장한다.	• 초등: "I like pizza. It is delicious." • 중등: "I like pizza because it has a crispy crust and lots of cheese."
글쓰기 연습	**[6영02-08]**예시문을 참고하여 목적에 맞는 간단한 글을 쓴다.	**[9영02-08]**간단한 일기, 편지, 이메일 등의 글을 쓴다.	• 초등: 'Write About Your Day' 활동에서 하루 일과 쓰기 • 중등: 'Write an Email to a Friend' 활동에서 이메일 형식 익히기
협력적 말하기·쓰기	**[6영02-10]**의사소통 활동에 흥미와 자신감을 가지고 참여하여 협력적으로 수행한다.	**[9영02-11]**상대방을 배려하는 태도로 말하거나 쓴다.	• 초등: 'Pair Dialogue' 활동에서 간단한 대화 나누기 • 중등: 'Debate with Respect' 활동에서 상대방의 의견을 존중하며 논리적으로 말하기

초등에서는 기본적인 문장 형식과 감정 표현, 문장부호 사용 등의 기초적인 표현 능력을 익히고, 중등에서는 이를 바탕으로 더욱

다양한 상황과 논리적 요소를 추가하여 표현할 수 있도록 학습한다. 특히, 강세·리듬·억양 → 연음·축약된 발음, 간단한 소개 → 감정과 특징 묘사, 단순한 이유 표현 → 논리적인 주장 등으로 점진적인 발전이 이루어질 수 있도록 구성할 수 있다.

(2) 교수·학습 방법의 연계 방안

초등학교에서는 놀이 및 활동 중심 학습이 강조되며, 중학교에서는 보다 과업 중심 학습이 강화된다. 그러나 이러한 변화가 갑작스럽게 이루어지면 학습자들이 적응하는 데 어려움을 겪을 수 있으므로, 초·중등 학습 방법 간 자연스러운 연결이 필요하다. 초등학교 6학년과 중학교 1학년 간의 연계를 위해서는 단순한 표현을 반복하는 초등영어 학습 방식에서 벗어나 점차 문장 구조가 확장되고, 문법적 요소가 강조되는 방향으로 자연스럽게 전환할 수 있도록 지도해야 한다. 이를 위해 〈표 4-4〉와 같은 교수·학습 방법의 연계를 제안한다.

〈표 4-4〉 초등학교 6학년과 중학교 1학년의 교수·학습 방법 연계 방안

초등학교 6학년 교수·학습 방법	중학교 1학년 교수·학습 방법	연계 방안 및 예시
대화문 중심의 반복 학습 예) "What did you do on the weekend?" "I went to the park."	확장된 문장 표현 및 이유 덧붙이기 예) "What did you do on the weekend?" "I went to the park because I wanted to relax and get some fresh air."	• 초등에서는 짧은 문장과 단순한 대화 패턴을 익히고, 중학교에서는 이유를 덧붙이는 연습을 통해 문장을 확장하도록 지도한다. • 학습 활동 예시: 'Weekend Memory Book' 활동을 통해 간단한 대화를 연습한 후, 중학교에서는 'Weekend Journal' 쓰기로 확장하여 활동을 연계한다.

기본 문장 구조 연습 (SVO 패턴 중심) 예) "She likes apples."	수식어를 추가한 문장 확장 연습 (부사, 형용사 활용) 예) "I feel happy when I eat strawberries"	• 초등에서 배운 기본 문장 구조를 바탕으로 중학교에서 문장 내 수식어(부사, 형용사)를 활용하는 연습을 추가한다. • 학습 활동 예시: 초등에서는 "Describe your favorite fruit" 간단한 문장 활동을 하고, 중학교에서는 "Explain why you like your favorite fruit"와 같이 이유를 덧붙이거나, "Compare two fruits you like"와 같이 비교 구문을 활용하는 활동으로 발전시킨다.
패턴 중심의 문장 쓰기 연습 (예시문 활용) 예) "I like summer because it is hot. for me."	자신의 의견을 덧붙이는 문장 확장 연습 예) "I like summer because it is hot, but sometimes it is too humid	• 초등에서 익힌 단순한 이유 연결 패턴을 중학교에서 찬반 논리 및 추가적인 의견을 덧붙이는 방식으로 확장하도록 지도한다. • 학습 활동 예시: 초등에서는 'My Favorite Season' 포스터 활동을 하고, 중학교에서는 'Season Debate Writing' 활동으로 논리적 서술 능력을 강화한다.
기초 문법 연습 (시제, 기본 전치사 사용) 예) "She goes to school at 8 a.m."	문법적 개념 심화 (부사절, 접속사 활용) 예) "She goes to school at 8 a.m. because she has a morning class."	• 초등에서 학습한 기본 문장에 원인과 결과를 표현하는 접속사를 추가하는 방식으로 중학교 연계 학습을 진행한다. • 학습 활동 예시: 초등에서는 'Daily Routine Comic Strip'을 만들고, 중학교에서는 'Explain Your Daily Routine Using Connectors' 과제를 수행하도록 한다.
쓰기 활동: 간단한 문장으로 자기소개 글쓰기 예) "My name is Minji. I like soccer."	쓰기 활동: 문장 확장 및 연결 표현 연습 예) "y name is Minji. I have played soccer for five years, and I enjoy it because it keeps me healthy and active."	• 초등에서 단순한 자기소개 문장을 학습한 후, 중학교에서 '경험', '이유', '추가 정보'를 연결하는 연습을 한다. • 학습 활동 예시: 초등에서는 'Self-ntroduction Poster'를 만들고, 중학교에서는 'Write a Self-Introducon Letter'를 작성하는 방식으로 확장한다.
읽기 활동: 짧은 이야기와 동화책	읽기 활동: 이야기에서 핵심 정보	• 초등에서는 짧은 이야기의 내용 이해에 초점을 맞추고, 중학교에서는 이를

읽기 예) 'The Lion and the Mouse'	찾기 및 요약 연습 예) "What is the main idea of the story?"	요약하고 주제를 찾는 활동으로 발전시킨다. 또한, 초등에서는 이야기를 통해 느끼고 공감하는 기초적인 정서적 반응에 중점을 두며, 중학교에서는 이러한 정서적 이해를 바탕으로 자신의 경험과 연결하여 비교·분석하는 더 깊은 수준의 정서적 활동으로 확장한다. • 학습 활동 예시: 초등에서는 'Story Retelling' 활동을 수행하고, 중학교에서는 'Summarize and Share the Lesson' 활동을 통해 핵심 내용을 정리하도록 한다.

초등학교에서 배운 기본 문장 구조를 바탕으로 중학교에서는 문장 확장 기술을 추가하고, 논리적인 연결어를 활용하여 보다 심화된 학습이 가능하도록 구성하였다. 특히, 문법 요소의 점진적 도입이 이루어질 수 있도록 초등에서는 암묵적으로 학습한 문법을 중등에서 명시적으로 설명하는 방식으로 진행된다. 이를 통해 학습자들은 초등과 중등의 학습 방식이 단절되지 않고 자연스럽게 연결되며, 기본적인 듣기·말하기 중심에서 문법적 표현을 포함한 읽기·쓰기 중심으로 점진적으로 전환될 수 있도록 지원할 수 있다.

(3) 평가의 연계 방안

초등학교 6학년에서 중학교 1학년으로의 영어 평가 방식 변화는 학습자들에게 적응의 부담을 줄 수 있는 요인 중 하나이다. 초등에서는 수행 중심의 평가가 강조되며, 중학교에서는 보다 형식적인 평가가 포함되는 경향이 있다. 따라서 초등에서 이루어진 평가 방식이 중학교에서도 연속적으로 활용될 수 있도록 점진적인 조정이 필요하다. 이를 통해 학습자가 자연스럽게 초등의 학습 경험을 확장할 수 있도록 해야 한다.

초등학교에서의 평가는 주로 구두 발표, 포트폴리오 기반 자기 평가, 읽기 이해 평가, 단순한 문장 작성을 중심으로 이루어진다. 예를 들어, 초등에서는 “I like summer.”와 같은 간단한 문장을 발표하는 수준에서 시작하여, 5~6학년 수준에서는 “I like summer because it is sunny.”처럼 이유를 덧붙이는 문장도 지도한다. 그러나 이러한 문장은 여전히 친숙한 어휘와 단순한 문장 구조 중심의 표현에 머무는 경우가 많다. 반면, 중학교에서는 이러한 기초 표현을 바탕으로 문장을 보다 논리적이고 구조적으로 확장하는 능력을 기르며, “I like summer because it is hot and sunny, and I can go swimming with my friends.”처럼 이유, 감정, 활동 목적 등을 통합한 복합 문장 구성이 요구된다. 이를 위해 초등에서는 ‘My Favorite Season’ 발표 활동을 통해 짧고 간단한 문장을 연습하고, 중학교에서는 ‘Talk About Your Favorite Season’ 활동을 통해 이유뿐 아니라 감정 표현이나 구체적 활동 계획까지 포함한 문장을 연습하는 방향으로 확장할 수 있다.

또한, 초등에서는 포트폴리오 기반의 자기 평가를 통해 학습 내용을 정리하고 반성하는 기회를 제공한다. 예를 들어, “I read a story. It was fun.”과 같이 간단한 성찰 문장을 작성하는 방식이다. 중학교에서는 이를 확장하여 자기 성찰을 포함한 피드백 적용 연습을 진행하며, “I read a story. I liked the ending. It was fun, and I want to read more stories.”와 같이 보다 구체적인 의견을 포함할 수 있도록 지도해야 한다. 이를 위해 초등에서는 ‘My English Diary’를 활용하고, 중학교에서는 ‘Reading Journal’을 통해 심화된 자기 평가를 수행할 수 있다.

읽기 이해 평가에서도 연계가 필요하다. 초등에서는 “Where is

Tom?"과 같이 단순한 정보를 찾는 데 초점을 맞추지만, 중학교에서는 "Where is Tom? What does he do?"와 같이 내용을 바탕으로 추가적인 세부 정보를 찾도록 평가 방식이 조정된다. 따라서 초등에서는 'Find the Answer' 활동을 통해 핵심 정보 파악을 연습하고, 중학교에서는 'Short Summary Writing'을 통해 짧은 요약을 작성하는 방식으로 확장할 수 있다.

쓰기 평가의 경우, 초등에서는 "I have a cat. It is big."과 같이 단순한 문장을 쓰는 데 집중한다. 반면, 중학교에서는 "I have a cat. It is big and black. I like it because it is friendly."와 같이 문장 확장 및 연결어 활용이 강조된다. 이를 위해 초등에서는 'My Pet' 글쓰기 활동을 진행하고, 중학교에서는 'Describe Your Pet' 과제를 통해 문장을 자연스럽게 확장할 수 있도록 유도해야 한다.

또한, 초등에서는 질문과 응답을 중심으로 한 대화 수행평가가 이루어지는데, "A: What do you like? B: I like pizza."와 같은 기본적인 대화 형식이 일반적이다. 중학교에서는 이를 확장하여 "A: What do you like? B: I like pizza because it is delicious and has a crispy crust."와 같이 이유를 추가할 수 있도록 지도해야 한다. 이를 위해 초등에서는 'Q&A Pair Work' 활동을 진행하고, 중학교에서는 'Follow-up Question Game'을 통해 추가 질문을 활용하는 연습을 할 수 있다.

과제 기반 평가 역시 연계되어야 한다. 초등에서는 "My dream job is a doctor. I want to help people."와 같이 간단한 발표를 진행하지만, 중학교에서는 "My dream job is a pediatrician because I believe children deserve special care. I have always been interested in child development and health issues."와 같이 구체적인 직업과 더불어 심층적인 이유를 추가하여 논리적으로 발표하도록 지도할

수 있다. 초등에서는 ''Dream Job Poster'를 만들고, 중학교에서는 'Career Path Presentation'을 통해 직업 선택의 배경, 필요한 자격 요건, 그리고 해당 직업의 사회적 가치까지 논의하는 보다 심화된 발표 활동을 수행하는 것이 효과적이다.

초·중등 평가 연계를 보다 효과적으로 이루기 위해서는 다음과 같은 방안을 추가적으로 고려할 필요가 있다. 먼저, 초등 6학년과 중학교 1학년이 공통적으로 적용할 수 있는 평가 요소를 정리하여 학습자가 일관된 기준을 바탕으로 성장할 수 있도록 해야 한다. 예를 들어, 초등에서는 '참여도'와 '기본적인 문장 구성'을 중심으로 평가하고, 중학교에서는 '문장 연결'과 '추가 설명' 항목을 추가하여 점진적인 발전이 이루어질 수 있도록 평가 루브릭을 조정할 필요가 있다.

또한, 이중 평가 체계를 운영하여 초등에서 수행평가(구두 발표, 포트폴리오, 과제 평가)를 주로 활용하되, 중학교에서도 이러한 평가 요소를 일부 유지하면서 형식적 평가(문법 시험, 작문 평가)를 병행할 수 있도록 해야 한다. 이를 통해 학습자들은 초등에서 익힌 평가 방식에 익숙해지면서도 중학교에서 새로운 평가 방식에 대한 부담을 최소화할 수 있다.

마지막으로, 초등학교에서 작성한 학습자의 포트폴리오를 중학교에서도 지속적으로 활용할 수 있도록 연계 방안을 마련해야 한다. 이를 통해 학생들이 자신의 학습 과정을 되돌아보고 성장을 체감할 수 있으며, 교사 역시 학습자의 발전 과정을 보다 체계적으로 평가할 수 있을 것이다. 이러한 평가 연계 방안을 적용하면 초등학교 6학년에서 중학교 1학년으로의 평가 방식이 자연스럽게 연결될 수 있으며, 학습자들이 새로운 평가 방식에 대한 부담을 최소화하면서 지속적으로 성장할 수 있도록 지원할 수 있다.

(4) 어휘 및 문형 연계 전략

초등학교와 중학교 영어과 교육과정 간 어휘와 문형의 연계를 고려하여 학습자들이 점진적으로 영어능력을 확장할 수 있도록 지도해야 한다. 초등에서는 기본적인 표현과 단순한 문장 구조를 익히는 데 초점을 맞추고, 중학교에서는 이를 바탕으로 보다 다양한 표현과 문법적 요소를 포함하여 활용할 수 있도록 학습을 심화할 필요가 있다.

특히, 초등학교에서는 기본 명사와 동사 중심의 어휘 학습을 진행하며, 단순한 SVO(주어-동사-목적어) 구조를 반복적으로 익히도록 지도한다. 반면, 중학교에서는 이러한 기초 표현을 확장하여 형용사와 부사를 활용한 문장을 구성하고, 다양한 접속사를 사용하여 보다 복합적인 문장을 만들 수 있도록 연계해야 한다. 또한, 초등에서는 현재 시제와 과거 시제의 기본 개념을 다루지만, 중학교에서는 이를 확장하여 현재완료와 현재완료진행형, 과거완료 등을 추가적으로 학습하도록 지도할 필요가 있다. 〈표 4-5〉는 초등학교 6학년에서 중학교 1학년으로 어휘와 문형 학습이 어떻게 연계될 수 있는지를 구체적으로 정리한 것이다.

〈표 4-5〉에서 볼 수 있듯이, 초등학교에서 학습한 기본적인 어휘와 문장 구조가 중학교에서 보다 확장된 형태로 연계될 수 있도록 지도해야 한다. 특히, 초등에서는 일상적이고 단순한 표현을 중심으로 학습하고, 중학교에서는 이를 바탕으로 더욱 정교한 문장 구성 능력을 배양할 수 있도록 점진적인 학습을 설계할 필요가 있다.

〈표 4-5〉 초·중등 영어과 교육과정의 어휘 및 문형 연계 방안

영역	초등학교 6학년	중학교 1학년	연계 방안 및 예시
빈출 어휘 학습	기본 명사 및 동사 중심	형용사 및 부사 활용	• 초등에서는 명사와 동사를 익히고, 중학교에서는 수식어(형용사, 부사)를 추가하여 표현을 확장하도록 한다. • [예시] 초등: "I like apples." → 중등: "I enjoy reading detective novels." • [활동] 초등: 'Word Matching Game' / 중등: 'Find a Synonym'
문장 구조 및 어순 학습	SVO 패턴 중심	명시적 문법 지식으로 확장	• 초등 고학년에서는 어순과 문장 요소에 대한 체계적인 절차적 지식(procedural knowledge)을 형성하고, 중학교에서는 초등에서 습득한 어순 감각을 토대로 명시적 문법 지식으로 확장한다. • [예시] 초등: "ut the words in the correct order: (goes, to, she, school)." → 중등: "dentify the subject, verb, and object in the sentence: She goes to school every day." • [활동] 초등: 체계적인 'entence Unscramble'활동을 통해 영어 어순 습득/중등: 'Sentence Analysis'를 통한 문장 구성요소 명시적 학습
복합 문장 구조	접속사 and, but을 활용한 기초 복합문	다양한 접속사를 활용한 복합 문장	• 초등에서는 and, but 등 기본 접속사를 활용한 단순 연결 문장을 익히고, 중학교에서는 because, when, if 등 다양한 접속사를 활용한 복합문을 학습한다. • [예시] 초등: "He reads a book and she watches TV." → 중등: "He reads a book because he likes stories." • [활동] 초등: 'Connect Simple Sentences' / 중등: 'Create Complex Sentences'

빈출 문형 학습	질문·응답 패턴 익히기	공손한 표현 및 다양한 응용 문형 활용	• 초등에서는 기본적인 질문-응답 패턴을 연습하고, 중학교에서는 공손한 표현과 다양한 응용 문형을 추가하도록 지도한다. • [예시] 초등: “What do you want?” → 중등: “What would you like?” 초등: “I want a pen.” → 중등: “I’d like a pen, please.” • [활동] 초등: ‘Pair Speaking Practice’ / 중등: ‘Role-Play in a Store’
시제 학습	현재 시제 및 과거 시제 학습 (단순 형태 중심)	현재완료 시제 확장	• 초등에서는 현재 및 과거 시제의 기초 개념을 학습하고, 중학교에서는 현재완료 및 과거완료를 추가하여 학습할 수 있도록 한다. • [예시] 초등: "She goes to school." → 중등: "She has gone to school." 초등: "She went to school." → 중등: "She had gone to school before the bell rang." • [활동] 초등: ‘Timeline Sorting Game’ - 현재와 과거 시제 문장 카드를 분류하기 / 중등: ‘Complete the Story with Perfect Tenses’ - 현재완료와 과거완료를 활용하여 이야기 완성하기

또한, 학습자들이 자연스럽게 중학교 교육과정으로 이어질 수 있도록 초등에서 학습한 표현과 개념을 지속적으로 활용하는 것이 중요하다. 예를 들어, 초등에서 학습한 명사와 동사는 중학교에서 형용사와 부사를 활용하여 확장될 수 있으며, 기본 문장 구조는 접속사를 추가하여 더 복잡한 문장을 구성하는 방식으로 발전할 수 있다. 이러한 연계를 통해 학습자들은 초등과 중등 간의 학습 단절 없이 영어능력을 점진적으로 향상시킬 수 있으며, 보다 다양한 의사소통 상황에서 효과적으로 영어를 활용할 수 있는 능력을 갖출

수 있을 것이다.

(5) 정책적 제언 및 교육 현장에서의 실천 방안

초·중등 영어과 교육과정의 연계를 효과적으로 강화하기 위해서는 교사 연수, 지도 자료 개발, 그리고 지속적인 연구 및 모니터링이 필수적이다. 특히, 초등학교 6학년과 중학교 1학년 담당 교사 간의 협력과 정보 공유를 활성화하는 것이 중요한데, 이를 통해 교육과정의 단절을 최소화하고 학습자들의 영어 학습 경험이 자연스럽게 연결될 수 있도록 해야 한다. 이에 따라 본 장에서는 초·중등 영어과 교육과정의 연계를 강화하기 위한 정책적 제언과 실천 방안을 제시하고자 한다.

초등과 중등영어과 교육과정 간의 연계를 원활하게 하기 위해서는 교사들이 각 학습 단계에서의 교수·학습 방법을 충분히 이해하고, 효과적인 연계 방안을 모색할 수 있도록 지원해야 한다. 이를 위해 초·중등 교사들이 함께 참여할 수 있는 연수 프로그램을 운영하는 것이 필요하다. 연구에 따르면, 교사 연수 프로그램은 교육과정 연계성을 높이는 데 있어 중요한 역할을 한다(Desimone, 2009). 특히, 교사들이 공동 연수를 통해 서로의 교수법을 이해하고, 교수·학습 목표를 공유하는 과정이 강조되어야 한다. 예를 들어, '초·중등 영어 교수법 연계 연수'와 같은 프로그램을 운영하여 초등 교사들이 중학교 영어 학습의 목표와 교수법을 경험하고, 중등 교사들이 초등 교육과정에서 강조되는 학습 활동을 체험하도록 하는 것이 효과적일 수 있다. 이를 통해 초·중등 교사들은 학습자의 영어 학습 경로를 보다 깊이 이해하고, 교육과정이 단절되지 않도록 지도하는 데 필요한 역량을 기를 수 있다.

효과적인 초·중등 연계를 위해서는 교사 연수뿐만 아니라, 실제 수업에서 활용할 수 있는 구체적인 지도 자료를 개발하는 것도 중요하다. Graves와 Xu(2000)는 학습 자료의 질이 학생들의 학습 성과에 큰 영향을 미친다고 주장하며, 연계성을 고려한 교재 개발의 필요성을 강조한 바 있다. 따라서 초·중등 연계를 지원하는 교재 및 학습 자료를 개발하여 교사들이 현장에서 쉽게 활용할 수 있도록 해야 한다. 예를 들어, 'Bridging English'와 같은 연계 학습 자료를 개발하여 초등학교에서 배운 내용을 중학교에서도 효과적으로 활용할 수 있도록 지원할 수 있다. 이러한 자료는 단계별 문장 확장 연습, 어휘 확장 활동, 문법 연계 학습 등을 포함하여 학습자들이 점진적으로 영어 실력을 발전시킬 수 있도록 구성되어야 한다. 또한, 초등학교에서 학습한 주요 표현과 문형이 중학교에서도 지속적으로 사용될 수 있도록 교재와 학습 자료의 연계성을 강화하는 것이 필요하다.

초·중등 영어과 교육과정의 연계성을 강화하기 위해서는 지속적인 연구와 모니터링이 필요하다. Heritage(2010)는 효과적인 평가가 교수·학습과 밀접하게 연계되어야 하며, 학습자가 적극적으로 평가 과정에 참여할 때 더 나은 학습 결과를 얻을 수 있다고 설명하였다. 이에 따라 초·중등 영어교육 평가 방식이 점진적으로 연계될 필요가 있다. 따라서 초·중등 영어과 교육과정 연계의 효과를 분석하고 개선점을 도출하기 위한 연구가 지속적으로 이루어져야 한다. 이를 위해 '초·중등 연계 학습 효과 분석 연구'를 진행하여 학생들의 학습 경험을 분석하고, 교육과정의 연계성을 높일 수 있는 방안을 지속적으로 평가해야 한다. 또한, 학생과 교사를 대상으로 한 '연계 학습 만족도 설문조사'를 실시하여 교육과정 운영의 실효성을 점검하고, 피드백을 반영하여 지속적인 개선이 이루어질 수 있도록 해야 한다.

초등학교에서 학습한 영어 표현과 개념이 중학교에서도 자연스럽게 활용될 수 있도록 연계된 수업 모형을 개발하는 것도 중요한 과제이다. 초등학교에서 학습한 기초 개념이 중학교에서도 자연스럽게 활용될 수 있도록 연계된 수업 모델을 개발하여 교사들이 참고할 수 있도록 해야 한다. 예를 들어, 초등학교에서는 학생들이 'My Daily Routine'과 같은 주제에 대해 간단한 문장을 작성하고 발표하는 활동을 수행할 수 있다. 중학교에서는 이를 확장하여 'A Day in My Life'와 같은 보다 복잡한 서술 활동을 수행할 수 있도록 지도하는 방식이 효과적일 수 있다. 이를 통해 학생들은 초등에서 배운 내용을 중학교에서도 자연스럽게 활용하며 학습을 지속할 수 있다.

초등에서 배운 내용을 중학교에서도 효과적으로 활용할 수 있도록 맞춤형 학습 지원 시스템을 운영하는 것도 고려해야 한다. 이를 위해 학습자의 개별 수준에 맞춘 지원 자료(예: 문법 연결 학습지, 어휘 확장 카드 등)를 개발하여 보급할 필요가 있다. 예를 들어, 초등학교에서 학습한 기본 문형을 복습하고 확장할 수 있는 워크북을 제공하거나, 온라인 학습 플랫폼을 활용하여 학생들이 중학교 진학 후에도 개별적으로 학습을 지속할 수 있도록 해야 한다. 이를 통해 학습자들은 초·중등 간의 학습 격차를 줄이고, 영어 학습에 대한 지속적인 동기를 유지할 수 있을 것이다.

마지막으로, 초·중등 간의 연계성을 높이기 위해서는 평가 방식의 연속성을 고려한 연계 평가 시스템을 구축할 필요가 있다. Black과 Wiliam(2018)은 효과적인 평가가 학습 과정에서 중요한 역할을 하며, 학습자의 성장과 피드백을 제공하는 수단이 되어야 한다고 강조하였다. 따라서 초·중등에서 동일한 평가 기준을 일부 공유하도록 조정하여, 학생들이 평가 방식의 변화에 부담을 느끼지 않도록 해야 한다. 예를 들어, 초등학교에서는 구두 발표나 포트폴리오 평가를 중심으로 수행평가를 강조하고, 중학교에서도 이를 일부 유지하면서 보다 정형화된 평가 방식을 병행할 수 있도록 해야 한다. 또한, 초등학교에서 작성한 학생들의 포트폴리오가 중학교에서도 활용될 수 있도록 연계하여 학습의 지속성을 강화하는 것도 효과적인 방안이 될 수 있다.

초·중등 영어과 교육과정의 효과적인 연계를 위해서는 성취기준, 교수·학습 방법, 평가 방식, 어휘 및 문형에서의 점진적 연결이 필수적이다. 또한, 이를 효과적으로 구현하기 위해 교사 연수, 지도 자료 개발, 정책적 연구가 지속적으로 이루어져야 한다. 이러한 노력을 통해 학습자들이 초등에서 익힌 영어능력을 자연스럽게 발전시키고, 중등에서도 영어 학습에 대한 흥미와 동기를 지속적으로 유지할 수 있도록 해야 한다.

참고문헌

Reference

교육부. (2022). 영어과 교육과정. 교육부 고시 제2022-29호 [별책 14].

김정렬. (2014). 초중등 영어교육 연계성 문제: 영어 교과서의 계열성을 중심으로. *어학연구, 50*(1), 161-184.

김정렬, 양지윤. (2012). Coh-Metrix를 통한 초·중등 영어 교과서 연계성 분석. *영어교육, 67*(2), 319-341.

김진석. (2007). 영어과 교육과정 및 교재 개발에서의 연계성 기준. *영어교육연구, 19*(2), 215-233.

배지영. (2019). 2015 개정 교육과정이 적용된 초·중등 영어 교과서의 읽기 지문 연계성 분석. *현대영어영문학, 63*(2), 81-107.

배지영, 김규미. (2021). 초·중·고등학교 영어 읽기 지문의 난이도와 연계성 분석 연구: 2015 개정 영어 교과서를 중심으로. *영어 교과교육, 20*(4), 141-162.

서울대학교 교육연구소. (1994). *교육학 용어사전.* 서울: 하우.

이재근, 정은숙. (2015). 제 7차 영어과 교육과정과 수시 개정 변화에 따른 초등 국정 및 검정 영어 교과서 변천과 미래. *초등교과교육연구, 21*, 73-82.

이정민, 현태덕. (2013). 중학교 3학년 영어 교과서 읽기 자료 비교 분석. *현대영어교육, 14*(4), 263-286.

임영진, 조윤경, 정영경. (2015). 초등학교 6학년과 중학교 1학년 영어 교과서 읽기 지문 연계성 분석. *외국어교육, 22*(1), 125-148.

전문기. (2011). Coh-Metrix를 이용한 중학교 1학년과 2학년 개정 영어 교과서 읽기 자료의 코퍼스 언어학적 연계성 분석. *언어과학연구, 56*, 201-218.

전문기. (2015). 자동화된 언어분석 프로그램을 활용한 중학교 영어 교과서의 학년간 연계성 분석. *현대영어교육, 16*(1), 195-218.

허영아. (2012). 코메트릭스(Coh-Metrix)를 이용한 중학교 3학년 개정 영어 교과서의 코퍼스 언어학적 비교 분석. 석사학위논문, 건국대학교.

Black, P., & Wiliam, D. (2018). Classroom assessment and pedagogy. *Assessment in Education: Principles, Policy & Practice, 25*(6), 551-575.

Csizér, K., & Dörnyei, Z. (2005). The internal structure of language learning motivation and its relationship with language choice and learning effort. *The Modern Language Journal, 89*(1), 19-36.

Desimone, L. M. (2009). Improving impact studies of teachers' professional development: Toward better conceptualizations and measures. *Educational Researcher, 38*(3), 181-199.

Ellis, N. C. (2008). The dynamics of second language emergence: Cycles of language use, language change, and language acquisition. *The Modern Language Journal, 92*(2), 232-249.

Graves, K., & Xu, S. (2000). *Designing language courses: A guide for teachers* (p. 308). Boston, MA: Heinle & Heinle.

Greenfield, P. M., & Bruner, J. S. (1966). Culture and cognitive growth. *International Journal of Psychology, 1*(2), 89-107.

Heritage, M. (2010). *Formative assessment and next-generation assessment systems: Are we losing an opportunity?*. Council of Chief State School Officers.

Krashen, S. D. (1982). Acquiring a second language. *World Englishes, 1*(3), 97-101.

Krashen, S. D. (1993). *The power of reading: Insights from the research.* Englewood, CO: Libraries Unlimited.

Spada, N., & Lightbown, P. M. (2019). Second language acquisition.

In *An introduction to applied linguistics* (pp. 111-127). Routledge.

Swain, M. (1995) Three functions of output in second language learning. In G. Cook., & B. Seidlhofer. (eds). Principle and Practice in Applied Linguistics: *Studies in Honour of H.G. Widdowson* (pp. 125-144). Oxford: Oxford University Press.

Tyler, R. W. (1949). *Basic principles of curriculum and instruction.* Chicago: The U of Chicago Press.

Vygotsky, L. S. (1978). *Mind in society: The development of higher psychological processes.* Cambridge, MA: Harvard University Press.

AI

CHAPTER 05

영어과 교육과정과 인공지능 기술 활용: 분석과 제언

그림 출처: ChatGPT 4o & 성민창 교수 공동 제작

2022 개정 영어과 교육과정은 교수·학습 및 평가에서 다양한 AI 기술의 활용을 강조한다. 교육과정 개정 이후 ChatGPT, DeepSeek 등 AI 기술과 그 활용에서 큰 변화가 있었기에, 본 장은 영어과 교육과정에 제시된 AI 활용 방안을 재검토하고 현장 적용 및 보완 방안을 논의한다. 나아가 현 시점에서의 AI 주요 기술을 12개 영역으로 조망하고, 영어교육에서의 활용 방안을 여러 학교급과 과목에서 탐색한다. 이를 바탕으로 영어과 교육과정 개정 방향을 "① 학교급과 공통/선택 과목의 특징과 성격을 반영한 AI 활용, ② AI 기술의 빠른 변화에 유연하게 대응할 수 있는 태도, ③ 한국 영어교육의 핵심 과제, ④ AI 활용에 대한 깊이 있는 이해와 비판적 시각"이라는 네 가지 차원에서 논의한다. 또한, 학교 영어교육의 혁신 방향을 "① AI 활용 연구에 대한 지원 및 정책, ② 하향식 혁신과 상향식 혁신의 조화, ③ 교사와 AI 간의 효과적인 협업, ④ AI 활용의 윤리적 고려 및 지속 가능한 교육"이라는 네 가지 차원에서 제안한다.

SECTION

01 영어교육과 인공지능 기술

인공지능(AI) 기술은 영어교육에서 그 활용도가 매우 높다. AI의 핵심에 해당하는 자연어 처리(Natural Language Processing) 기술은 텍스트 분석, 자동 번역, 문법 교정, 의미 이해 등의 다양한 기능을 통해 영어 교수·학습과 평가를 지원할 수 있다. 또한, AI는 학습자의 수준과 요구에 맞춰 그림, 영상, 이야기 등을 생성함으로써 유의미한 언어 사용 맥락과 학습자의 흥미를 유발하는 교육 자료를 제공할 수 있다. 이와 같은 AI 기술의 교육적 장점을 적극적이고 창의적으로 활용함으로써 영어 교수·학습 및 평가를 개선하고 혁신하려는 노력이 다양한 교육적 맥락에서 시도되고 있다 (Hwang & Lee, 2024; Jeon, 2023; Kang & Sung, 2024).

영어 교수·학습 및 평가에서 AI를 효과적으로 활용하기 위해서는, 교사와 학습자가 AI 기술 전반에 대한 포괄적인 이해를 갖추어야 한다. 특히 AI 기술 개발이 가속화됨에 따라 새로운 AI 기술이 하루가 다르게 쏟아지는 작금의 상황에서, 기술 전반을 조망하는 시야를 갖추어야만 급변하는 세태에 휩쓸리지 않고 교육 중심적 태도로 AI 기술을 적절하게 활용할 수 있을 것이다. 이와 같은 포괄적인 AI 리터러시(literacy)를 갖춘 영어 교사와 학습자는 자신의 학습 맥락과 목표에 적절한 AI 기술이 무엇인지 선정할 수 있고, 활용 시기와 방법에 대한 구체적인 전략을 수립할 수 있다.

이를 위해, 본 장은 우선 2022 개정 영어과 교육과정에 제안된 다양한 AI 기술과 활용 방안을 현 시점에서 재검토한다. 나아가, 최근 교육에 활용되는 AI 기술을 넓게 탐색하며 영어교육에서의 활용 방안을 다양하게 논의한다. 이로써 본 장은 미래 교육과정 개정 및 학교 영어교육 혁신 방향에 대한 시사점을 제안한다.

SECTION

02 영어과 교육과정과 인공지능 기술

2022 개정 영어과 교육과정에서는 타 교과에 비교하여 AI 기술을 매우 구체적이고 다양하게 제안하고 있다(교육부, 2022). 특정 AI 기술의 명칭을 언급할 뿐만 아니라, 영어교육의 환경적 특성을 AI 기술의 견지에서 진단하고 교수·학습 및 평가에서의 AI 활용 가능성을 명시하였다. 본 절에서는 우선 주요 관련 내용을 교육과정에서 발췌하여 논의한 뒤, 교육 목적에 따라 적절한 AI 기술 유형을 탐색하고 정리한다.

(1) 교육과정 내 주요 내용

2022 개정 영어과 교육과정은 영어 교과의 성격과 목표를 제시하는 도입부에서부터 아래와 같이 AI를 명시적으로 언급하고 있다.

> [성격 및 목표]
> ... 일상생활에서 영어를 거의 사용하지 않는 한국의 상황에서는 매체 발달과 기술 변화로 다변화된 의사소통 방식을 반영하여 영어 지식 정보의 처리 및 사용을 위한 실제적인 교육을 학교에서 효과적으로 시행하는 것이 필요하다. ... 디지털·인공지능 교육 환경으로의 변화에 부합하도록 다양한 매체 자료와 정보통신기술 등을 수업과 학습에서 활용하며 교수·학습 활동과 평가를 유기적으로 연계하여 학습의 효율성을 극대화한다. (5-6)

위 발췌문은 영어의 사용 맥락이 AI 기술로 다변화되었다는 내용으로 사회 현실을 진단하고, AI 활용 확대라는 교육 환경의 변화에 영어교육이 동참할 필요가 있음을 명시하고 있다. 즉, AI 기술이 영어 교과의 성격과 교육 방식을 변화시킨 것이다. 이후 교육과정은 AI를 포함한 에듀테크의 활용 목적을 여러 학년군과 과목에서 다양하게 제안한다.

[초등학교 3~4학년군]

- 특히, 에듀테크에 기반한 디지털 매체는 영어 입력 및 영어 학습에 대한 흥미도 향상, 영어에 관한 불안감 해소에 기여할 수 있다. (11)
- 에듀테크의 발달에 따라 사이버 공간에서 활발한 상호작용이 이루어지고 온오프라인 연계 학습이 활성화되고 있으므로 교육 환경과 학습자의 상황을 고려하여 적절한 매체와 기법을 활용하여 새롭고 흥미로운 학습 경험을 제공하고, 다양한 형태의 결과물을 창의적으로 만들 수 있도록 유도한다. (14)

[초등학교 5~6학년군]

- 에듀테크의 발달과 함께 듣기, 읽기 도구도 다양해지고 있으므로 다양한 디지털 매체를 활용한 듣기와 읽기에 익숙해질 수 있도록 한다. 인공지능이나 앱, 번역기 등의 디지털 도구를 활용하여 학습자의 수준에 맞는 맞춤형 학습을 제공할 수도 있다. (16)

[초등학교/중학교 영어]

- 말하기나 쓰기 같은 표현 영역 평가 시 실제적인 의사소통 맥락을 제공할 수 있는 다양한 인공지능 기술(음성 녹음, 음성 인식, 챗봇, 화상 회의 등)을 활용하여 다각적이고 신뢰할 만한 평가 결과를 도출한다. (28)
- 쓰기 자동 채점, 텍스트 분석, 번역기, 표절 검사 프로그램 등의

기술을 활용하여 쓰기 영역의 평가 신뢰도를 확보한다. (29)

[고등학교: 세계 문화와 영어]

• 학습 결과물의 경우 스스로 점검하고 수정할 기회와 함께 동료 및 교사, 인공지능 기반 도구의 피드백을 반영하고 개선할 기회를 마련하여 학습 성과를 높인다. 동시에 상위 인지도 함께 계발하는 환경을 조성한다. (228)

위 발췌문을 살펴보면, 〈2022 개정 영어과 교육과정〉은 여러 학년군과 과목에 걸쳐 인공지능 활용의 목적을 정의적(흥미, 불안감), 인지적(창의성, 실제성, 평가 신뢰도), 상위 인지적(점검, 개선) 차원에서 파악하고 있음을 알 수 있다. 그리고 그 목적에 따라, 번역기, 챗봇, 음성 인식 등 다양한 AI 기술을 명시하고 있다.

(2) 교육 목적별 AI 기술 유형

2022 개정 영어과 교육과정은 앞서 제시한 발췌문 이외에도 다양한 영역에서 인공지능 등의 기술 활용의 필요성과 구체적 활용 방안을 논의한다. 이와 관련하여, 〈표 5-1〉은 교육과정 문서 전반에 제시된 내용을 바탕으로 AI를 포함한 에듀테크 기술 활용의 목적을 범주화하고, 교육과정 문서에 언급된 기술과 더불어 실제 학교 교육 현장에서 사용되고 있는 기술을 제시한다.

〈표 5-1〉에 제시된 10개의 AI 활용 목적은 크게 네 개의 영역으로 구분될 수 있다. 영역별 주요 내용과 보완점을 살펴보면 다음과 같다.

첫 번째로 정의적 영역이 있는데, 이는 〈표 5-1〉에 제시된 1~2번의 목적에 해당한다. 이 내용에 따르면 AI 기술은 흥미도와 같은

〈표 5-1〉 영어과 교육과정에 제시된 인공지능 기술 등의 활용 목적

영역	목적	인공지능 기술 예시
정의적 영역	1. 영어 학습에 대한 흥미도 향상	학습용 앱, 게임 기반 평가
	2. 영어에 관한 불안감 해소	AI 챗봇, 번역기, AI 디지털 교과서
교수 학습법	3. 학습자의 수준에 맞는 맞춤형 학습	자동 평가, 학습 추천 시스템
	4. 다변화된 의사소통 방식과 맥락을 반영	화상 회의, 메타버스, AI 챗봇
	5. 실제적인 이해 경험 제공	온라인 영어도서관(앱), YouTube
	6. 다양한 형태의 창의적 결과물	협업 플랫폼, 웹 스튜디오
평가	7. 읽기와 듣기 수준을 객관적으로 평가	텍스트 분석, Self-paced reading
	8. 쓰기 영역의 평가 신뢰도 확보	자동 채점, 표절 검사
	9. 학습 성장 과정을 확인	학습 데이터 누적 관리 및 시각화
AI 활용 역량	10. 디지털 및 인공지능 리터러시 함양	자연어 처리(TTS/STT 등), ChatGPT

학습자의 긍정적인 심리 상태를 고취하고 불안감과 같은 부정적인 심리 상태를 해소할 수 있다. 구체적인 방법으로는 다채로운 활동을 제공하는 학습용 앱, 게이미피케이션을 활용한 평가 기술, 대화 상대로서 AI 챗봇, 번역기의 수월한 활용 등을 고려할 수 있다. 그러나 현재 2022 개정 영어과 교육과정은 AI 기술 활용이 부정적인 심리 상태를 야기할 수 있음을 고려하지 못하고 있다. 그 대표적인 예로, 신기 효과(novelty effect)가 있다(Fryer et al., 2017). 새로운 기술이나 도구가 도입되면 학습자가 잠시 흥미를 느끼고 일시적으로 학습 효과가 향상될 수 있으나, 점차 그에 대한 흥미를 잃고 학습 동기가 떨어지는 현상을 의미한다. 이러한 부정적인 정의적 효과를 예방하려면, 기술 자체에 주목하는 접근법 보다는 학습자에게 유의미한 경험을 제공할 수 있는 교수·학습 설계가 필수적이다.

두 번째로 교수·학습법 영역이 있는데, 표 1의 3~6번 목적에 해당한다. AI 기술을 활용하여 교수·학습 과정의 적절성, 실제성, 창의성 등을 제고할 수 있는데, 이를 위해 AI 챗봇, 메타버스, 웹 스튜디오 등의 다양한 AI 도구를 활용할 수 있다. 그러나 2022 교육과정 공표 이후, 급속한 성장을 보인 생성형 AI(Gen AI)에 대한 구체적이고 심도 있는 논의가 부족하다. 예를 들어, 한국의 영어 학습자들이 ChatGPT와 같은 생성형 AI를 창의적으로 활용하여 다양한 유형의 영어 기반 창작물을 생성할 수 있는데, 이에 대한 교육적 논의가 보완될 필요가 있다.

세 번째로 평가 영역이 있고, 〈표 5-1〉의 7~9번 목적에 해당한다. 이에 따르면, 읽기와 듣기 등의 이해 자료의 수준을 평가하고, 쓰기 결과물의 주요 평가 지표를 정량화하고, 학습 데이터를 체계적으로 관리하기 위하여 AI 기술을 활용할 수 있다. 평가 신뢰도와 타당도를 AI 기술로 높이는 점은 분명 바람직한 방향이나, 영어교육에서 핵심적인 과업에 해당하는 말하기 평가에 대한 구체적인 논의가 부족하다. 비록 펭톡(PengTalk) 등의 양질의 영어 말하기 앱에서 말하기 평가와 피드백이 시도되고 있지만, 발음 및 억양과 같은 일부 영역에 제한된 실정이다. 이미 TOEFL 등 국제적인 영어 능숙도 평가에서 인공지능 기반 말하기 자동 평가가 보편화되고 있음을 고려할 때, 한국 공교육 현장에 적합한 말하기 자동 평가를 도입할 필요가 있다.

마지막으로 10번 목적에 해당하는 인공지능 활용 역량이 있다. 이제 인공지능 활용 역량은 범교과적 차원에서 강화해야 하는 핵심 미래 역량이다. 따라서 학교 영어교육에서 AI를 다양하고 적극적으로 활용하여 교사와 학생의 인공지능 활용 역량을 배양하는 것은 바람직한 방향으로 보인다. 이 때, AI 도구를 피상적으로만 활용하기 보다, 도구의 핵심 기술에 대한 기본적인 고찰과 이해를 함께 도모할 필요가 있다. 예를 들어, ChatGPT를 활용하는 활동을 진행할 때, 자연어 이해와 처리의 주요 메커니즘을 함께 탐구하는 것이다. 또한 AI 기술이 가져온 다양한 윤리적 이슈에 대한 성찰적 태도를 함께 배양하여, 과잉 의존과 표절 등의 윤리적 부작용을 예방할 필요가 있다.

SECTION

03 영어교육 분야의 인공지능 기술 조망

본 절은 영어교육 분야에서 활용 가능한 AI 기술을 전반적으로 조망하고, 각 기술의 구체적 활용 가능성과 사례를 탐색한다. 앞서 〈표 5-1〉에서 교육 목적을 중심으로 AI 기술을 제시한 것과 달리, 본 절에서는 개별 AI 기술의 특징을 중심으로 교육적 활용 가치와 다채로운 활용 방안을 자유롭게 탐색하고자 한다. 현재 ChatGPT를 비롯한 많은 AI 서비스들이 여러 기능을 동시에 제공(예: 대화, 생성, 분석 등)하고 있지만, 본 절에서는 여러 기능을 동시에 사용하는 것이 아닌 개별 기술 요소가 가진 특징에 집중한다. 구체적으로 최근 AI 활용 교육 연구에서 논의되고 있는 12개의 기술 유형을 순차적으로 소개하며(AlAfnan et al., 2024; Huang et al., 2023), 핵심 기술을 간단하게 설명하고 영어교육에서 주요 활용 방안과 구체적인 사례를 제공한다.

(1) 음성 인식(Speech Recognition)

- 개요: 음성 인식은 사람의 음성 데이터를 인공지능이 자신의 언어 모델로 해석해 텍스트로 변환하는 기술이다. STT(Speech-To-Text) 기술로도 종종 불리며, 자동 자막 생성 등에 활용된다.
- 영어교육 활용 방안

① 발음 점검: 단어, 문장, 글, 대화 수준의 텍스트를 학습자가 소리 내어 읽는다. 음성 인식 기술을 활용해서 사용자 낭독을 텍스트로 변화하고, 그 결과물이 원래의 텍스트와 동일

한지 비교한다.

② 말하기 후 활동: STT 기능을 작동시킨 채, 대화, 토론 등의 말하기 활동을 진행한다. 활동 종료 후 STT 결과물을 보면 본인과 동료의 발화를 어휘, 문법, 담화 구조 차원에서 평가하고 피드백을 제공한다.

- 학교 현장 활용 시나리오: A 중학교의 박 교사는 발음 집중 훈련 이후 학생들의 발음이 이해가능한(intelligible) 수준에 도달했는지 확인하고 싶었다. 그는 학생들에게 말하기 대본을 준 뒤 자신의 낭독을 녹음하여 파일로 제출하도록 하였다. 이후 AI 기반 STT 기술을 활용하여 학생들의 녹음 발화를 자동으로 문서화하였는데, 학생들의 정확하지 않은 발음으로 인해 일부 단어가 잘못 인식되지 못하는 문제를 발견하였다. 이후, 박 교사는 해당 단어의 발음 연습을 위한 추가 활동을 제공하였다.

(2) 음성 합성(Speech Synthesis)

- 개요: 음성 합성은 텍스트를 자연스러운 음성으로 변환하는 기술로, 다양한 목소리와 억양을 제공하는 특징이 있다. TTS(Text-To-Speech) 기술로도 불린다.
- 영어교육 활용 방안

① 듣기 및 보기 자료 생성: 대화 대본이나 이야기 글을 듣기 및 보기 자료로 변환하며, 다양한 억양과 개성을 가진 AI 음성을 활용한다.

② 교육 접근성 확대: 시각 장애 학생을 위해, 읽기 지문과 문제를 음성 자료로 변환하여 이해도 확인 활동에 활용한다.

③ 말하기 모델 생성: 영어 발표를 준비하는 과정에서, 발표문

을 원어민 발음의 음성 파일로 변환한 뒤 이를 모방하거나 자신의 발화와 비교하면서 영어 발표를 준비한다.

- 학교 현장 활용 시나리오: B 초등학교의 김 교사는 동화 읽기 수업에서 AI 음성 합성 기술을 사용하여 다양한 동물 캐릭터에 맞는 목소리를 제공하였고, 학생들은 재미있는 목소리로 진행되는 이야기에 집중하며 듣기 활동에 적극적으로 참여했다.

(3) 기계 번역(Machine Translation)

- 개요: 기계 번역은 단어, 문장, 글 단위의 텍스트를 하나의 언어에서 다른 언어로 번역하는 기술이다. 이를 위해 AI는 언어의 규칙, 번역 패턴, 문맥 정보 등을 활용한다.
- 영어교육 활용 방안

① 읽기 이해도 자가 점검: 학습자가 영어 글을 읽고 이해한 뒤, 이를 한국어로 번역한 글을 읽으면서 자신의 이해도를 점검한다.

② 영어 발표 대본 마련: 학생들이 발표문 초안을 한국어로 작성한 뒤, 이를 영어로 번역하여 발표 준비에 활용한다.

- 학교 현장 활용 시나리오: C 고등학교의 이 교사는 학생들의 창의적인 생각을 영어로 표현하는 활동을 진행했다. 학생들은 먼저 한국어로 자유롭게 자신의 생각을 작성한 뒤, 기계 번역을 사용하여 영어로 변환한 뒤 자신의 생각에 맞게 문장을 다듬고 발표하였다.

(4) 텍스트 분석(Text Analysis)

- 개요: 텍스트 분석은 하나 혹은 여러 개의 텍스트를 분석하여

주요 지표를 기준으로 정량적 데이터를 산출하는 기술로, 어휘 및 문법 사용, 주제 관련성, 내용 관련성 등을 파악하는 데 도움이 된다.

- 영어교육 활용 방안
  ① 읽기 및 듣기 자료의 난이도 측정: 영어 학습에 활용되는 다양한 읽기 및 듣기 텍스트를 어휘, 문법, 내용 차원에서 분석하여 각 자료의 난이도를 파악한 뒤, 학습자의 수준에 맞는 자료를 제공한다.
  ② 말하기 및 쓰기 평가에 활용: 학습자가 생산한 구어 및 문어 텍스트를 분석하여, 표현 영역에서 학습자의 어휘, 문법, 담화 구조의 수준을 파악한다.
- 학교 현장 활용 시나리오: D 고등학교의 최 교사는 학생들이 쓴 영어 에세이의 어휘 다양성을 분석하기 위해 AI 기반 텍스트 분석을 실시하였다. AI는 학생들의 글을 분석하여 공통적인 어휘 사용 특징과 개별 학습자의 특이점에 대한 정보를 제공하였다. 이를 바탕으로 최 교사는 맞춤형 어휘 학습 자료를 개발한 뒤 학생들에게 제공하였다.

(5) 텍스트 생성(Text Generation)

- 개요: 텍스트 생성은 AI가 사용자의 요구에 따라 요약문, 설명문, 대화문, 소설, 시 등 다양한 유형의 텍스트를 생성하는 기술이다.
- 영어교육 활용 방안
  ① 교사 업무 보조: 교사가 생성형 AI에게 교육 맥락, 학생 특징 및 수준, 교육 목적 등을 알려주면서 이에 적합한 수업 지도안, 퀴즈 문제지 등을 생성한다.

② 이해가능한 입력 생성: 교과서 이해 활동 텍스트를 AI에게 제공하고, 내용은 유지한 채 어휘와 문법 수준을 달리하는 다른 난이도의 텍스트를 생성하여, 개별 학습자 수준에 맞게 활용한다.

• 학교 현장 활용 시나리오: E 중학교에서 근무 중인 김 교사는 영어 읽기 능력에서 학생들 간에 큰 수준 차이가 있음을 확인했다. 그리하여 영어 교과서에 제시된 읽기 지문이 일부 학생들에게는 너무 쉽고, 다른 일부 학생들에게는 너무 어려울 수 있다는 진단을 내렸다. 이를 해결하기 위해, 교과서 읽기 지문을 중급 수준으로 설정하고, 생성형 AI를 활용하여 동일한 내용의 지문을 초급과 고급 수준으로 생성한 뒤, 학생들은 각자 적절한 수준의 자료를 선택하여 학습할 수 있도록 지도하였다.

(6) 대화 수행(Conversational AI)

• 개요: 대화 수행 기술은 AI 챗봇이 인간 사용자와 다양한 주제에 대해 자연스러운 대화를 수행하며 학습자의 언어 사용을 촉진하는 기술이다.

• 영어교육 활용 방안

① 영어 대화 연습: 학생들이 자기소개, 주말에 한 일, 방학 계획 등 일상적인 주제로 AI 챗봇과 대화를 연습하거나, 면접, 여행, 토론 등의 특정한 맥락에서 역할극을 수행한다.

② 지능형 튜터링 시스템: 학습자들이 수업 내용이나 과제 수행에 대해 질문하면 튜터 챗봇이 올바른 정보에 입각하여 응답한다.

• 학교 현장 활용 시나리오: 중학생 민호는 청소년 영어 동아리 면접 연습을 위해 AI 챗봇과 모의 면접을 진행했다. 처음에는

민호가 면접관이 되어 AI 챗봇이 응시자로서 다양한 질문에 어떻게 응답하는지 관찰하였다. 이후 역할을 바꾸어, AI 챗봇 면접관이 던지는 질문에 민호가 대답을 하는 방식으로 면접을 준비하였다.

(7) 이미지 생성(Image Generation)

- 개요: 이미지 생성은 방대한 이미지 자료와 언어 모델을 동시에 학습한 AI가 사용자의 요구에 따라 다양한 특징과 내용의 이미지를 생성하는 기술이다.
- 영어교육 활용 방안

① 이미지 피드백으로 영어 표현 수정 연습: 학생들이 자신들이 원하는 이미지의 내용과 특징을 구체화한 이후, 원하는 이미지가 생성될 때까지 영문 프롬프트를 반복적으로 수정 입력한다. 이 과정에서 생성된 과업 초중기 이미지들은 영어 표현 수정 방향을 직간접적으로 제시하는 피드백으로 기능한다.

② 텍스트 보조 자료 생성: 읽기, 듣기, 보기 텍스트에 적절한 이미지를 생성하여 이해 전-중-후 과정에서 동기 부여, 이해도 제고, 이해도 확인 및 상기 등의 목적으로 활용한다. 또한 영어 학습자는 제시하기 활동에서 생성된 이미지를 활용하며 자신의 생각을 효과적으로 전달할 수 있다.

- 학교 현장 활용 시나리오: G 초등학교의 박 교사는 AI 이미지 생성 기술을 활용해 학생들과 함께 이야기 책을 만들었다. 학생들은 각 페이지에 1~2문장의 글과 AI 생성 이미지를 배치하여 그림 읽기 책을 제작하였다.

(8) 영상 생성(Video Generation)

- 개요: 영상 생성 기술은 사용자가 지정한 분량, 분위기, 등장 인물, 음향 효과 등을 반영하여 AI가 자동으로 영상을 생성하는 기술이다.
- 영어교육 활용 방안
  ① 이해 활동 도입 자료: 읽기 및 듣기 자료와 관련된 영상을 생성하여, 이를 이해 활동 도입에 활용하여 학생들의 활동 참여 동기를 향상시키고 관련 배경지식을 활성화한다.
  ② 복합 미디어 생성: 영상 생성 기술로 자동 제작된 영상에 음성 합성 기술로 생성된 대사나 해설을 추가하여, 보다 풍부한 의미의 시청각 자료를 제작한다.
- 학교 현장 활용 시나리오: H 고등학교에서 영어를 가르치는 이 선생님은 수능 영어 독해 수업을 보다 흥미롭게 진행하기 위하여, 수업에서 다루는 지문의 내용으로 짧은 영어 학습 영상을 제작하였다. 이후 각 영상을 읽기 전 단계에서 제시하고 학생들로 하여금 지문의 내용을 추측하게 함으로써 읽기 동기와 참여도를 높였다.

(9) 가상 및 증강 현실(Virtual & Augmented Reality)

- 개요: 가상 및 증강 현실 기술은 사용자가 몰입할 수 있는 가상의 환경을 생성하거나, 실제 환경에 가상의 사물이나 정보를 합성하는 기술이다.
- 영어교육 활용 방안
  ① 몰입형 언어 환경 제공: 가상 현실 기술로 실제와 유사하거나 흥미로운 영어 활용 공간을 제공하여, 학습자들이 그 공

간을 이동하며 다른 학습자나 NPC와 대화를 하거나, 공간에 비치된 다양한 영어자료를 학습할 수 있다.

② AR 기반 학습 자료 활용: AR 기술로 교재에 디지털 콘텐츠를 추가하면, 학생들이 스마트폰이나 태블릿 PC를 활용하여 교재 내용에 대한 추가 설명, 관련 이미지, 예문 등을 실시간으로 확인하고 가상의 사물과 상호작용하며 학습의 깊이를 더할 수 있다.

- 학교 현장 활용 시나리오: I 중학교의 박 선생님은 학생들의 영어 말하기 실력을 향상시키기 위해 VR 기반 영어회화 학습 프로그램을 도입하였다. 학생들은 VR 헤드셋을 착용하고 공항, 호텔, 레스토랑 등 다양한 가상 환경에서 영어로 대화를 연습하였다. 학생들은 실제 상황과 유사한 환경에서 언어를 사용해 봄으로써 말하기에 대한 자신감을 키울 수 있었고, 학습 참여도도 크게 향상되었다.

(10) 쓰기 평가 및 피드백(Writing Assessment & Feedback)

- 개요: 해당 기술은 AI가 자신의 언어 모델에 비추어 학습자의 글을 자동으로 평가하고 피드백을 제공하는 기술이다.
- 영어교육 활용 방안

① 평가 루브릭 작성: 쓰기 과업의 내용과 맥락에 의거하여 주요 평가 요인을 도출하고, 각 요인의 달성 수준을 교사가 지정한 개수로 구분하며, 각 단계별 수행 정도를 구체적으로 진술한다.

② 쓰기 자동 평가: 쓰기 자동 평가 알고리즘에서 지정된 평가 지표를 텍스트 분석 기술로 정량화한 뒤, 각 지표별 평가 기준과 가중치 등을 반영하여 등급 또는 점수 등을 부여한다.

• 학교 현장 활용 시나리오: J 고등학교의 이 교사는 영어 에세이 평가를 위해 자동 쓰기 평가 AI를 활용했다. 이 교사는 AI 시스템에서 제안하는 다수의 평가 요인 중 교육 맥락과 관련이 높은 요인을 선택하였고, 이후 학생들은 AI의 피드백을 받아 문법 오류를 수정하고 어휘 사용의 개선점을 확인하였다.

(11) 말하기 평가 및 피드백(Speaking Assessment & Feedback)

• 개요: 해당 기술은 AI가 학습자의 음성을 분석하여 발음, 유창성, 억양 등의 음향적 요소와 어휘, 문법, 담화 구조와 같은 내용적 요소를 평가한다.

• 영어교육 활용 방안

① 발음 평가 및 피드백: AI 평가 시스템이 학습자의 음성 패턴을 원어민 음성 모델이나 상위 수준 학습자 음성 모델과 비교하며, 발음과 억양이 적절한 범위 안에서 벗어나는 경우 그에 대한 피드백을 제공한다.

② 대화형 역동적 평가: 학습자와 AI 챗봇이 대화를 나누면서, AI 챗봇이 실시간으로 학습자의 수준을 평가하며 대화 수행에 도움이 되는 방식(예: 의미 협상, 어휘 수준 조정)으로 대화를 구성하면서 교정적 피드백을 적절한 빈도로 제공한다.

• 학교 현장 활용 시나리오: 중학생 수아는 발표 연습을 위해 AI 음성 평가 도구를 사용했다. AI는 수아의 발음을 분석하여 억양과 강세의 오류를 지적하고, 보다 자연스러운 영어 발화를 위해 교정안을 제시했다. 수아는 반복연습을 통해 점점 더 유창하게 말할 수 있게 되었다.

(12) 학습 관리(Learning Management)

- 개요: 학습 관리 기술은 AI가 학습자의 행동 및 성취도를 분석하여 개인화된 학습 경험을 제공하는 기술이다.
- 영어교육 활용 방안

① 감성 기반 학습 관리: AI가 대화 자료, 설문 응답, 표정 데이터 등을 분석하여 학습자의 정서적 상태를 파악하고, 그에 적절한 학습 경험과 전략을 제공함으로써 학습 불안감을 낮추고 지속적인 참여를 유도한다.

② 맞춤형-적응형 학습 관리: AI 시스템이 학습자의 진행 수준과 속도, 성취 수준 및 관심 영역 등을 반영하여, 학습자의 능력과 흥미에 맞는 학습 경로를 추천한다.

- 학교 현장 활용 시나리오: K 초등학교의 박 교사는 학생들의 학습 참여와 학습 효과를 높이기 위해 AI 기반 학습 관리 시스템을 도입했다. 이 시스템은 학생들의 학습 데이터(참여 시간 및 기간, 응답 시간, 응답 포기율, 문제 해결률 등)를 분석하여 맞춤형 학습 자료를 제공했다.

SECTION

04 영어과 교육과정 개정과 학교 교육 혁신의 방향

(1) 영어과 교육과정 개정 방향

학교급과 과목의 특징과 성격을 반영한 AI 활용 방안 제안

〈2022 개정 영어과 교육과정〉은 AI 기술 활용과 관련하여 일반적인 내용을 여러 학교급과 과목에서 반복적으로 제시하는 경향이 있다. 추후 교육과정 개정에서는 각 학교급의 교육적 특성과 과목별 목표 및 내용을 고려한 AI 활용 방안이 제안될 필요가 있다. 예를 들어, 초등학교에서는 기초적인 듣기와 말하기 중심의 AI 활용을, 중학교에서는 AI의 체계적인 문법 및 독해 보조 기능을, 고등학교에서는 창의적 쓰기와 논리적 사고를 지원하는 AI 활용이 가능하다. 또한, 다양한 일반, 진로, 융합 선택 과목의 교육목표와 내용에 부합하는 AI 활용 방안을 체계적으로 마련해야 할 것이다.

AI 기술의 빠른 변화에 유연하게 대응할 수 있는 태도를 견지

AI 기술의 발전 속도가 점차 가속화되고 있으므로, 교육과정 개정 당시의 주목을 받는 특정 기술에 제한적으로 의존하기보다는 AI 기술의 전반적인 방향과 활용 가능성을 보다 유연한 태도로 논의할 필요가 있다. 이를 위해 교수·학습 전(예비 학습, 수준 진단), 교수·학습 중(피드백 제공, 협력 학습), 교수·학습 후(자율 복습, 성취도 분석) 등 여러 단계에서 AI 기술 활용 가능성을 넓게 탐색할 필요가 있다.

말하기 역량 배양, 문제 풀이식 교육 탈피 등 한국의 영어교육 핵심 과제에 집중

영어 말하기 교육은 여전히 많은 학습자가 어려움을 겪는 분야로서, 교육당국은 AI를 활용하여 실질적인 말하기 역량을 배양하는 방안에 대해 깊이 고민할 필요가 있다. 또한 정답을 맞추는 문제 풀이 중심의 영어수업 방식에서 벗어나 풍부하고 의미있는 의사소통 맥락에서 '살아있는 영어'를 경험할 수 있도록, 다양한 AI 기술을 활용할 필요가 있다. AI의 교육적 활용에서 영어교육의 주요 과제를 우선시함으로써 그 효과성을 보다 분명하게 확인할 수 있을 것이다.

AI 활용에 대한 깊이 있는 이해와 비판적 시각 함양

추후 교육과정 개정에서는 AI 활용의 장점뿐만 아니라, 신기효과(novelty effect)와 같은 한계점을 함께 고려해야 한다. 나아가 AI 도구의 핵심 기술에 대한 기본적 이해를 높이고, 표절 문제, 과잉 의존 등의 윤리적 이슈에 대한 성찰적 태도를 배양하는 것이 중요하다. 이로써 학습자들은 AI를 무분별하게 과잉 사용하지 않는, 비판적 사고와 창의적 활용 능력을 갖춘 능동적인 학습자로 성장할 수 있다. 또한, 교사들은 AI 기술 도입의 부작용을 사전에 예방할 수 있으며, 학생들이 자율적이고 책임감 있게 AI를 활용하도록 지도할 수 있다.

(2) 학교 교육 혁신의 방향

AI 활용 연구에 대한 지속적인 지원 및 정책 마련

AI 분야는 새로운 기술이 끊임없이 개발되면서 기존의 기술이 빠른 속도로 대체되고 있다. 따라서 교육당국은 AI 기술이 영어교육에 미치는 영향을 분석하고 새로운 교육 활용 방안을 개발하는 연구를 지속적으로 지원하여, 영어교육에서의 AI 활용 방안을 주기적으로 업데이트할 필요가 있다. 그리고 주된 연구 결과물을 교육 정책 및 예산 수립과 교사 연수 등에 신속히 반영함으로써 학교 영어교육의 혁신을 장려할 수 있다.

하향식 혁신과 상향식 혁신의 조화로운 추진

AI 기반 학교 교육 혁신을 위해서는 하향식(top-down) 혁신과 상향식(bottom-up) 혁신이 조화를 이루어야 한다. 하향식 혁신에서는 교육청, 학교 등 기관의 차원에서 AI 활용의 명확한 방향이 먼저 제시되고, 이를 교사와 학생들이 자신들의 교수·학습 맥락에서 구현하게 된다. 상향식 혁신에서는 교사 및 학습자들이 커뮤니티를 형성하여 다양한 AI 기반 교수·학습 방식을 실천하고, 그 효과성을 상위 기관에 증명함으로써 정책 결정과 예산 배정 등에 영향을 미치게 된다. 두 방향성의 혁신이 절묘한 조화를 이룰 때, 상승효과(synergy effect)를 거둘 수 있을 것이다.

교사와 AI 간의 효과적인 협업 지점 탐색

AI가 교사를 대체하는 것이 아니라, 교사를 보조하여 보다 높은 수준의 교육을 가능하게 하는 방향으로 AI를 활용해야 한다.

즉, AI는 교사의 장점을 더욱 부각하는 보조 도구로 활용되는 것이다. 예를 들어, AI는 개별 학습자의 수준을 진단하고 맞춤형 학습 자료를 제공할 수 있으며, 교사는 이를 바탕으로 보다 심층적인 피드백과 인간적 상호작용을 제공할 수 있다.

AI 활용의 윤리적 고려 및 지속 가능한 교육 방안 마련

AI 기술이 교육 현장에서 올바르게 활용되기 위해서는 윤리적 고려가 필수적이다. AI 기반 평가 및 피드백, 데이터 활용 방식 등에 대해 명확한 가이드라인을 마련하고, 학생들의 개인정보 보호 및 학습 과정의 투명성을 보장해야 한다. 특히 AI 활용 과정에서 발생할 수 있는 법적 분쟁과 책임 문제를 최소화하여, 교사 및 학습자가 이러한 위험에서 자유로울 수 있도록 제도적 지원과 법적 보호 장치를 마련해야 한다. 아울러, 특정 기업이나 기술에 종속되지 않도록 AI 기술을 넓게 탐색하며 지속 가능한 방향으로 관련 교육 정책이 설계되어야 한다.

SECTION

05 결론

AI 기술로 인해 영어교육의 패러다임이 변화하고 있다. 본 장은 〈2022 개정 영어과 교육과정〉에 제시된 AI 활용 방안을 비판적으로 재검토하고, 주요 기술 유형을 넓게 탐색하며 영어교육에서의 활용 방안을 다양하게 탐색하였다. 나아가 AI 활용 교육의 효과성 제고를 위하여, 교육과정 개정과 학교 교육 혁신의 방향을 논의하였다. 앞으로 AI 기술은 영어교육 뿐만 아니라 사회 전반에 미치는 영향이 점차 증대될 것으로 예상되는 바, 장기적인 안목으로 AI 기술의 동향과 교육 정책 방향이 연구되어야 할 것이다.

참고문헌

Reference

교육부. 『2022 개정 영어과 교육과정』. 제2022-33호. 별책 14. 세종: 교육부, 2022.

AlAfnan, M. A., Dishari, S., & Siti Fatimah MohdZuki. (2024). Developing soft skills in the artificial intelligence era: Communication, business writing, and composition skills. *Journal of Artificial Intelligence and Technology*. https://doi.org/10.37965/jait.2024.0496

Fryer, L. K., Ainley, M., Thompson, A., Gibson, A., & Sherlock, Z. (2017). Stimulating and sustaining interest in a language course: An experimental comparison of Chatbot and Human task partners. *Computers in human behavior, 75*, 461-468.

Huang, X., Zou, D., Cheng, G., Chen, X., & Xie, H. (2023). Trends, research issues and applications of artificial intelligence in language education. *Educational Technology & Society, 26*(1), 112-131.

Hwang, Y., & Lee, S. M. (2024). 'Can we go to Tower Bridge?': Teaching British culture from text to immersive realities. *Innovation in Language Learning and Teaching,* 1–12. https://doi.org/10.1080/17501229.2024.2439406

Jeon, J. (2023). Chatbot-assisted dynamic assessment for L2 vocabulary learning and diagnosis, *Computer Assisted Language Learning, 36*(7), 1338-1364.

Kang, S., & Sung, M. (2024). EFL students' self-directed learning of conversation skills with AI chatbots. *Language Learning & Technology, 28*(1). 1-19.

AI

CHAPTER 06

인공지능 시대의 영어 교사교육

세계화와 디지털 기술의 발달로 영어는 국제 사회의 주요 공용어로 자리 잡았으며, 한국을 포함한 많은 국가들은 영어교육을 통해 글로벌 역량 강화를 꾀하고 있다. 최근 인공지능 기술의 발전은 영어 학습 환경을 크게 변화시키고 있지만, 영어는 세계 이해와 국제 교류를 위한 핵심 도구로서 여전히 중요성을 지닌다. 실시간 번역 기술과 AI 기반 학습 도구의 등장으로 학습 효율성이 향상되었고, 일부에서는 외국어 학습의 필요성에 대한 의문을 제기하기도 한다. 특히 ChatGPT와 같은 대화형 인공지능은 언어 학습 및 번역을 지원하며, 외국어 학습 무용론을 부추기고 있다. 그러나 외국어 학습은 단순한 의사소통 수단을 넘어 인지적 발달과 정서적 성장에 기여하며, 다양한 문화와 관점을 이해하는 데 중요한 열쇠가 된다. 이러한 사회적 변화와 함께 도입된 2022 개정 영어과 교육과정은 영어 교사의 역할을 새로운 관점에서 요구하고 있다. 과거 지식 전달자였던 교사는 학생들이 인공지능과 상호작용하며 효과적으로 학습할 수 있도록 안내하는 조력자이자 설계자로 변화해야 하며, 인공지능 기술을 활용한 창의적이고 의미 있는 학습 경험을 제공하는 데 초점을 맞춰야 한다. 본 장에서는 이러한 논의를 바탕으로 새롭게 요구되는 영어 교사의 전문성과 교사교육의 변화 방향에 대해 살펴보고자 한다.

SECTION

01 영어 교사 전문성에 관한 역사적 고찰

(1) 교사 전문성의 개념과 발전

교사 전문성이란 학교에서 교육 활동을 수행하는 데 필요한 전문적인 능력을 의미한다. 이는 단순히 학생을 가르치는 수업 전문성뿐만 아니라, 교육 현장에서 교사가 맡는 다양한 직무와 역할, 그리고 학교 안팎의 공동체와 협력하는 능력까지 포괄한다. 교사 전문성은 시대 변화와 교육 패러다임의 발전에 따라 다양한 관점에서 연구되었으며, 연구자들은 교사의 전문성을 다양한 관점으로 조명해 왔다.

Shulman(1986)은 교사 전문성을 논의하는 데 있어 학문적 지식과 교수법적 지식의 결합이 필수적이라고 보았다. 그는 교사가 단순히 학문적 내용을 전달하는 것이 아니라, 이를 효과적으로 가르칠 수 있도록 적용하는 능력인 교수학적 내용 지식(pedagogical content knowledge, PCK)의 개념을 제시하였다. 교과 내용 지식(content knowledge)은 교사가 가르칠 학문적 지식 자체를 의미하며, 교수법 지식(pedagogical knowledge)은 효과적인 교수 전략과 학습 이론에 대한 이해를 뜻한다. 교수학적 내용 지식은 교과 내용 지식과 교수법 지식을 결합하여 특정 내용을 학생들에게 효과적으로 전달하는 능력이다. 교수학적 내용 지식은 학생들의 이해 수준, 오개념, 적절한 교수 전략을 고려하여 학습을 돕는 역할을 한다. 이는 단순한 지식 전달이 아닌, 학생 맞춤형 교육을 가능하게 하며, 교수의 효과성과 학습자의 개념 이해를 높이는 데 필수적이다. 즉, 교사가 지식을 많이 보유하는 것이 중요한 것이 아니라, 학생들에게 적절한 방식으로 설명하고 적용할 수 있는 능력을 갖춰야 한다는 점을 강조한 것이다. 국내에서도 2000년대 이후 교수학적 내용 지식에 관한 연구가 활발해지면서, 교육과정과 학생의 수준을 고려하여 교수법을 적용하는 능력이 교사 전문성의 핵심 요소로 자리 잡았다.

Schön(1983)은 교사 전문성을 보다 실천적인 관점에서 바라보았다. 그는 여러 전문 직종에서 문제를 해결하는 방식에 주목하며, 단순한 지식 전달이 아니라 실제적인 문제 해결 능력이 전문가의 핵심 역량임을 강조하였다. 이를 교육에 적용하여, 교사는 단순히 주어진 교육 내용을 기계적으로 전달하는 것이 아니라, 수업을 설계하고 실행하는 과정에서 끊임없이 반성적 성찰(reflective practice)을 해야 한다고 주장하였다. 즉, 교사는 자신이 수행한 수업을 돌아보고, 무엇이 효과적이었는지, 무엇을 개선해야 하는지를 고민하며, 이를 다음 수업에 반영하는 과정이 필요하다는 것이다. 그는 교사가 수업을 진행하며 발생하는 다양한 상황에 대해 즉각적으로 대응하고 조정하는 능력도 갖춰야 한다고 강조하였다. 이를 위해 교사는 반성적 실천(reflective practice)을 통해 자신의 교수법을 지속적으로 성찰하고 개선해야 한다는 것이다. 반성적 실천은 교사가 수업 중 즉흥적으로 판단하는 행동 중 성찰(reflection-in-action)과 수업 후 자신의 교수법을 분석하는 행동 후 성찰(reflection-on-action)로 나뉜다. 이러한 과정은 교사의 지속적인 성장과 전문성 향상에 필수적이며, 변화하는 교육 환경 속에서 교사가 유연하게 상황에 대처할 수 있도록 도움을 준다. 반성적 성찰을 실천하는 교사 개념은 교사의 지속적인 성장과 수업의 질적 향상을 강조하는 현대 교육에서도 중요한 개념으로 자리 잡고 있다.

Cochran-Smith와 Lytle(1990)은 교사 전문성을 한 단계 더 발전

시켜, 단순히 반성하는 수준을 넘어 연구자로서의 역할(teacher as researcher)을 수행해야 한다고 보았다. 즉, 교사는 자신의 교육 실천을 분석하고, 이를 체계적으로 연구하여 교육 방법을 개선하는 연구자의 태도를 가져야 한다는 것이다. 이는 교사들이 단순히 교육과정을 따르는 존재가 아니라, 스스로 교육을 연구하고 혁신하는 주체가 되어야 한다는 점을 강조한 것이다. 이러한 개념은 실행연구(action research)와 연계되면서 교사들이 자신의 수업을 지속적으로 연구하고 개선하는 움직임으로 이어졌다. 실천 중심 연구의 확산을 통해 교사들이 자신의 수업을 비판적으로 성찰하고, 효과적인 교수법을 개발하며, 연구자들과 협력하는 기회가 확대되었다.

이처럼 교사 전문성은 단순한 지식 전달을 넘어, 교육과정을 능동적으로 해석하고 실천하는 능력, 자신의 실천을 성찰하고 연구하는 태도, 그리고 동료 교사들과 협력하여 교육을 발전시키는 역량 등을 포함하는 개념으로 변화해 왔다. 이는 교사가 교육과정의 창조적 해석자이자, 연구자이며, 공동체 내에서 변화를 이끄는 주체적인 전문가임을 의미한다. 교사 전문성은 단순히 지식을 전달하는 역할을 넘어, 교육의 본질과 방향을 깊이 고민하는 과정에서 형성된다. 영어 교사의 전문성은 영어교육의 맥락에서 언어적 특성과 교수법의 변화에 따라 독자적인 발전을 이루어 왔는데, 일반 교사 전문성과 공통되는 요소를 가지면서도, 언어 교육의 특수함을 고려하여 차별화된 특징을 형성하고 있다.

(2) 영어 교사 전문성 개념과 발전

영어 교사 전문성은 효과적인 영어 교수·학습을 위해 필수적인 요소이며, 이를 구성하는 하위 요소에 관한 연구도 지속적으로 이루어져 왔다. 연구자들은 영어 교사가 갖추어야 할 전문성 요소를 다양한 관점에서 제시하며, 영어 교사의 역할과 역량을 더욱 구체적으로 정의하고 있다. 영어 교사의 전문성은 단순히 언어 지식을 가르치는 것을 넘어, 학생들의 영어 학습을 효과적으로 지원하고 설계할 수 있는 능력 등을 포함한다. 영어교육 초기에는 교사 전문성이 주로 문법 번역이나 직접 교수법과 같은 교수 방법론에 국한되었다. 그러나 의사소통 중심 접근법이 도입되면서 영어 교사 전문성은 학생 중심 학습, 의사소통 능력 개발, 그리고 문화적 이해를 포함하는 더욱 포괄적인 개념으로 확장되었다. 특히, 영어 교사가 단순히 교재의 내용을 전달하는 것을 넘어서, 학생 개개인의 학습 스타일과 필요에 맞는 맞춤형 교육을 제공하는 데 중요한 역할을 한다는 점이 강조되기 시작되었다.

Freeman(1989)은 영어 교사의 전문성을 지식(knowledge), 기술(skills), 태도(attitude), 인식(awareness) 네 가지 요소로 구분하였다. 지식은 영어 교사가 갖추어야 할 언어학적, 문법적, 발음적 지식뿐만 아니라, 영어교육과 관련된 교수·학습 이론과 교육과정에 대한 이해를 포함한다. 기술은 교사가 수업을 효과적으로 운영하고 학생들의 학습을 돕는 교수법을 실제로 적용하는 능력이다. 학생 참여를 유도하는 활동 설계, 효과적인 질문 기법, 학습자 수준에 맞춘 피드백 제공 등이 포함된다. 태도는 교사가 학생들과의 상호작용에서 보이는 개방성, 공감, 인내심 등으로, 이는 학생들의 학습 동기를 높이고 학습 환경을 긍정적으로 조성하는 데 중요한 역할을 한다. 인식은 교사가 자신의 교수법과 학생들의 학습 과정을 지속적으로 성찰하고 개선하는 능력으로, 변화하는 교육 환경과 학습자의 요구를 고려하여 적절한 교수 전략을 조정하는 것이 포함된다.

Freeman은 교사가 지식과 기술을 바탕으로 학생들과 원활하게 소통하며, 반성적 사고를 통해 지속적으로 성장해야 한다고 강조하였다.

Hammerly(1986)는 외국어 교사가 갖추어야 할 핵심 역량으로 언어 및 문화 관련 지식, 학습 심리 관련 지식, 교수 방법 및 평가 지식, 대화 기술, 의사소통 능력, 언어 구사력 등을 제시하였다. 언어 및 문화 관련 지식은 단순히 문법과 어휘를 아는 것이 아니라, 해당 언어가 사용되는 사회문화적 배경을 이해하는 능력을 포함한다. 교사는 언어의 의미가 맥락에 따라 달라질 수 있음을 인식하고, 학습자들이 실생활에서 자연스럽게 활용할 수 있도록 문화적 요소도 함께 가르쳐야 한다. 교수 방법 및 평가 지식은 학습자의 수준과 목표에 맞춰 적절한 교수법을 선택하고, 학습 성과를 객관적으로 평가하는 능력을 의미한다. 교사는 문법 번역식 교수법, 의사소통 중심 교수법, 과업 중심 교수법 등 다양한 접근 방식을 활용할 수 있어야 하며, 수행평가, 형성 평가, 총괄 평가 등을 통해 학습자의 언어 능력을 정확하게 측정하고 피드백을 제공해야 한다. 이 밖에도 학습자의 동기와 학습 스타일을 고려하여 효과적인 교수 전략을 적용하는 학습 심리 관련 지식, 수업 중 원활한 상호작용을 가능하게 하는 대화 기술과 의사소통 능력, 정확한 언어 모델을 제공하기 위한 교사의 언어 구사력을 함께 강조하였다.

Richards(2010)는 영어 교사의 전문성을 보다 세분화하였는데, 언어적·학문적 전문성으로 목표 언어 능숙도(language proficiency factor)와 가르칠 내용에 관한 내용 지식(content knowledge)을 제시하였다. 효과적인 수업을 위한 교수·학습 역량으로, 교수·학습 기술(teaching skills)과 이를 뒷받침하는 교육학적 추론적 기술

(pedagogical reasoning skills), 그리고 학생 중심의 학습을 실현하는 학습자 중심 교수(learner-focused teaching)를 제시하였다. 교육 맥락 이해와 실천을 위해서는 다양한 학습 환경을 고려하는 맥락적 지식(contextual knowledge), 실제 경험에서 교육 원리를 도출하는 실제로부터 원리 도출(theorizing from practice) 능력을 제안하였다. 마지막으로 전문적 정체성과 성장을 중심으로, 교사로서의 역할을 수행하기 위한 교사 공동체 구성원으로서 활동(membership of a community of practice), 언어 교사 정체성(language teacher's identity), 교사 전문성 인식(professionalism) 등의 요소를 제시하였다. 영어 교사는 단순한 언어 전달자가 아니라, 교육의 맥락을 이해하고 학생 중심의 교수법을 실행하며, 지속적으로 자신의 교수법을 개선하는 반성적 태도를 가져야 한다고 보았다.

국내 연구에서도 영어 교사의 전문성에 대한 다양한 논의가 이루어졌다. 하명애와 민찬규(2008)는 영어 교사의 전문성을 지식, 기술, 태도, 성찰 네 가지 요소로 구분하였다. 지식은 영어 교사가 영어학, 문법, 발음, 어휘뿐만 아니라 교수·학습 이론, 교육과정, 평가 방법 등 영어교육과 관련된 이론적 배경을 깊이 이해하는 것을 의미한다. 기술은 교수법, 학습자 관리, 평가 도구 활용, 수업 자료 개발 등 실제 교수·학습 상황에서 필요한 실천적 역량을 포함하며, 학생 수준에 맞는 수업 운영과 평가를 효과적으로 수행하는 능력을 뜻한다. 태도는 학생들과의 상호작용에서 나타나는 교사의 가치관과 교육 철학을 포함하며, 학습자의 개별적 특성을 존중하고 긍정적인 학습 환경을 조성하는 역할을 한다. 성찰은 교사가 자신의 교수법과 학습자의 반응을 지속적으로 점검하고 개선하는 과정으로, 교육적 판단과 수업의 질 향상을 위해 필수적인 요소이다. 하명애와 민찬규(2008)는 영어 교사가 이론적 지식 배경을 바탕으로 교수법을 실천하고, 학생 중심의 긍정적인 학습 환경을 조성하며, 끊임없는 성찰을 통해 자신의 교수 역량을 발전시켜야 함을 강조하였다.

영어 교사의 전문성은 전통적으로 교사의 인지적, 행동적, 정의적 특성을 포괄하는 개념으로 정의되어 왔지만, 최근에는 변화하는 사회와 교육 환경에 적응하고 지속적으로 발전할 수 있는 적응적 전문성(adaptive expertise)에 관한 관심 또한 증가하고 있다. 적응적 전문성이란 단순히 교육 활동을 효율적으로 수행하는 습관적인 전문성(routine expertise)과는 달리, 새로운 환경과 기술을 수용하고 창의적이며 혁신적으로 이를 활용할 수 있는 능력을 의미한다(Anthony et al., 2015). 이는 교사가 자신의 수업을 지속적으로 반성하고, 새로운 교수법과 기술을 학습하며, 변화하는 교육 환경 속에서 유연하게 대처할 수 있어야 한다는 점을 강조한다. 이처럼 적응적 전문성의 개념은 영어 교사가 단순히 지식과 교수법을 숙달하는 것에서 나아가, 변화하는 교육 환경에 대한 학습과 반성을 지속적으로 수행하며, 이를 바탕으로 혁신적인 교수법을 개발하고 적용하는 능력을 포함하는 개념으로 확장되고 있다. 이는 미래 교육과정과 인공지능 시대에 영어 교사가 갖추어야 할 필수 역량 중 하나로 자리 잡고 있다.

(3) 영어교육의 목적 변화에 따른 교사 전문성 변화

영어교육의 목적은 시대 변화에 따라 조금씩 달라졌고, 이와 함께 영어 교사의 전문성도 변화·발전해왔다. 초기 영어교육은 문법과 독해 능력 향상에 중점을 두었으며, 이에 따라 영어 교사는 문법과 어휘에 대한 깊은 지식을 갖추고, 학생들에게 이를 효과적으로 전달할 수 있는 전문성이 필요했다. 20세기 중반 이후 실용적인 의사소통 능력 개발이 중요한 목표로 자리잡으면서, 영어 교사는 단순히 문법 지식을 전달하는 것뿐만 아니라, 학생들이 실제 대화에서 영어를 자유롭게 사용할 수 있도록 돕는 전문성이 강조되었다. 이 시기에는 듣기와 말하기 능력을 기를 수 있는 교수법과 기술이 요구되었으며, 영어 교사는 의사소통 중심의 교수법을 효과적으로 적용할 수 있는 전문성을 갖추어야 했다.

20세기 후반부터 21세기 초반에 이르러 학습자 중심 교육과 정의적 요인이 강조되면서, 영어 교사는 학습자의 개별적인 특성과 동기를 반영한 맞춤형 교육을 제공할 수 있는 전문성이 요구되었다. 이 시기에는 학생의 자율성과 자기표현을 존중하며, 감정적 안정과 동기 부여를 촉진하는 교수법이 중요시되었고, 영어 교사는 학생들의 심리적 요소를 이해하고 이를 기반으로 학습을 유도하는 전문성이 강조되었다. 국제화 시대에 들어서면서부터는 다른 언어와 문화적 배경을 가진 사람들과 효과적으로 소통하고 이해하는 능력이 요구됨에 따라 문화 간 의사소통 능력을 기르는 것이 영어 교육의 주요 목표가 되었다. 이에 따라 영어 교사는 다양한 언어·문화적 배경을 이해하고, 학생들이 상대방의 문화, 가치, 신념 등을 존중하며 공감하는 태도를 기를 수 있도록 지도할 수 있는 전문성이 요구되었다. 실제적인 의사소통 상황에서 문화적 차이를 인식하고 적절한 언어 사용 전략을 적용할 수 있도록 돕는 것이 교사의 중요한 전문성이 된 것이다.

한국의 영어교육 목적도 시대적·사회적 요구에 따라 변화해 왔으며, 가장 큰 변화는 문법이나 독해 능력 중심에서 대화 능력 향상으로 초점이 이동한 것이다. 이에 따라 공교육에서도 영어교육의 기본적인 목적이 상대방과의 원활한 의사소통 능력을 기르는

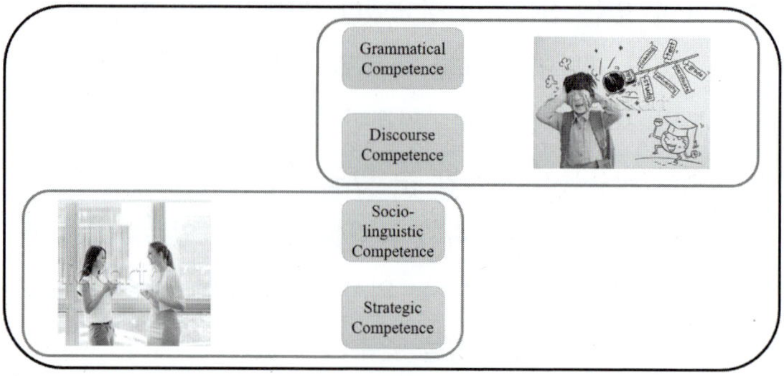

〈그림 6-1〉 Canale & Swain(1980) 의사소통 능력 요소

데 중점을 두게 되었으며, 이러한 변화에 큰 영향을 준 개념이 바로 의사소통 능력이다(그림 1 참조).

Canale과 Swain(1980)은 의사소통 능력을 문법적 능력, 담화적 능력, 사회언어학적 능력, 전략적 능력으로 구분하였다. 문법적 능력은 문장 구조와 어휘를 정확하게 이해하고 활용하는 능력으로, 학생들은 문법 규칙을 배우고 연습 문제를 풀며 이를 익힌다. 담화적 능력은 문장과 문장이 자연스럽게 연결되도록 구성하는 능력으로, 글의 흐름과 논리를 파악하며 글쓰기와 말하기 활동을 통해 강화된다. 사회언어학적 능력은 다양한 사회적 맥락에서 적절한 표현을 선택하는 능력으로, 교사들은 역할극 활동 등을 활용해 정중한 요청, 거절, 사과 등의 표현을 실제 상황에서 연습하도록 지도한다. 마지막으로 전략적 능력은 의사소통 중 단어나 문장을 몰라도 의미를 효과적으로 전달하는 능력으로, 학생들은 동의어 사용, 신체 언어 활용, 문맥을 통한 의미 유추 등의 전략을 학습한다. 이러한 능력을 효과적으로 길러주기 위해 교사에게 요구되는 전문성은 다양한 교수법과 활동을 활용하여, 학생들이 실생활에서 자연스럽게 의사소통할 수 있도록 도와주는 것이었다.

그러나 최근 인공지능 기술이 발전하면서 영어 의사소통 방식에도 변화가 일어나고 있으며, 이에 따라 의사소통 능력 요소 변화와 함께 교사 전문성의 변화를 요구하고 있다. 인공지능 기반 학습 도구는 주어진 학생들의 자료를 활용하여 학습 패턴을 분석하고 이에 따른 개별 맞춤형 학습을 지원하며, 디지털 자료를 활용한 영어 학습을 더욱 활성화시키고 있다. 이러한 변화 속에서 교사는 학생들이 단순히 기술을 활용하는 능력을 넘어, 디지털 리터러시와 비판적 사고 능력을 갖추고 인공지능을 효과적으로 교육에 접목할 수 있는 전문성을 갖추도록 도와야 한다.

그림 6-2는 인공지능 시대에 학생들에게 새롭게 요구되는 의사소통 능력의 요소를 보여준다. 인공지능 시대에 학생들에게 새롭게 요구되는 의사소통 능력 요소는 기존 의사소통 능력에 더해 디지털 리터러시 능력과 대인간 소통 능력이다. 디지털 리터러시 능력은 온라인 환경에서 정보를 탐색하고 평가하며 효과적으로 인공지능을 활용하는 능력으로, 학생들은 검색 기술, 정보 검증, 디지털/인공지능 도구 활용법 등을 익혀야 한다. 이를 지도하기 위해 교사는 온라인 자료 분석 활동, 가짜 뉴스 판별 과제, 인공지능 기반 언

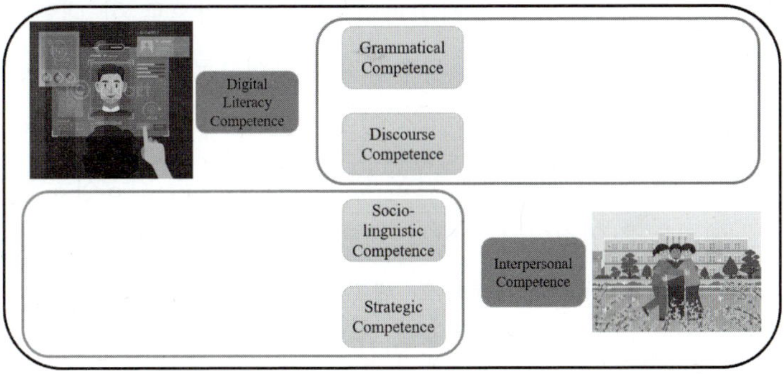

〈그림 6-2〉 인공지능 시대에 요구되는 의사소통 능력 요소

어 학습 도구 활용법 등을 가르쳐야 한다. 대인간 소통 능력은 일반적인 의사소통 능력과 다르게 상대방과의 '공감'을 바탕으로 다양한 공간에서 다른 사람들과 원활하게 협력하고 의사소통하는 능력이다. 교사는 온오프라인 라인 학습, 공동 문서 작성, 프로젝트 기반 학습 등을 실시할 때, 기본적으로 상대방을 배려하고 공감하는 정서적 소통을 기반으로 학생들이 협업하는 경험을 쌓을 수 있도록 지도해야 한다. 특히, 다양한 맥락에서의 원활한 협업을 위해 다양한 문화적 배경을 고려한 의사소통 방식도 함께 교육할 필요가 있다.

여기서 주목할 것은 기존의 의사소통 능력에 더해 새롭게 추가된 디지털 리터러시 능력과 대인간 소통 능력이다. 먼저 디지털 리터러시 능력의 경우, 교사는 학생들의 영어 의사소통 능력 신장을 도와줄 때, 디지털 또는 인공지능의 장점을 최대한 활용할 수 있어야 한다. 기존의 문법적 능력이나 담화적 능력에 더해 디지털 리터러시 능력은 인공지능 튜터나 기술을 활용하여 의사소통을 할 수 있도록 지도해야 한다는 것이다. 즉, 인간 교사가 아니어도 인공지능 튜터나 프로그램을 통해 학생들이 충분히 영어를 학습하고 의사소통할 수 있도록 수업을 설계할 수 있다. 반면, 사회언어학적 능력, 전략적 능력, 그리고 타인과의 공감을 바탕으로 한 대인관계 소통 능력은 여전히 교사의 필수적인 전문성으로 남을 것이다. 이는 인공지능이 대체하기 어려운 영역으로, 교사는 이러한 능력을 강화하는 데 주력해야 한다. 단순 반복적인 학습은 인공지능에 맡기고, 교사는 창의적이고 복합적인 교육 활동에 집중함으로써 학생들에게 더 풍부한 학습 경험을 제공할 수 있도록 준비해야 한다. 인공지능이 할 수 있는 영역과 인간 교사가 할 수 있는 영역을 명확하게 구분하고, 인공지능과 협업하여 학생들이 학습할 수 있도록 특화된 교사의 전문성이 요구된다. 2장에서는 다양한 생성형 인공지능의 출현과 2022 개정 교육과정에 따른 영어 교사에게 요구되는 전문성을 교사에게 새롭게 부여되는 역할에 초점을 맞추어 살펴보겠다.

SECTION

02 인공지능 시대 영어 교사 역할의 변화

(1) 인공지능 시대 영어교육 변화

인공지능의 발전이 영어교육에 가져온 변화는 학생의 영어 학습 방식과 교사의 역할이 근본적으로 달라졌다는 점이다. 인공지능 기반 학습 도구는 실시간 피드백을 제공하여 학습 효과를 극대화하고, 메타버스와 같은 가상·몰입형 학습 환경을 조성하여 더욱 실용적인 영어 학습을 지원하고 있다. 또한, 인공지능은 빅데이터를 바탕으로 개인 맞춤형 학습을 지원하여 학생 개개인의 학습 속도와 필요에 맞춘 교육을 가능하게 하며, 교사는 이를 적극 활용하기 위해 학습 설계자와 촉진자로 역할이 변화하고 있다. 이러한 변화 속에서 교사는 인공지능과 협업하는 역량을 갖추고, 학생들의 창의적 사고와 비판적 사고를 촉진하는 역할을 수행해야 한다. 새롭게 요구되는 영어 교사 역할을 제시하기 위해서는, 인공지능 시대와 2022 개정 교육과정에서 영어교육이 어떻게 변화할지 예측하는 것이 중요하다. 변화와 요구사항을 이해하는 것이 새롭게 요구되는 영어 교사의 역할, 더 나아가 영어 교사 전문성을 신장시키기 위한 고민으로 이어질 수 있기 때문이다.

먼저, 인공지능이 영어교육에 가져올 변화 중 첫 번째로 개인 맞춤형 학습이 가능해지면서 우리 교육의 오랜 고민을 해결할 실마리를 제공하고 있다. 기존의 영어 학습 방식은 교사가 동일한 학습 자료와 진도를 모든 학생에게 일괄적으로 제공하는 구조였다. 그러나 인공지능 기반 학습 플랫폼은 인공지능이 학생 개개인의 학습 데이터를 분석하여 각자의 수준과 필요에 맞춘 학습 경로를 제시한다. 예를 들어, 특정 학생이 문법 문제를 자주 틀리면 인공지능이 해당 문법 항목을 추가로 학습할 수 있도록 관련 연습 문제와 설명 자료를 추천해 줄 수 있다. 또한, 학생의 학습 패턴을 실시간으로 모니터링하여 어떤 유형의 학습이 가장 효과적인지 분석하고, 그에 맞춰 학습 방식을 조정할 수도 있다. 이러한 개인화된 학습 환경은 학생들이 자신의 배움과 속도에 따라 학습할 수 있도록 조정해 주며, 학습 부담을 줄이는 동시에 성취감을 높일 수 있는 기회를 제공한다. 기존의 주입식 교육 방식에서 벗어나 학생들의 적극적인 참여와 자기 주도적 학습이 가능한 환경을 조성하는 데 기여할 수 있다.

둘째, 인공지능 기술은 학생들의 학습 현황을 한눈에 파악할 수

챗봇 활용 대화 연습

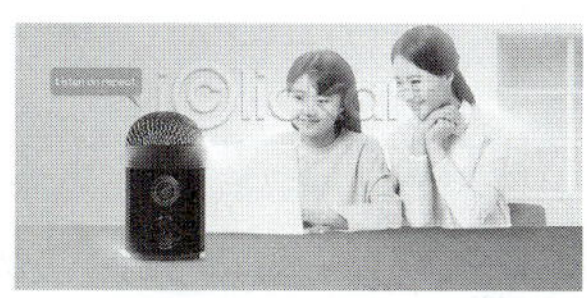

스피커 활용 학습

대시보드로 학습 장/단점 파악

VR/AR 활용 영어 학습

〈그림 6-3〉 인공지능이 영어교육에 가져온 변화

있도록 체계적인 정보를 제공한다. 인공지능은 학습 데이터를 자동으로 분석하여 학생이 이해하지 못한 개념을 파악하고, 교사에게 상세한 학습 리포트를 실시간으로 제공할 수 있다. 학습 데이터 분석을 활용한 맞춤형 교육 효과는 이미 여러 연구에서도 강조되고 있다(이은주 외, 2023). 예를 들어, 인공지능 기반의 평가 시스템은 학생들이 자주 틀리는 문제 유형을 분석하여 교사가 이를 보완할 수 있도록 돕는다. 이를 통해 교사는 보다 효과적으로 수업을 설계할 수 있으며, 단순 반복적인 채점 업무에서 벗어나 창의적인 교수법 개발에 집중할 수 있다. 또한, 인공지능은 학생들이 학습한 내용을 자동으로 정리하여 개인별 학습 기록을 제공하고, 학습 목표 설정을 지원하는 역할도 한다. 이러한 변화는 교사와 학생 간의 상호작용 방식을 변화시키며, 교사가 학습 환경의 설계자이자 촉진자로서의 역할을 수행하는 데 중요한 기반이 된다.

셋째, 인공지능 기술은 영어 학습 과정에서 학생들에게 맞춤형 또는 실시간 피드백을 제공해줄 수 있다. 기존의 영어 학습에서는 교사의 피드백을 받기까지 시간이 걸리는 경우가 많아 즉각적인 수정이 어려웠다. 그러나 인공지능 기반 문법 검사 도구는 학생들이 영어 작문을 작성하는 과정에서 문법적 오류를 실시간으로 감지하고, 적절한 수정 방향을 제안해 줄 수 있다. 대표적인 사례로, Grammarly와 같은 도구는 학생들이 작성한 문장을 분석하여 문법적 오류를 수정하고, 보다 자연스러운 표현을 제시해 준다. 또한, 음성 인식 기술을 활용한 발음 교정 프로그램은 학습자의 발음을 분석하여 정확성을 높이는 데 기여한다. 예를 들어, 인공지능을 활용한 발음 교정 도구(Duolingo, ELSA Speak 등)는 학생이 특정 음소를 부정확하게 발음할 경우, 비교적 정확한 발음 예시를 제공하고 반복연습을 유도한다. 이러한 기술을 통해 학습자는 실수를 반복적으로 수정하며 학습 효과를 극대화할 수 있고, 다양한 말하기 연습 활동을 통해 부담없이 영어 학습을 진행할 수 있다.

넷째, 인공지능 기술은 실제적인 영어 학습 환경을 조성하는 데도 기여하고 있다. 최근에는 메타버스와 가상 현실(VR) 기술이 영어교육에 도입되면서 학습자들에게 몰입형 경험을 제공하는 사례가 늘고 있다. 메타버스는 가상 공간에서 실제와 유사한 환경을 구현할 수 있기 때문에 학생들이 실전 영어를 연습하는 기회를 가질 수 있다. 예를 들어, 학생들은 가상의 교실이나 해외 도시에서 원어민과 상호작용하며 영어를 사용할 수 있으며, 역할극을 통해 실생활과 유사한 상황에서 자연스럽게 의사소통을 연습할 수도 있다. 연구에 따르면, 가상 현실 기반의 언어 학습은 학습자의 동기와 참여도를 높이는 데 긍정적인 영향을 미친다고 보고된 바 있다(배윤주 외, 2022). 또한, 게임 요소를 접목한 학습 활동을 통해 학생들은 보다 흥미롭게 영어를 익힐 수 있으며, 전통적인 교실 환경에서 경험하기 어려운 다양한 의사소통 상황을 연습할 수도 있다. 이러한 기술적 발전은 영어교육을 보다 역동적이고 실용적인 방향으로 변화시키는 데 기여할 것으로 기대된다.

이러한 변화 속에서 영어 교사의 역할 역시 달라져야 한다. 과거의 영어 교사는 주로 교과 내용을 전달하고 학생들의 시험 성적을 평가하는 역할을 맡았다. 그러나 인공지능이 반복적인 연습과 평가를 담당하면서, 영어 교사는 단순한 지식 전달자가 아니라 학습을 조율하고 촉진하는 역할을 수행해야 한다. 교사는 인공지능이 제공하는 학습 데이터를 분석하여 학생들에게 적절한 피드백을 제공하고, 학습 동기를 유발하는 전략을 고민해야 한다. 또한, 인공지능 기술과 메타버스를 효과적으로 활용하기 위해 디지털 리터러시 역량을 갖추고, 학생들에게 새로운 학습 경험을 설계할 수 있는 능력을 길러야 한다. 결과적으로, 인공지능 시대의 영어교육에서 교사의 전문성은 더욱 중요해지고 있다. 영어 교사의 역할은 위에서 언급한 인공지능이 가져온 영어교육의 변화를 잘 반영하여, 학습자의 창의적 사고와 비판적 사고를 촉진하는 역할로 확장될 것이다.

(2) 교육과정에서 요구하는 영어 교사의 역할

2022 개정 영어과 교육과정은 '포용성과 창의성을 갖춘 주도적인 사람'을 양성하는 것을 목적으로 한다. 이를 위한 개정 중점 사항은 "미래 사회가 요구하는 역량 함양이 가능한 교육과정을 개발하는 것과 학습자의 삶과 성장을 지원하는 맞춤형 교육과정을 설계하는 것"(교육부, 2022)이다. 이에 따라 교육과정에서는 영어 교사에게 기존의 언어 지식 전달을 넘어 학습자의 역량 중심 교육을 실현할 수 있는 역할을 요구한다(교육부, 2022). 이는 교사가 단순히 영어를 가르치는 데 그치는 것이 아니라, 학습자가 미래 사회에서 필요한 핵심 역량을 갖출 수 있도록 돕는 포괄적인 역할을 의미한다. 교육과정 문서상에서 드러난 미래 영어 교사에게 요구되는 역할을 살펴보면 표 6-1과 표 6-2와 같다(두 표는 이어지는 내용).

〈표 6-1〉 2022 개정 영어과 교육과정에 나타난 영어 교사의 역할 (1)

영역	내용
교육과정 설계	두 영역의 결합된 형태로 ... 상호작용은 대화, 토론, 문자 교환 등 참여자 간의 다양한 소통 방식으로 이루어질 수 있다.
1. 성격 및 목표	일상생활에서 영어를 거의 사용하지 않는 한국의 상황에서는 매체 발달과 기술 변화로 다변화된 의사소통 방식을 반영하여 영어 지식 정보의 처리 및 사용을 위한 실제적인 교육을 학교에서 효과적으로 시행하는 것이 필요하다. 디지털・인공지능 교육 환경으로의 변화에 부합하도록 다

	양한 매체 자료와 정보통신기술 등을 수업과 학습에서 활용하며 교수·학습 활동과 평가를 유기적으로 연계하여 학습의 효율성을 극대화한다.
[3~4학년군 이해] (나) 성취기준 적용 시 고려사항	특히, 에듀테크에 기반한 디지털 매체는 영어 입력 및 영어 학습에 대한 흥미도 향상, 영어에 관한 불안감 해소에 기여할 수 있다.... 존중과 배려의 태도로 상대방의 말을 수용하거나 다양한 문화를 이해하는 것이 중요한 듣기의 태도임을 인식할 수 있도록 지도한다.
[3~4학년군 표현] (나) 성취기준 적용 시 고려사항	학습자 간 의사소통 과정에서 기본적인 대화 예절을 이해하고 준수하도록 지도한다. 적극적으로 대화에 참여하는 태도, 상대방을 배려하여 공손하게 듣고 말하는 태도, 말하는 차례 지키기 등을 의사소통 전 과정에 걸쳐 체득할 수 있도록 지속적으로 점검하고 격려한다. 에듀테크의 발달에 따라 사이버 공간에서 ... 교육 환경과 학습자의 상황을 고려하여 적절한 매체와 기법을 활용하여 새롭고 흥미로운 학습 경험을 제공하고, 다양한 형태의 결과물을 창의적으로 만들 수 있도록 유도한다.

〈표 6-2〉 2022 개정 영어과 교육과정에 나타난 영어 교사의 역할 (2)

영역	내용
[5~6학년군 이해] (나) 성취기준 적용 시 고려사항	에듀테크의 발달과 함께 듣기, 읽기 도구도 다양해지고 있으므로 다양한 디지털 매체를 활용한 듣기와 읽기에 익숙해질 수 있도록 한다. 인공지능이나 앱, 번역기 등의 디지털 도구를 활용하여 학습자의 수준에 맞는 맞춤형 학습을 제공할 수도 있다. 학습자의 일상생활과 밀접하게 관련된 주제로서 자신의 경험, 의견, 계획, 진로뿐만 아니라 기후 변화나 다문화 문제 등에 대해서도 적극적으로 관심을 가지도록 과업이나 프로젝트 학습, 의견 조사 등의 다양한 활동을 실시한다.
3-가. 교수·학습	(다) 학습자의 요구나 개별 관심사를 반영한 단원의 소주제나 관련 자료, 토론 내용, 활동 방법을 선정하여 학습자 자신의 관심사와 연결해 배움을 확장하도록 지도한다. (마) 다양한 디지털 교수·학습 도구를 적극적으로 활용하여 지도한다. 수업에서 능동적 참여와 상호작용, 동기 부여 등을 촉진하기 위한 각종 프로그램을 효과적으로 사용한다. 또 개별화 학습을 위한 각종 언어 보조 학습 도구를 소개하고 이를 활용해 볼 수 있는 과업을 부여함으로써 생동감 있고 풍부한 영어 학습을 경험하고 디지털 소

	양을 기르게 한다. (가) 영어 학습에 대한 학습자의 동기를 유발하고 흥미와 자신감을 유지할 수 있도록하기 위해 학습자의 관심사를 고려하여 다양한 온오프라인자료, 에듀테크 등을 활용한다. (바) 영어 학습을 지원하는 각종 인공지능 기술 및 디지털 도구(영어 키보드, 영어 사전, 녹음, 학습용 앱, 코퍼스 데이터, 자동 번역, 챗봇, 각종 멀티미디어 저작 도구 등)를 적극적으로 수업에 도입하여 디지털 및 인공지능 리터러시를 함양하고 개인의 영어 학습 성장에 도움이 되는 활용법을 지도한다. (하) 개별 학습 및 모둠 학습을 적절히 활용하여 자기 주도적 학습 태도뿐만 아니라 나눔과 배려의 공동체 의식도 기를 수 있도록 지도한다.
3–나. 평가 (2) 평가 방법	(마) 학습자의 다양한 특성 및 영어 수준을 고려한 맞춤형 평가를 시행한다. 학생의 학습 스타일, 정의적 특성, 영어 수준 등을 고려한 다양한 평가 방식을 마련하여 학생 맞춤형 평가가 이루어지도록 한다. 특히 학습 부진을 겪고 있거나 성장 속도가 느린 학생이 단일 평가 방식으로 인해 학습 의욕 저하 및 이탈을 경험하지 않도록 평가 방안을 마련한다. (아) 듣기나 읽기 같은 이해 영역 평가 시 디지털 텍스트, 텍스트 난이도, 읽기나 듣기 속도, 어휘・언어 형식 수준 등 학습자 개인의 읽기와 듣기 수준을 객관적으로 평가할 수 있는 각종 보충 자료 및 디지털 프로그램(인공지능 기반 플랫폼 등)을 활용하여 학습자의 이해 능력을 진단하고, 개인별 맞춤형 피드백 학습을 통해 향상 과정을 파악한다. (자) 말하기나 쓰기 같은 표현 영역 평가 시 실제적인 의사소통 맥락을 제공할 수 있는 다양한 인공지능 기술(음성 녹음, 음성 인식, 챗봇, 화상 회의 등)을 활용하여 다각적이고 신뢰할 만한 평가 결과를 도출한다. (차) 쓰기 자동 채점, 텍스트 분석, 번역기, 표절 검사 프로그램 등의 기술을 활용하여 쓰기 영역의 평가 신뢰도를 확보한다. (카) 학습 성장 과정을 확인할 수 있도록 에듀테크를 평가에 활용한다.

2022 개정 영어과 교육과정에서 요구되는 영어 교사의 역할을 분류하여 제시하면 다음과 같다. 첫째, 영어 교사는 디지털 리터러시와 에듀테크 활용 전문가 역할을 요구한다. 디지털 기술과 인공지능의 발달은 교육 환경을 근본적으로 변화시키고 있다. 이에 따라 영어 교사는 다양한 디지털 도구와 에듀테크를 활용하여 학생들에게 개별화된 학습 경험을 제공하고, 학습자의 흥미와 동기를 유발해야 한다. 예를 들어, 인공지능 기반의 맞춤형 학습 플랫폼을 통해 학생의 수준에 맞는 콘텐츠를 제공하거나, 실시간 번역 도구를 활용해 언어 장벽을 극복하는 방법을 가르칠 수 있다. 이를 통해 학생들이 효과적으로 영어 학습을 할 수 있도록 인공지능과 에듀테크를 소개하고 활용할 수 있는 전문적 역할이 요구된다.

둘째, 영어 교사는 학습자 중심의 교육과정을 재구성하는 역할이 강조된다. 교사는 표준화된 교육과정을 학생의 개별적 필요와 지역적 특성에 맞게 재구성하여 맞춤형 수업을 설계해야 한다. 예를 들어, 프로젝트 기반 학습(PBL)이나 문제 해결형 학습(problem-based learning)을 통해 학생들이 실제 생활에서 접할 수 있는 문제를 친구들과 협업하여 해결할 수 있도록 도와줄 수 있다. 또한, 교사는 학습자의 참여를 유도하는 다양한 교수법을 활용하여 학습자가 적극적으로 수업에 참여할 수 있도록 해야 한다. 학습자의 관심사나 사회·정서적 요구를 반영하여 수업을 설계하는 역할이 요구된다.

셋째, 영어 교사는 다문화 이해와 글로벌 시민 의식 함양을 위한 역할이 요구된다. 영어교육은 단순한 언어 습득을 넘어, 세계시민으로서의 비판적 사고와 공감 능력을 확장하는 데 중요한 역할을 한다. 교사는 다양한 문화적 배경을 반영한 내용을 재구성하고, 글로벌 이슈를 다룬 수업을 설계하여 학생들이 다양한 관점을 이해하도록 유도해야 한다. 예를 들어, 세계 여러 나라의 문화나 기후 변화와 같은 국제 문제를 주제로 한 프로젝트를 통해 학생들이 글로벌 의식과 비판적 사고를 기를 수 있도록 지원할 수 있다.

넷째, 평가 및 피드백 전문가로서, 교사는 다양한 평가 방식을 활용하여 학습자의 성취도를 정확하게 평가하고 맞춤형 피드백을 제공해야 한다. 듣기, 읽기 등의 이해 영역 평가 시 디지털 텍스트와 다양한 보충 자료를 활용하여 학습자의 이해 능력을 진단하고, 개별 맞춤형 피드백을 제공하여 향상 과정을 추적할 필요가 있다. 또한, 말하기와 쓰기 등 표현 영역의 평가에서는 실제적인 의사소통 맥락을 제공하며, 다양한 인공지능 기술을 활용하여 신뢰할 수 있는 평가 결과를 도출하는 것이 중요하다. 디지털 기술을 활용한 자동 채점, 텍스트 분석, 번역기 등을 통해 평가의 신뢰도를 높이고, 학습자의 성장 과정을 체계적으로 확인할 수 있는 교사의 역할이 요구된다.

다섯째, 영어 교사는 지속적인 전문성 개발자 역할을 요구한다. 교사는 교육 현장에서 발생하는 문제를 연구 주제로 삼아 교육 방법을 혁신하고, 그 결과를 동료 교사와 학계와 공유해야 한다. 이를 위해 교사는 데이터 수집 및 분석 능력을 바탕으로 수업을 성찰하고 개선점을 찾아내는 능력이 필요하다. 실행연구(action research)를 통해 자신의 수업을 지속적으로 개선하며, 이를 바탕으로 새로운 교육 방법을 제시하고 공유하는 과정이 중요하다. 또한, 교사는 동료 교사와 협력하여 지식을 확장하고, 교육 현장의 변화에 적응할 수 있어야 한다.

2022 개정 영어과 교육과정이 추구하는 영어 교사의 역할은 전통적인 언어 교사의 역할을 넘어 디지털 기술 활용, 학습자 맞춤형 교육 설계, 다문화 이해와 글로벌 시민 의식 함양을 위한 역할, 평

가 및 피드백 전문가, 지속적인 전문성 개발자 역할의 다섯 가지 축으로 요약할 수 있다. 이는 단순히 영어를 가르치는 것을 넘어 미래 사회가 요구하는 창의적 문제 해결 능력과 글로벌 역량을 갖춘 인재 양성이라는 교육목표를 도달하기 위해 교사에게 요구되는 새로운 역할이다.

앞에서 언급한 인공지능 시대와 2022 개정 영어과 교육과정에서 살펴본 영어 교사의 공통된 주요 역할을 정리하면 다음과 같다.

① **유연한 교수·학습 환경 설계자**: 인공지능 시대의 영어 교사는 교수·학습 환경을 설계하는 역할을 맡는다. 인공지능 도구와 디지털 플랫폼을 활용하여 학생들의 학습 목표와 필요에 맞는 맞춤형 교육과정을 개발한다. 예를 들어, 인공지능 기반 학습 프로그램을 통해 학생들의 수준에 맞는 콘텐츠를 제공하고, 학습 진행 상황을 실시간으로 모니터링할 수 있다. 또한, 교사는 인공지능과의 협업을 통해 더욱 효율적이고 창의적인 학습 환경을 조성해야 한다. 예를 들어, 인공지능이 학생들의 학습 데이터를 분석하여 약점을 파악하면, 교사는 이를 바탕으로 특정 학습 활동을 설계할 수 있다. 이를 통해 학생들은 개인화된 학습 경험을 얻을 수 있다.

② **학습 촉진자 및 멘토**: 교사는 학생들의 학습을 촉진하고 멘토링하는 역할을 한다. 인공지능이 제공할 수 없는 정서적 지원과 동기 부여를 통해 학생들의 학습 동기를 유지시켜야 한다. 예를 들어, 교사는 학생들이 학습 목표를 달성하는 데 필요한 동기를 부여하고, 학습 과정에서 겪는 어려움을 극복할 수 있도록 지원해야 한다. 또한, 학생들의 비판적 사고력과 창의성을 키우는 데 주력해야 하는데, 학생들이 인공지능이 제시한 답변을 비판적으로 검토하고, 더 나은 해결책을 모색할 수 있도록 도와줄 수 있다. 교사는 학생

들과의 소통을 통해 그들의 학습 과정을 이해하고, 필요한 경우 개별적인 지도를 제공한다. 이러한 역할은 인공지능이 대체할 수 없는 인간 고유의 역할이다.

③ **평가 및 피드백 제공자**: 교사는 인공지능 기반 평가 도구를 활용하여 학생들의 학습 성과를 분석하고, 포괄적인 평가를 제공하는 역할을 한다. 인공지능이 객관적인 데이터를 제공하면, 교사는 이를 바탕으로 학생들에게 개별화된 피드백을 제공할 수 있다. 예를 들어, AI가 학생들의 작문을 분석하여 문법 오류를 지적하면, 교사는 해당 오류를 설명하고, 더 나은 표현을 제안하는 것이다. 또한, 학생들의 학습 과정을 지속적으로 모니터링하여 약점을 보완하고 강점을 강화하는 데 도움을 줄 수 있다. 학생이 특정 어휘 학습에 어려움을 겪고 있다는 것을 발견하면, 교사는 해당 학생에게 맞춤형 어휘 학습 자료를 제공하여 학생들이 더 효과적으로 학습 목표를 달성할 수 있도록 지원해야 한다.

④ **데이터 분석 및 연구자**: 교사는 학생들의 학습 데이터를 분석하여 교육 전략을 개선하는 연구자 역할도 수행한다. 인공지능이 수집한 데이터를 바탕으로 학생들의 학습 패턴과 성과를 분석하고, 이를 교육과정 설계에 반영하는 것이다. 예를 들어, 인공지능이 분석한 데이터를 기반으로 학생에게 적합한 수업을 설계할 수 있다. 다만, 주의할 점은 인공지능이 분석한 데이터가 항상 참일 수 없음을 기억하여, 교사의 관찰, 학생과의 면담 등을 통해 종합적인 판단을 해야 할 필요가 있다. 인공지능이 지속적으로 발달하고 새로운 도구가 소개되는 만큼 교사는 새로운 교육 방법과 기술을 연구하여 교실 현장에 적용함으로써 교육의 질을 지속적으로 향상시킬 필요가 있다. 그래서 인공지능 기반 학습 도구의 효과를 연구하고 교육 방법을 개선하여, 인공지능 시대의 교육 혁신을 이끄는 역할

을 담당해야 한다.

⑤ **에듀테크와 인공지능 기술 통합 전문가:** 교사는 인공지능 기술을 교육 현장에 효과적으로 통합하는 전문가 역할을 한다. 인공지능 도구를 활용하여 영어수업을 설계하고, 학생들의 학습 경험을 향상시키는 방법을 연구한다. 예를 들어, 인공지능 기반 가상 현실(VR) 기술을 활용하여 학생들이 실제와 같은 영어 사용 환경에서 연습할 수 있도록 도와준다. 또한, 인공지능 기술의 한계를 이해하고, 이를 보완하기 위한 교육 전략을 개발한다. 인공지능이 제공한 데이터가 부정확할 경우, 이를 보완하기 위해 추가적인 자료를 제작 및 제공해야 한다.

⑥ **윤리적 가이드:** 인공지능 기술의 사용에 따른 윤리적 문제를 해결하는 역할도 교사의 몫이다. 학생들의 데이터 프라이버시 보호, 인공지능의 편향성 문제 등을 고려하여 윤리적인 교육 환경을 조성해야 한다. 예를 들어, 인공지능이 학생들의 학습 데이터를 수집하고 분석할 때, 개인정보 보호를 위해 필요한 조치를 취해야 한다. 또한, 인공지능이 제공한 정보가 편향적일 가능성을 인지하고, 이를 보완하기 위해 다양한 관점을 제시할 수 있어야 한다.

⑦ **협력적 학습 촉진자:** 교사는 학생들 간의 협력적 학습을 촉진하는 역할을 해야 한다. 인공지능이 개인화된 학습을 제공한다면, 교사는 학생과 인공지능 또는 학생 간 서로 상호작용을 통해 문제를 해결할 수 있도록 다양한 기회를 창출할 필요가 있다. 자칫 인공지능 기술에 기대어, 학생들이 사람이 아닌 인공지능하고만 대화한다면, 이는 사회성이나 공동체 의식을 상실할 수 있다. 인공지능과의 협업뿐만 아니라 다른 사람과의 협업을 통해 진정한 의사소통의 의미를 이해할 수 있도록 학습 환경을 조성해야 한다. 예를 들어, 프로젝트 활동이나 토의·토론 수업을 통해 학생들이 서로의

아이디어를 공유하고, 협력적으로 학습할 수 있도록 도와줄 수 있다. 학생들은 단순하게 지식을 습득하는 것을 넘어, 다른 학생들과 협업과 소통하는 능력을 키울 수 있는 것이다.

이처럼, 2022 개정 교육과정과 인공지능 시대가 요구하는 영어 교사의 역할은 기존의 교사 역할을 넘어, 학습 환경 설계자, 멘토, 평가자, 연구자, 기술 통합 전문가, 윤리적 가이드, 협력적 학습 촉진자 등 다양하다. 새롭게 요구되는 영어 교사의 역할을 효율적으로 수행하기 위해, 예비교사교육, 현직교사 연수 등 교사를 위한 교사교육 프로그램 개발이 요구된다.

03 초등영어 교사교육의 미래 방향 제언

(1) 인공지능 시대에 요구되는 교사교육의 변화

교사교육은 교사가 직무 수행에 필요한 지식, 기술, 태도를 습득하고, 교직 생활 전반에 걸쳐 지속적으로 성장할 수 있도록 돕는 과정이다. 과거의 교사교육은 국가의 경제 성장을 위한 인재 양성이라는 목표 아래, 표준화된 교육과정과 일방적인 강의 방식에 의존했다. 이는 교사를 단순한 기술자로 간주하며, 교수법의 표준화와 지식 전달에만 초점을 맞춘 것이다. 그러나 이러한 접근 방식은 교사의 자율성과 창의성을 억누르는 결과를 초래했으며, 교육 현장에서의 실질적인 문제 해결 능력을 결여시키는 한계를 드러냈다.

인공지능 시대의 도래는 초등영어 교사교육에도 근본적인 변화를 요구하고 있다. 전통적인 교사교육은 이론 중심의 지식 전달에 초점을 맞추었으나, 현대의 교육 환경에서는 실질적인 기술 활용 능력과 문제 해결 역량을 갖춘 교사를 양성하는 것이 핵심 과제로 대두되었다. 특히, 인공지능 기술의 급속한 발전은 교육 현장에 새로운 도구와 방법론을 도입하며, 교사들이 이를 효과적으로 활용할 수 있는 능력을 갖추도록 요구한다. 따라서 교사교육 프로그램은 인공지능 기술의 기초 이해부터 고급 활용 방법까지 포괄적으로 다루어야 하며, 이를 통해 교사들이 인공지능 도구를 수업에 통합하고, 학생들의 학습 경험을 풍부하게 만드는 능력을 키울 수 있도록 지원해야 한다.

미래지향적 교사교육은 영어 지식을 전달하는 역할을 넘어, 탐구와 경험을 통해 새롭게 요구되는 역할을 이해하고, 반성적 성찰을 통해 영어 교사의 전문성과 역할을 지속적으로 발전시키는 교사로 성장하도록 지원해야 한다. 이는 교사가 자신의 교육 실천을 비판적으로 성찰하고, 새로운 인공지능 기술과 교육 방법을 탐구하며, 이를 실제 수업에 적용하는 과정을 통해 가능하다. 특히, 실행연구와 같은 방법론을 통해 교사가 현장에서 발생하는 문제를 직접 연구하고, 그 결과를 수업 개선에 반영하는 능력을 키우는 것이 중요하다. 이를 통해 교사는 교육 현장의 변화에 능동적으로 대응하며, 학생들의 학습 경험을 풍부하게 만드는 주체적인 역할을 수행할 수 있다.

이처럼 인공지능 시대의 초등영어 교사교육은 기술 활용 능력, 탐구와 반성적 성찰, 디지털 리터러시 강화, 그리고 다문화 이해 역량을 중심으로 재구성되어야 한다. 이를 통해 교사는 변화하는 교육 환경에 능동적으로 대응하며, 학생들의 미래 역량을 키우는 데 기여할 수 있다. 교사교육의 미래는 단순한 지식 전달을 넘어, 교사의 주체적 성장과 교육 현장의 혁신을 지원하는 데 있다.

(2) 영어 교사 전문성 강화를 위한 융합형 교사교육 모델

영어 교사 전문성 강화를 위한 지속적인 융합형 교사 학습 모델

교사교육 프로그램은 초등 교사가 영어 교사 전문성의 핵심 요소인 지식, 기술, 실천 능력을 신장할 수 있도록 체계적으로 구성되어야 한다. 우선적으로 고려할 것은 교사 학습은 현대 교육 패러다임의 변화를 반영하는 복합적이고 역동적인 과정이어야 한다는 것이다. 교사교육의 진화적 관점에서 볼 때, 단순한 기술 훈련(skills training)에서 벗어나 전문성 개발(teacher development), 학습(teacher learning), 성장(teacher growth)으로의 전환이 이루어졌다.

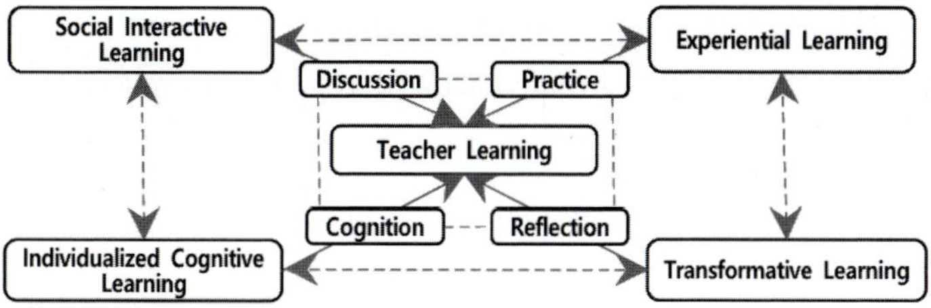

〈그림 6-4〉 SITE 교사 학습 모델(강정진, 2022: 38)

이러한 변화는 교사를 수동적 지식 수용자가 아닌 능동적이고 자율적인 학습 주체로 인식하게 만들었다. 따라서 교사교육 프로그램도 교사 훈련(teacher training)이 아닌 교사 학습(teacher learning)의 관점에서 설계되어야 한다. 이를 위한 초등영어 융합형 교사 학습 모델은 〈그림 6-4〉와 같다.

초등영어 교사를 위한 SITE 모델[1)]은 사회적 상호작용 학습(social interactive learning), 개인적 인지주의 학습(individualized cognitive learning), 전환적 학습(transformative learning), 경험적 학습(experiential learning)의 네 가지 요소로 구성된 융합형 교사 학습 모델이다. 이 모델은 초등영어 교사의 전문성을 종합적으로 향상시키는 것을 목적으로 한다.

사회적 상호작용 학습(social interactive learning)은 교수자와 학습자, 그리고 학습자들 간의 적극적인 교류를 통해 지식을 형성하고 확장하는 방식이다. 이는 비고츠키의 사회문화적 이론에 기반을 두며, 학습이 사회적 맥락 속에서 이루어진다는 관점을 반영한다. 예를 들어, 초등영어 교수법에 대한 그룹 토의, 수업 시연 후 동료 피드백 제공, 온라인 포럼을 활용한 의견 교환 등이 이에 해당한다. 이러한 활동을 통해 예비교사들은 다양한 시각을 접하고

1) 강정진(2022) 연구 내용을 요약 정리

협력적 문제 해결 역량을 키울 수 있다.

개인적 인지주의 학습(individualized cognitive learning)은 영어 교사가 초등영어교육과 관련된 핵심 개념과 이론을 개별적으로 습득하는 과정이다. 이는 피아제의 인지 발달 이론을 토대로 하며, 학습자의 내적 인지 구조 변화에 중점을 둔다. 강의 수강, 교재 독해, 온라인 강좌 활용, 개별 연구 수행 등이 포함된다. 영어 교수법 이론을 깊이 있게 탐구하는 독서 활동이나, 언어 습득 이론에 대해 개별 연구를 진행하며, 온라인 강좌를 통해 영어 평가 방법을 학습할 수도 있다. 이러한 개인적 학습 활동을 통해 예비교사는 이론적 지식을 체계적으로 습득하고, 이를 바탕으로 교육과정 및 교수법을 이해하는 능력을 기를 수 있다.

전환적 학습(transformative learning)은 학습자가 주제를 비판적으로 분석하고 자신의 경험과 신념을 성찰하여 기존의 관점을 새롭게 정립하는 과정이다. 이는 메지로우의 전환 학습 이론에 기반하며, 학습자의 인식 변화를 목표로 한다. 전환적 학습은 자기 성찰과 비판적 사고를 강조하며, 학습자가 기존의 교육 철학이나 신념을 재구성하는 데 중점을 둔다. 예를 들어, 자신의 영어 학습 경험을 분석하는 에세이 작성이나, 다문화 교육에 대한 인식 변화를 기록하는 성찰 일지 작성, 교육 철학 변화를 탐구하는 그룹 토론 등이 이에 해당한다. 이러한 활동을 통해 예비교사는 기존의 관점을 넘어서 새로운 시각을 얻고, 자신의 교육관을 발전시킬 수 있다. 전환적 학습은 주로 개인의 사고방식이나 신념에 변화를 가져오는 데 중점을 두기 때문에, 구체적인 경험을 통해 내면적인 변화를 일으킬 수 있다.

경험적 학습(experiential learning)은 초등영어교육에서 필요한 실제적 지식과 기술을 직접적인 경험과 실습을 통해 익히는 과정이다. 이는 콜브의 경험학습 이론을 토대로 하며, 구체적 경험, 반성적 관찰, 추상적 개념화, 능동적 실험의 순환 과정을 강조한다. 마이크로티칭, 실제 교실 관찰, 교육 실습, 모의 수업 설계 및 실행 등이 포함된다. 예를 들어, 15분 분량의 영어수업 시연 및 피드백 제공, 영어 교사의 수업 참관 및 분석 보고서 작성, 학교 현장 연수 등을 통해 영어 교사들은 이론을 실제 교육 현장에서 적용하며 실질적인 교수 역량을 기를 수 있다.

SITE 모델의 강점은 첫째, 사회적 상호작용 학습을 통해 협력적 문제 해결 능력을 함양할 수 있으며, 이를 통해 영어 교사들은 다양한 관점을 이해하고 공유하는 기회를 얻을 수 있다는 점이다. 둘째, 개인적 인지주의 학습이 학습자의 내적 인지 구조 변화를 촉진하여, 탄탄한 이론적 기반을 구축할 수 있도록 돕는다. 셋째, 전환적 학습을 통해 영어 교사들이 자신의 신념을 성찰하고 재정립하여 교육관을 심화할 수 있다. 마지막으로, 경험적 학습을 통해 실제적인 교수 기술과 지식을 습득하여, 이론을 교육 현장에서 효과적으로 활용할 수 있도록 한다.

미래 교육에서 요구하는 교사 전문성 신장을 위한 SITE 모형 적용 사례

미래 교육에서 요구하는 영어 교사 전문성 신장을 위한 SITE 모형을 적용하기 위해, 영어 교사에게 요구되는 역량과 신장하는 방법을 살펴보자. 먼저 영어 교사 전문성 신장을 위해 요구되는 역량 중 일부를 제시하면 다음과 같다.

- 디지털/AI 리터러시: AI 기반 학습 도구 활용, 데이터 분석을 통한 학생 맞춤형 학습 지원
- 학습자 중심 교수 설계: 학생 개별 학습 스타일과 수준을 고려한 맞춤형 교수 전략 수립
- 창의적이고 비판적인 사고: 단순한 정보 전달이 아닌 문제 해결, 프로젝트 기반 학습 설계
- 문화 간 의사소통 역량: 다양한 문화적 배경을 고려한 교수법, 글로벌 의사소통 능력 강화
- 협력적 학습 역량: 학생 간 상호작용 촉진, 협업을 통한 학습 경험 강화
- 메타버스 및 온라인 플랫폼 활용 능력: 가상 학습 공간을 활용한 몰입형 영어 교육 구현

위에 제시된 역량을 신장하기 위한 SITE 교사 학습 모델을 적용하면 다음과 같다.

■ 사회적 상호작용 학습(Social Interactive Learning)

- 목표 역량: 협력적 학습 역량, 문화 간 의사소통 역량
- 적용 예시: AI 기반 글로벌 협업 프로젝트
- 영어 교사들은 메타버스 플랫폼(예: Gather town)에서 국내·외 영어 교사와 팀을 구성해 인공지능 번역 도구를 활용해 다문화 교육 자료를 공동 제작한다. 예를 들어, "한국의 추석 vs. 미국의 추수감사절" 주제로 문화 비교 수업 설계 후, 인공지능 챗봇(예: ChatGPT)을 통해 학생 역할을 시뮬레이션하며 피드백을 교환한다.
- 동료 피드백 시스템: 인공지능 기반 토론 플랫폼에서 영어 교사들이 설계한 수업안을 공유하고, 인공지능이 생성한 평가 기준에 따라 상호 평가한다. 이를 통해 협력적 설계 전략과 문화간 의사소통 역량을 동시에 습득한다.

■ 개인적 인지 학습(Individualized Cognitive Learning)

- 목표 역량: 디지털 리터러시, 학습자 중심 교수 설계
- 적용 예시: 인공지능 맞춤형 학습 경로 설계
- 영어 교사는 인공지능 분석 도구로 가상 학생 프로필의 데이터(학습 속도, 오류 패턴)를 분석한다. 이를 바탕으로 Quizlet의 인공지능 어휘 추천 기능을 활용해 개별 학생 맞춤형 활동지를 제작한다.
- 데이터 기반 수업 시뮬레이션: 행동 분석 인공지능을 활용해 "주의 산만한 학생" 프로필을 생성하고, 해당 데이터를 기반으로 차별화된 관리 전략을 개발한다.

■ 전환적 학습(Transformative Learning)

- 목표 역량: 창의적·비판적 사고 촉진
- 적용 예시: 인공지능 평가 시스템 비판적 검토
- 영어 교사는 인공지능 표절 검사 결과를 분석해 "창의성 vs. 규범성"의 딜레마를 토론한다. 이후 상호작용 루브릭을 제작해 인공지능의 한계를 보완하는 평가 방안을 모색한다.
- 문제 해결형 PBL 설계: "인공지능 번역기의 보편화 속에서 영어교육의 의미 재정립하기"라는 주제로 프로젝트를 진행한다. 영어 교사는 패들렛에 아이디어를 공유하고, 인공지능 생성 콘텐츠로 발표 자료를 제작하며 교육 철학을 재정립한다.

■ 경험적 학습(Experiential Learning)

- 목표 역량: 메타버스 활용 능력, 실천적 기술 통합
- 적용 예시: 메타버스 가상 교실 운영
- 영어 교사는 인공지능 플랫폼에서 3D 가상 교실을 꾸미고,

인공지능 아바타를 활용해 "영어로 하는 문화 체험 수업"을 실시간 진행한다. 예를 들어, 인공지능이 생성한 영국 박물관 배경에서 학생 아바타와 역할극을 연출한다.

- 인공지능 도구 실전 적용 워크숍: 발음 교정 인공지능 도구로 학생 발음 데이터를 분석한 후, 영어 교사는 녹화된 학생 영상을 인공지능과 비교 평가하며 맞춤형 코칭 전략을 수립한다.

위의 사례처럼 영어 교사 수업에 SITE 모형을 적용할 때 기대되는 효과는 첫째, 개인화 학습에서 인공지능 분석 도구 활용 훈련을 통해 개인의 디지털 리터러시 역량을 신장시킬 수 있다. 둘째, 사회적 상호작용 학습에서 인공지능 플랫폼을 통한 동료 피드백 시스템 활용과 메타버스 다문화 협업 프로젝트로 영어 교사들의 협력적 소통 역량을 신장시킬 수 있다. 셋째, 인공지능의 윤리적 한계를 통한 비판적 성찰 활동을 통해 창의적 사고를 향상시킬 수 있다. 넷째, 경험적 학습에서는 인공지능 데이터 기반 맞춤형 교안을 직접 개발하고 경험함으로써 학습자 중심 설계 역량을 신장시킬 수 있다. 또한, 가상 교실에서의 몰입형 수업 실습을 통해 이러한 교사 학습을 모두 경험할 수 있다. 이처럼 영어 교사는 SITE 모형을 통해 이론(Why), 방법(How), 도구(What)를 결합한 인공지능 교육 메커니즘을 체득하게 된다. 이는 단순 기술 습득을 넘어, 변화하는 교육 환경에 유연하게 대응하는 미래형 교사 양성의 교사 학습 모형으로 적용 가능할 것이다.

(3) 미래형 교육과정을 위한 교사교육 방향 제언

인공지능 시대의 도래와 2022 개정 교육과정에서 나타난 교육 패러다임의 변화는 영어 교사교육의 변화를 요구한다. 1장과 2장에서 살펴본 바와 같이, 교사의 전문성은 단순한 지식 전달을 넘어 인공지능 기술 활용, 학습자 맞춤형 교육 설계, 다문화 이해 등 다차원적인 역할을 포괄해야 한다. 또한, 3장에서 제시된 SITE 교사 학습 모형은 영어 교사의 새로운 역할을 수행하기 위한 전문성을 신장시키는 데 구체적인 방안으로 활용할 가능성을 보여준다. 인공지능 시대의 교육 환경에 대응하기 위한 영어 교사교육의 방향을 제언한다.

첫째, 인공지능 시대에 요구되는 영어 의사소통 능력과 개발해야 할 역량에 대한 개념을 재정립해야 한다. Canale과 Swain(1980)이 제시한 의사소통 능력(문법적, 담화적, 사회언어학적, 전략적 능력)은 여전히 중요하나, 인공지능 시대에는 디지털 리터러시와 대인간 소통 능력이 추가되어야 한다. 영어 교과의 기본적 목표인 의사소통 역량 외에, 인공지능 시대와 2022 개정 영어과 교육과정이 요구하는 새로운 역량, 즉 학습자 중심의 맞춤형 교육, 인공지능 기술 활용, 다문화 감수성 강화 지도를 위한 역량을 개발해야 한다. 예를 들어, 디지털 의사소통 능력은 인공지능 번역 도구 활용, 온라인 협업 플랫폼 운영, 메타버스 기반 대화 설계 등을 통해 신장할 수 있다. 데이터 기반 교수 설계 역량을 통해 인공지능 분석 결과를 토대로 학습자 수준에 맞는 활동을 개발하는 능력을 신장하고, 가상 교환 수업에서 문화적 차이를 고려한 문화간 의사소통 역량을 개발할 수 있다.

둘째, 인공지능 시대에 요구되는 영어 교사 전문성 신장을 위해 다양한 교사 학습 모형을 개발하고 적용해야 한다. 본 고에서 제안한 SITE 융합형 교사 학습 모형은 그 중에 하나가 될 수 있다. SITE 융합형 교사 학습 모형은 사회적 상호작용(social), 개인화 학습(individualized), 전환적 학습(transformative), 경험적 학습(experiential)을 결합해 인공지능 시대의 교사 역량을 종합적으로 개발한다. 사회적 상호작용은 인공지능 기반 협업 플랫폼(예: 가상 교사 커뮤니티)에서 동료와 수업 사례를 공유하며 혁신적 교수법을 탐구하는 과정이다. 개인화 학습은 인공지능 분석을 통해 교사의 강점과 약점을 진단하고 맞춤형 연수 콘텐츠를 활용하는 것을 의미한다. 전환적 학습을 통해 인공지능 기술의 윤리적 한계를 비판적으로 성찰하며 교육적 가치를 재정립 볼 수 있다. 경험적 학습은 메타버스 가상 교실에서 인공지능 도구를 활용한 수업을 직접 설계하고 실행해보는 실습을 수행할 수 있다. 융합적 교사 학습 모형은 이처럼 이론과 실천의 균형적 접근을 통해 영어 교사의 전문성을 신장시킬 수 있다. 또한, 현직교사의 전무성 함양을 위한 다양한 연수 프로그램에도 적용할 수 있는데, 현직교사들이 인공지능 기반 워크숍에 참여해 영어 교사 전문성을 지속적으로 유지할 수 있다.

셋째, 인공지능 시대에 요구되는 새로운 영어 교사 전문성은 예비교사교육과 현직교사 연수에서의 적용을 통해 계속 개선해야 한다. 특히 인공지능 기술 이해와 현장 실습을 병행함으로써 현장 적응력을 강화할 수 있는데, 예를 들어, 인공지능 챗봇을 활용한 학생 상담 시뮬레이션은 예비교사로 하여금 디지털 소통 전략을 경험할 수 있게 도와준다. 현직교사 연수에서는 메타버스 기반 프로젝트 학습 설계 연수를 통해 창의적 영어 교수법을 개발·적용할 수 있다. 또한, 인공지능 분석 도구를 활용해 학생들의 오류 패턴을 식별하고 맞춤형 피드백 전략을 수립하는 연수 프로그램은 교사의 디지털 리터러시 능력을 신장시키는 데 안성맞춤이다. 이러한 적용은 교사 전문성을 인공지능 시대의 요구에 부합하도록 업그레이드하며, 교육 현장의 변화를 가속화할 것이다.

넷째, 새로운 교사교육 실행을 위한 교육적, 행정적, 재정적 지원이 요구된다. 교육적 지원으로는 대학이나 교육청에 인공지능 교수·학습 연구센터 설립이 필요하다. 예를 들어, 광역시도별로 센터를 운영해 메타버스 플랫폼 구축, 인공지능 교구 개발, 다문화 교수법 워크숍 등을 제공할 수 있다. 행정적 지원 측면에서는 교사들의 인공지능 관련 연수 시간 보장 제도를 도입해야 한다. 예를 들면 "인공지능 데이" 정책처럼 월 1회 수업 일수를 축소해 교사가 인공지능을 활용한 영어교육 연수에 전념할 수 있도록 지원하는 방안을 고려해 볼 수 있다. 재정적 지원은 인프라 구축과 연구 장려금에 집중되어야 한다. 예를 들어, 교육부나 지자체서 메타버스 가상 캠퍼스를 구축하고, 교사들이 활용할 수 있도록 지원할 수 있다. 또한, 지자체와 기업의 협력으로 인공지능 교육 플랫폼을 무료로 개방하는 것도 고려할 만하다.

인공지능 기술은 지속적으로 진화하므로 영어 교사는 능동적 학습자로 거듭나야 한다. 인공지능 교육 동향 연수나 워크숍에 주기적으로 참여하거나, 동료 교사와 인공지능 교육 실험수업 을 구성해 다양한 인공지능 기술을 영어수업에 적용하고 성찰해보는 연구자적 노력이 필요하다. 무엇보다 교사에게 부담을 주는 것이 아니라, 교사의 전문성을 믿고 기다려주며 필요한 지원과 따뜻한 격려를 해 주는 것이 필요하다. 교사가 기술 변화를 위협이 아닌 기회로 인식하고, 지속적인 협력과 실천을 통해 영어 교사 전문성을 재정립할 때 미래형 영어교육은 실현될 수 있다.

참고문헌

Reference

강정진. (2022), 초등영어 예비교사 수업 전문성 향상을 위한 SITE 교사 학습 모형 개발. *교육논총, 42*(4), 31-48

교육부. (2022). *영어과 교육과정.* 교육부 고시 제2022-33호 [별책 14]. 세종: 교육부.

배윤주, 석희진, 전유경, 이정민. (2022). 메타버스 활용 영어 말하기 교육프로그램 개발 연구. *학습자중심교과교육연구, 22*(24), 777-800.

이은주, 손찬희, 정영식, 임서은. (2023). AI 활용 맞춤형 교육의 교수·학습 효과성 연구(정책 2023-14). 경기도교육연구원.

하명애, 민찬규. (2008). EFL 상황에서의 영어 교사의 전문성 고찰. *영어 교과교육, 7*(2), 87-110.

Anthony, G., Hunter, J., & Hunter, R. (2015). Prospective teachers development of adaptive expertise. *Teaching and Teacher Education, 49*, 108-117.

Canale, M., & Swain, M.(1980), Theoretical bases of communicative approaches to second language teaching and testing, *Applied Linguistics, 1*(1), 1-47

Cochran-Smith, M., & Lytle, S. L. (1990). Teacher research and research on teaching: The issues that divide. *Educational Researcher, 19*, 2-11.

Freeman, D. (1989). Teacher training, development,and decision making: A model of teaching and related strategies for language teacher education. *TESOL Quarterly, 23*(1), 27-45.

Hammerly, H. (1986). *Synthesis in language teaching: An introduction to linguistics.* Blaine. WA: Second L. Pub.

Richards, J. C.(2010), Competence and performance in language teaching, RELC Journal, 41(2), 101-122

Schon, D. A. (1983) *The reflective practitioner: How professionals think in action*. Basic Books, New York.

Shulman, L. S. (1986), Those who understand: Knowledge growth in teaching. *Educational Researcher, 15*, 4-14.

AI

CHAPTER 07

이해 영역: 인공지능 도구 활용 방안

2022 개정 영어과 교육과정의 이해(reception) 영역은 '듣기', '읽기', '보기'로 구성되어 있다. 여기에서 말하는 이해는 언어와 비언어를 모두 아우르는 다양한 메시지 입력(input)를 뜻한다. 교육과정에서 '보기'가 새롭게 추가된 까닭은 오늘날의 일상에서 벌어지는 언어 입력 처리 실태를 고려했기 때문이다. 이에 따라, 교육과정에서는 음성(듣기)과 문자(읽기)로 언어 입력을 구분하고 이에 덧붙여 시각 자료를 포함한 다중 모드(multimodal) 언어 입력 처리를 다루고 있다. 그렇다면, 수업을 설계하고 운영하는 교사는 변화된 영어과 교육과정의 바탕 위에 어떤 듣기, 읽기, 보기 입력을 학습자에게 제공하고, 또 어떤 방법으로 그것을 '이해'하도록 도울 수 있을 것인가? 이번 장에서는 듣기, 읽기, 보기 기능 전반에 적용할 수 있는 인공지능 도구의 활용 가능성을 탐색한다. 이를 위해 교육과정 문서에 간략히 다루어진 언어 입력의 이해 과정을 학습자 정보처리의 관점에서 이해하고, 여러 인공지능 도구를 활용한 영어 입력 자료 제작과 그것의 활용 타당성을 탐색하고자 한다. 나아가 향후 개정될 교육과정 '교수·학습 및 평가'에서 이러한 내용을 어떻게 구체적으로 다루는 것이 좋을지 논의할 것이다.

SECTION

01 영어 이해 영역과 정보처리 기능

(1) 정보처리 관점의 타당성

2022 개정 영어과 교육과정은 '듣기, 말하기, 읽기, 쓰기'라는 전통적인 언어 사용 기능 구분에서 벗어나 언어 사용의 실재적 양상을 반영해 언어 기능 영역을 '이해(reception)'와 '표현(production)'으로 구분하고, 이해 기능을 '듣기(listening)', '읽기(reading)', '보기(viewing)'로 세분화했다(교육부, 2022). 이러한 변화는 디지털 환경에서의 언어 사용 변화, 다중 문해력(multiliteracies)의 중요성 증대, 언어 사용의 실제성(authenticity) 고려, 그리고 세계 언어 교육 동향과의 연계라는 여러 시대적 요구를 반영한 결과이다(배주경, 2024; 이영아, 2023).

영어과 교육과정에서 이와 같은 언어 기능 재구조화의 배경을 언급하고 있지만, 인간의 언어 이해 과정에서 듣기, 읽기, 보기의 과정과 그 작동 양식에 대한 설명은 제시되어 있지 않다. 이러한 설명의 부재는 교육에 대한 일반적 지침 제공이라는 국가 수준 교육과정 문서의 본질적 성격에 따른 것이다. 즉, 국가 교육과정은 교육의 큰 방향과 핵심 개념을 제시하는 것이 주된 목적이며, 그 구체적인 해석과 교수·학습 및 평가에의 실제적 반영은 교사의 교육과정 문해력을 활용한 교사 전문성에 달려있다(조규희, 2020).

이러한 배경에서 영어 이해의 세부 기능과 그 작동 양식에 대한 과학적 이해의 방법으로서 작업기억(working memory)을 중심으로 인간 언어 정보처리 과정을 살펴보는 것은 유용한 접근이 될 수 있다(Carpenter & Just, 2013). 작업기억은 정보 저장, 유지, 처리를 담당하는 인간의 능동적인 인지 체계이다. 이러한 작업기억의 정보처리 과정을 기반으로 인간 언어 이해 과정에 대해 과학적으로 접근할 수 있으며, 나아가 교사가 교육과정의 추상적 개념을 구체적인 교수·학습 방법으로 구안하기 위해 필요한 이론적 기반을 마련할 수 있다(Baddeley, 2012; Dehaene, 2009). 보다 구체적인 이유는 다음과 같다.

먼저, 인간의 언어 '이해' 과정은 곧 언어 '정보처리' 과정이다. 듣기, 읽기, 보기는 모두 외부의 언어 자극(음성, 문자, 시각 자료 등), 즉 언어 입력(input)을 감각기관으로 수용하고, 이를 처리하여 의미를 구성하는 일련의 정보처리 과정이다(Anderson, 2020; Kintsch, 1998). 이와 같은 관점은 세 가지 이해 기능 간의 공통점과 차별점을 구체적으로 설명할 수 있다. 예를 들어, 듣기, 읽기, 보기는 모두 작업기억을 활용하여 입력 정보를 처리하고, 장기 기억의 지식 구조와 연결하며, 상위 인지 전략을 통해 그 과정을 조절한다는 공통점이 있다(Perfetti & Stafura, 2014). 그리고 듣기, 읽기, 보기 각 기능이 주로 의존하는 작업기억의 하위체계가 서로 다르다는 차이점이 있다(Baddeley, 2012).

이에 더하여, 언어 정보처리 관점은 작업기억 용량, 주의력 조절 능력, 처리 속도 등에서의 학습자 개인차를 설명하고, 이에 따른 차별화된 교육적 접근의 필요성에 주목한다(Alloway, 2006; Swanson, 2012). 그리고 이는 최근 강조되고 있는 학습자 맞춤형 개별화 교육의 기반이 된다. 나아가 인간 정보처리 과정을 바탕으로 한 영어 이해 영역의 세부 기능과 그 작용 과정의 파악은 실제 이해 기능 지도를 위한 교수·학습 설계의 이론적 바탕이 될 수 있다. 예를 들어, 다중 요소 작업기억 이론(Baddeley, 2003, 2012), 인지 부하 이론(Sweller, 2011), 다중 표상 이론(Ainsworth, 2006), 멀티미디어 학습 원리(Mayer, 2009) 등은 모두 인간의 정보처리 기능 관련 연구 맥락에서 제안된 것이다. 이를 참고하여 영어 이해 기능 교육을 위한 교수·학습 원리를 확인할 수 있다.

(2) 세 가지 이해 기능과 정보처리

정보처리 과정으로서의 듣기(listening)

'듣기'는 청자(listener)가 음성언어를 통해 정보를 수용하는 과정이다. 따라서 외부로부터 주어지는 언어 정보에 대한 집중, 기억 및 처리를 담당하는 작업기억이 중요한 역할을 한다. 먼저 음성언어 입력은 해당 입력을 머릿속에 대뇌이는 정도에 따라 청각적 단기 기억에 약 10~30초 정도 저장된다(Baddeley, 2003). 그리고 청자는 해당 시간 동안 주어진 음성언어 정보의 의미를 파악한다. 이때, 영어(외국어) 음성언어 입력은 모국어와 달리 청자의 더 높은 주의집중을 요구한다. 따라서 제2언어 음성 정보를 듣고 처리하는 학습자는 불필요한 정보 통제와 중요 정보 집중에 관여하는 작업기억의 역할이 더욱 커지게 된다. 그리고 이때 청자의 배경지식, 문맥 정보, 언어적 지식이 총체적으로 활용된다(Vandergrift & Goh, 2012).[1)]

---

1) Baddeley(2003)의 다중 요소 작업기억 모델(multi-component model of working memory)에 따르면, 청각적 단기 기억은 음운 고리(phonological loop)이고 시각적 단기 기억은 시공간 메모장(visuo-spatial sketchpad)으로 정의된다. 위 연구에 의하면, 주의집중과 정보 통제를 중앙처리장치(central executive)가, 장기 기억에 저장된 배경지식의 활용은 일화적 완충기(episodic buffer)가 담당한다.

정보처리 과정으로서의 읽기(reading)

'읽기'는 문자언어를 통한 정보 이해의 과정이다. Baddeley(2003, 2012)의 다중 요소 작업기억에 따르면 시각적 단기 기억과 청각적 작업기억이 함께 작용한다. 실제로 글을 읽는 독자는 글자를 시각적으로 인식한 후, 내적 음성화(subvocalization) 과정을 통해 청각적 작업기억으로 전환한다(Rayner et al., 2012). 그리고 한국 영어 학습자의 관점에서 이러한 과정은 제2언어 영어의 음소 인식(phonemic awareness)과 파닉스(phonics) 기능 숙달을 전제로 한다. 이러한 읽기의 과정은 듣기와 달리 정보처리 속도를 학습자가 조절할 수 있다. 따라서 독자는 이해가 어려운 부분을 다시 읽거나 천천히 읽을 수 있으므로, 어느 정도 유창한 읽기가 가능하다는 전제하에 읽기는 듣기보다 작업기억의 부담이 상대적으로 낮은 것으로 알려져 있다. 또한 시각적으로 텍스트 구조를 파악할 수 있어 독자는 정보의 위계를 더 쉽게 파악할 수도 있다(Kintsch, 1998). 이러한 과정에서 독자의 장기 기억에 저장된 어휘, 문법, 배경지식은 새로운 텍스트 정보와 통합되어 이해에 기여한다. 즉, 읽기 과정에서 독자는 자연스럽게 상위 인지(metacognition) 전략을 적용하여 자신의 이해 정도를 모니터링한다.

정보처리 과정으로서의 보기(viewing)

현대의 미디어 환경에서 '보기'는 단순한 시각적 처리를 넘어 다중감각 채널을 통한 복합적인 정보처리를 의미한다. 따라서 보기는 시각적 자료(이미지, 영상, 그래픽 등)와 그에 수반되는 문자 또는 음성 요소를 통합적으로 처리하는 정보 수용 과정으로, 시각적 작업기억과 청각적 작업기억이 상호보완적으로 작동한다. 이중 부호화 이론(dual coding theory)에 따르면, 시각 정보와 언어 정보(문자 또는 음성)가 함께 제시될 때 해당 언어 입력이 서로 인지 체계를 통해 병렬적으로 처리되어 기억과 이해가 향상된다(Paivio, 2014). 일례로, 영상 매체에서는 움직이는 이미지와 음성이 동시에 제시되므로, 시각적 작업기억과 청각적 작업기억이 통합적으로 활성화되어 더 풍부한 의미 구성이 가능해진다. 따라서 이러한 보기 활동에서는 작업기억의 중앙처리장치가 담당하는 주의력 조절(attention control) 역할이 중요하다. 이는 학습자가 다중 양식의 입력(시각, 청각, 텍스트 등) 사이에서 주의를 분배하고, 관련 정보에 선택적으로 주의를 기울이며, 불필요한 정보는 억제해야 하기 때문이다(Mayer & Moreno, 2003). 이러한 사실은 입력의 유형이 복합적인 멀티미디어 자료를 처리하는 학습자의 경우 여러 감각 채널을 통한 동시적 정보처리로 인해 인지 부담이 커질 수 있으므로 학습 내용과 학습자 특성을 반영한 언어 입력의 양과 내용 조정이 중요함을 의미한다(Sweller, 2011).

이와 같은 영어 이해 영역의 세 가지 기능인 듣기, 읽기, 보기의 과정을 정보처리 과정으로 〈그림 7-1〉과 같이 도식화할 수 있다.

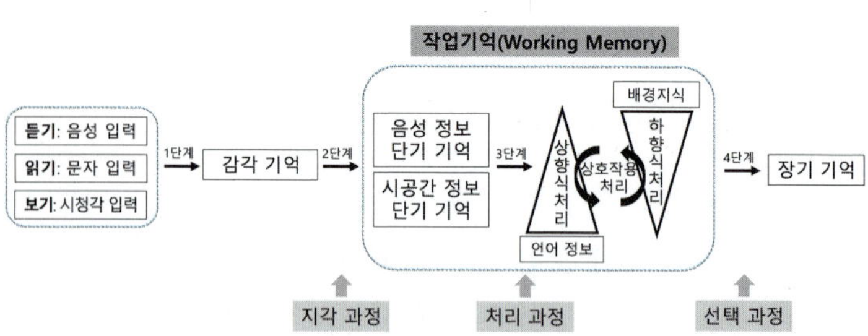

〈그림 7-1〉 세 가지 이해 기능의 정보처리 과정

〈그림 7-1〉은 듣기, 읽기, 보기라는 세 가지 영어 이해 기능의 정보처리 과정을 통합적으로 보여주는 것이다. 각 이해 기능은 서로 다른 유형의 감각 입력(청각, 시각, 시청각 통합)으로 시작하여 감각 기억, 작업기억, 장기 기억의 단계를 거치며 처리된다. 이 과정에서 Baddeley(2003)가 제안한 작업기억의 다중 요소는 각 이해 기능에 따라 다른 하위체계(청각적, 시각적 작업기억)가 주도적으로 활용되며, 보기 과정에서는 이러한 하위체계가 통합적으로 작용된다. 일반적으로 이해 기능은 주의력 통제와 선택적 주의를 통해 관련 정보를 선별하고, 장기 기억의 스키마와 연결하여 의미를 구성하는 공통적 과정을 거친다는 점에 주목할 필요가 있다. 즉, 장기 기억에 저장된 학습자 배경지식이 영어 이해 과정에 자동적으로 개입하게 되는 것이다. 이와 같은 이해 영역의 각 세부 기능별 인지적 특성과 처리 작동 방식의 공통점과 차이점을 이해하는 것은 효과적인 영어 입력 설계와 교수·학습 방법 개발의 기초가 될 수 있다.

SECTION

02 영어 이해 영역과 언어 입력

(1) 유의미한 언어 입력의 중요성

영어 이해의 과정은 곧 영어 입력(input) 이해의 과정이다. 이는 영어 이해 기능(듣기, 읽기, 보기) 지도를 위해서는 학습자의 학습에 실질적으로 도움이 되는 유의미한 언어 입력을 제공하는 것이 핵심적임을 의미한다(Truscott, 2024). 이러한 사실은 앞서 살펴본 영어 이해 과정에 관한 정보처리 관점에서도 확인할 수 있다.

먼저, 유의미한 언어 입력은 학습자의 배경지식과 연결되어 작업기억의 부담을 줄일 수 있다. 이는 학습자의 현재 수준보다 약간 상회하는 이해 가능하며(comprehensible), 흥미를 유발하는(compelling) 언어 입력이 작업기억의 효율적 정보처리를 가능하게 하여 제2언어(영어) 습득을 촉진하기 때문이다(Krashen, 1985; Krashen & Bland, 2014). 이는 학습자에게 의미 있는 주제나 상황 속에서 언어를 접하게 하면, 장기 기억의 스키마가 활성화되어 새로운 정보의 해석과 통합이 더 쉬워지기 때문이기도 하다.

유의미한 입력은 학습자의 주의력을 자연스럽게 끌어들인다. 학습자는 개인적으로 관련성이 높거나 흥미로운 정보에 대해 선택적 주의(selective attention)를 하게 된다(Posner & Rothbart, 2007). 이는 작업기억의 세부 요소로서 주의집중과 집중 전환을 담당하는 중앙실행장치가 더 많은 인지 자원을 해당 정보처리에 할당하게 만들어 이해와 기억을 촉진한다. 그리고 학습자의 관심사, 필요, 경험과 연결된 언어 입력은 학습자의 내재적 동기를 유발하여 지속적인 언어 학습을 가능하게 한다. 이는 동기가 높을수록 인지적 노력

(cognitive effort)이 자연스럽게 증가하여 더 깊은 수준의 정보처리가 이루어지기 때문이기도 하다(Dörnyei & Ushioda, 2011). 또한, 듣기, 읽기, 보기를 통합한 다중감각적(multi-sensory) 언어 입력은 여러 작업기억 체계를 동시에 활용하여 정보처리 효율성을 높인다. 예를 들어, 자막이 있는 영상은 청각적 작업기억과 시각적 작업기억을 동시에 활성화하여 이해를 촉진하는 것으로 알려져 있다(Mayer, 2009). 이는 언어 정보와 비언어 정보(이미지, 소리 등)가 언어 입력으로서 함께 제시될 때 기억과 이해가 향상됨을 의미하는 것으로서 2022 개정 영어과 교육과정에 새롭게 추가된 '보기' 입력 제공과 관련하여 특히 시사하는 바가 있다.

한편, 한국과 같이 외국어로서의 영어(EFL) 환경에서는 교실 밖에서 영어 입력의 기회가 제한적이기 때문에, 교실 내에서 제공되는 언어 입력의 질과 양이 더욱 중요하다. 특히, 외국어로서 제공되는 영어 입력 이해에 대한 부담은 모국어의 그것과는 다르므로 이해 기능 지도를 위한 유의미한 언어 입력의 중요성에 대해 여러 사항을 고려해야 한다. 먼저, 학습자마다 다를 수 있는 정보처리 수준과 양의 차이 및 학습자 작업기억의 용량 제한을 고려하여 언어 입력의 복잡성과 정보량을 학습자의 수준에 맞게 조절해야 한다. 예를 들어, 듣기 자료의 어휘 수준과 발화 속도, 읽기 자료의 문장 길이와 구문 복잡성, 보기 자료의 시각적 복잡성 등을 학습자의 정보처리 수준과 교육과정 권장 사항에 맞게 조정할 필요가 있다. 그리고 새로운 언어 입력이 학습자의 기존 지식 구조, 즉 스키마와 연결될 수 있도록 설계할 필요가 있다. 학습자의 배경지식, 문화적 맥락, 경험과 관련된 주제와 내용을 선택하거나, 학습 전 활동을 통해 관련 스키마를 활성화함으로써 작업기억의 효율성을 높일 수 있다.

또한, 보기 기능 지도를 위한 영어 입력은 해당 기능의 본질적

속성에 따라 음성, 문자, 시각 이미지의 통합적 접근을 통해 여러 작업기억 체계를 동시에 활용하는 언어 입력을 제공하게 된다. 이때의 영어 입력은 매우 다양한 유형의 자료가 지나치게 통합된 형태가 아닌 학습자 수준과 흥미에 적합한 수준일 필요가 있다. 예를 들어, 자막이 있는 비디오는 청각적 정보와 시각적 정보를 동시에 제공하여 이해를 촉진할 수 있지만, 텍스트가 과도하게 많거나 이미지와 분리되어 있으면 오히려 이해를 방해할 수 있다는 점을 고려해야 한다(Mayer, 2014).

위와 같은 영어 입력 제공과 관련된 여러 원리들은 서로 관련되어 있으므로 효과적인 영어 이해 기능 지도를 위해 종합적으로 고려되어야 한다. 또한, 이러한 원리들은 학습자의 정보처리 기능의 특성, 학습 맥락, 교육목표 등에 따라 유연하게 적용되어야 한다. 그럼에도 불구하고, 실제 교육 현장에서 교사가 이러한 모든 원리를 고려하여 개별 학습자에게 최적화된 제2언어 영어 입력을 제공하는 것은 현실적으로 어려운 과제일 수 있다. 이러한 맥락에서 최근 각광받고 있는 인공지능(AI) 기술은 유의미한 영어 입력 설계와 제공을 지원하는 효과적인 도구가 될 수 있다. 인공지능은 대규모 데이터 처리와 개인화된 학습 경험 제공 능력을 통해, 교사가 다양한 학습자의 인지적, 정서적 특성에 맞는 최적화된 언어 입력을 효율적으로 설계하고 제공하는 것을 지원할 수 있다. 이러한 사실과 최근 인공지능 도구의 고도화가 매우 빠르게 이루어지고 있다는 점은 영어 이해 기능 지도에서 핵심적인 언어 입력의 제공 측면에서 인공지능 기술 활용 방안 탐색과 관련 논의를 요구한다.

(2) 인공지능 기술을 통한 유의미한 영어 입력 제공

오늘날의 인공지능 기술은 풍부하고 다양한 형태의 언어 입력을 개별화하여 제공함으로써 영어 이해 기능 교육에 많은 기여를 할 수 있다. 구체적으로, 인간 정보처리 기능의 특성을 고려한 유의미한 영어 입력 설계에 인공지능 도구가 기여할 수 있는 가능성은 다음과 같다.

먼저, 인공지능 도구는 학습자의 수준, 관심사, 학습 스타일에 맞춘 개인화된 영어 입력을 제공할 수 있다. 이는, 서로 다를 수 있는 정보처리량과 작업기억 용량을 고려할 때, 모든 학습자에게 동일한 자료를 제공하는 것보다 인지적으로 효율적이다(Fletcher-Watson & Durkin, 2015). 예를 들어, 인공지능 기반 적응형 학습 시스템은 학습자의 응답 패턴을 분석하여 학습자 정보처리 수준에 적합한 최적의 난이도와 내용의 언어 자료를 제시할 수 있다. 실제로, 인공지능 기반 개인화 학습은 전통적인 일괄 학습(one-size-fits-all approach)보다 학습 성과와 동기 유지에 더 효과적인 것으로 알려져 있다(VanLehn, 2011). 이는 각 학습자의 인지적 특성과 학습 요구에 맞춘 언어 입력이 인공지능 활용을 통해 가능하기 때문으로 볼 수 있다.

또한, 인공지능은 학습자의 이해 과정을 실시간으로 모니터링하고 피드백을 제공할 수 있다. 이는 상위 인지 전략 발달을 지원하며, 특히 복잡한 읽기나 듣기 자료를 처리할 때 작업기억의 효율성을 높인다(Roll et al., 2014). 인공지능 기반 스캐폴딩은 학습자가 어려움을 겪는 부분에서 적절한 도움(어휘 설명, 배경지식 제공, 시각적 보조 등)을 제공하여 인지 부하를 관리하고 이해를 촉진할 수 있다. 이는 특히 영어 학습 초기 단계에서 중요하다(Procter et al., 2007). 이러한 사실은 적시에 제공되는 인공지능 기반 피드백이 학습자의 자기조절 학습(self-regulated learning)을 촉진하고, 학습 전이(transfer of learning)를 향상시킨다는 연구 결과를 통해서도 확인할 수 있는 것이다(Shute, 2008).

이에 더하여, 인공지능은 텍스트, 음성, 이미지, 영상 등 다양한 형태의 영어 입력 자료를 생성하거나 변형할 수 있다. 이는 듣기, 읽기, 보기의 통합적 발달을 지원하며, 이중 부호화를 통한 학습자의 영어 이해와 기억 향상에 기여할 수 있다(Ainsworth, 2006). 특히 문자 및 음성 생성 인공지능은 특정 주제, 어휘 수준, 문법 구조에 맞춘 텍스트나 대화를 즉시 생성할 수 있어, 교사가 학습자에게 최적화된 언어 입력을 제공하는 것을 용이하게 한다. 이는 인지적으로 적절한 수준의 언어 입력을 보장할 수 있는 장치가 될 수도 있다(Zhai et al., 2022).

03 영어 이해 영역 지도를 위한 인공지능 도구

정보처리 기능에 기반한 유의미한 언어 입력 제공을 위해 다양한 AI 도구를 활용할 수 있다. 영어 이해 세부 기능별로 활용할 수 있는 인공지능 도구와 그 활용 방법 및 각 도구의 효과성에 대한 이론적·실증적 근거는 다음과 같다.

(1) 듣기(listening) 지도

듣기 지도를 위한 인공지능 도구 중 대표적인 것은 음성 합성 및 텍스트 음성 변환(Text to Speech: TTS)이며, 이러한 도구들의 교육적 효과성은 여러 측면에서 확인할 수 있다. 먼저 앞서 살펴본 작업기억 용량을 고려한 맞춤형 듣기 자료는 듣기 이해력 향상에 효과적이다(Vandergrift & Baker, 2015). 외국어 듣기에서 작업기억의 정보처리 수준과 잘 맞지 않은 읽기 자료는 목표어 이해를 방해하는 주요 요인이다(Sweller, 2017). 이때 인공지능 TTS 도구를 사용하면 발화 속도, 어휘 밀도, 구문 복잡성 등을 정밀하게 조절하여 학습자의 인지 처리 능력에 최적화된 듣기 자료를 제작할 수 있다.

이러한 인공지능 기술은 학습자를 다양한 억양과 목소리에 노출되게 함으로써 음성 인식의 유연성과 실제 의사소통 상황에서의 적응력을 높인다. 2022 개정 교육과정 초등영어 교과서(예: 천재(이)) 영어 읽기 텍스트를 다양한 영어 발음으로 제시한 것이 영어 교육 현장 적용의 예가 될 수 있다. 이와 같은 다양한 유형의 발음 노출 학습(high variability pronunciation training)을 통해 음소를 구별하는 능력을 향상시킬 수 있다(Thomson, 2018).

나아가, 최근의 인공지능 기반 언어 교육 연구들은 자기조절학습의 중요성을 강조하는데, 인공지능 TTS 도구는 학습자가 자신의 수준과 선호에 맞게 듣기 자료를 조정할 수 있는 자율성을 제공한다. 예를 들어, 학습자는 어려운 부분을 반복하여 들을 수 있고, 속도를 조절하거나 특정 발음을 집중적으로 학습할 수 있다. 이러한 자기 주도적 학습은 동기 유발과 메타인지 전략 발달에 또한 긍정적인 영향을 미친다(Vandergrift & Goh, 2012).

음성 인식 및 발음 평가 도구 또한 듣기 지도에 효과적으로 활용될 수 있다. 특히, 앞서 살펴본 언어 입력의 정보처리 측면에서 듣기와 말하기는 서로 밀접하게 연결된 인지 과정이다. 이에 따라 듣고 따라 말하기 활동은 음성 입력을 음향적으로 처리하고 조음 표상(articulatory representation)으로 변환하는 능력을 강화하여, 듣기와 말하기 능력을 동시에 향상시킨다(Baese-Berk & Samuel, 2016). 또한, 음성 인식 기술을 활용한 즉각적 피드백은 오류 수정

〈표 7-1〉 듣기 지도 도구 예시와 활용법

도구	예시	활용법
음성 합성 및 텍스트 음성 변환(TTS)	Google Text-to-Speech, Amazon Polly, ElevenLabs, Suno AI 등	1. 다양한 억양, 속도, 목소리로 맞춤형 영어 음성 또는 노래 자료 생성 2. 학습자 수준에 맞는 어휘와 문법으로 작성된 텍스트를 자연스러운 음성으로 변환 3. 작업기억 훈련을 위한 점진적 난이도의 듣기 자료 시리즈 제작
음성 인식 및 발음 평가	Google Speech-to-Text, Azure AI Speech, Speechace 등	1. 학습자의 반복 발화를 통한 듣기 이해 확인 2. 듣고 따라 말하기 활동을 통한 청각적 작업기억 강화 3. 실시간 발음 피드백을 통한 음소 인식 능력 향상

과 자기 모니터링 능력 발달에 효과적이다. 인공지능 기반 발음 피드백은 학습자가 자신의 발음 오류를 인식하고 수정하는 데 도움을 주며, 이는 음소 인식 능력과 궁극적으로 듣기 이해력 향상으로 이어진다(McCrocklin, 2016). 특히 교실 환경에서 교사가 모든 학생에게 개별적인 피드백을 제공하기 어려운 상황에서, 인공지능 도구는 맞춤형 피드백을 제공하는 보조교사 역할을 할 수 있다.

또한, 듣고 따라 말하기는 청각적 작업기억을 강화할 수 있다. Baddeley(2012)의 다중 요소 작업기억 모델에 따르면, 음향적 정보는 청각적 작업기억에서 처리된다. 이 기능은 실제 음성언어 기반 제2언어 습득에 중요한 역할을 하는 것으로 알려져 있다. 따라서 인공지능 음성 인식 도구를 활용한 반복 훈련은 청각적 작업기억 용량과 정보처리 효율성을 향상시킬 수 있다. 관련하여, 인공지능 음성 인식 및 평가 도구를 활용한 그룹이 전통적인 듣기 교육을 받은 그룹보다 음소 구별 능력과 전반적인 듣기 이해력에서 유의미한 향상을 보였으며, 특히 자음 대립쌍과 같은 미묘한 소리 차이를 인식하는 능력이 크게 향상되었다고 보고한 Liakin 외(2017)의 연구는 인공지능 기반 음성 인식 및 발음 평가 도구가 듣기 기능 지도에 효과적일 수 있음을 경험적으로 보여주었다는 점에서 중요하다.

(2) 읽기(reading) 지도

읽기 기능 지도를 위한 대표적인 인공지능 도구는 거대 언어 모델(Large Language Model: LLM) 기반의 텍스트 생성 및 수정 도구일 것이다. 이러한 도구들은 다음과 같은 이유로 읽기 교육에 효과적이다. 먼저, 이해가능하고 흥미로운 입력(comprehensible and compelling input) 원리를 효과적으로 구현할 수 있다. 목표어 습득을 촉진할 수 있는 최적화된 제2언어 입력은 학습자의 현재 수준보다 약간 높은 수준임과 동시에 학습자에게 흥미로운 것이어야 한다(Krashen, 1985; Krashen & Bland, 2014). 인공지능 텍스트 생성 도구는 어휘 빈도, 문장 구조 복잡성, 응집성 등을 정밀하게 제어하여 각 학습자에게 최적화된 난이도의 읽기 자료를 제공할 수 있다(Lu, 2021). 또한 학습자의 배경지식, 관심사, 문화적 맥락을 고려한 맞춤형 텍스트를 읽기 입력으로 제작 및 제공할 수 있어 읽기 이해 및 동기 부여에 효과적이다. 기존 지식 구조와 연결되는 텍스트는 더 쉽게 이해되고 기억된다(Anderson & Pearson, 1984). 즉, 인공지능 텍스트 생성 도구는 학습자의 관심 분야, 문화적 배경, 직업적 요구 등을 반영한 맞춤형 텍스트를 대규모로 생성할 수 있어 모든 학습자에게 적합한 '하나의 텍스트'를 찾는 것보다 효율적이고 효과적이다(Chen, 2022).

이러한 텍스트 생성 인공지능 기술을 활용은 기존의 영어교육 방식과 비교하여 학습자의 자기 주도적 학습을 촉진할 수 있다는 점에서도 중요하다. 즉, 동일한 내용을 다양한 난이도로 제시함으로써 학습자는 자신의 이해 수준을 점검하고 읽기 전략을 스스로 조절하는 능력을 발달시킬 수 있다. 이와 같은 자기 주도적 학습 역량이 학습자 텍스트 이해력 향상과도 연관될 수 있음을 생각할 때, 학습자가 자기 스스로 이해할 수 있는 읽기 텍스트 입력 제작과 적용까지 텍스트 생성 인공지능 기술 활용 확장을 시도해볼 수 있다.

유창한 영어 읽기를 가능하게 하는 여러 요인들 가운데 하나는 어휘력(vocabulary)이다. 어휘력과 관련된 영어 읽기에서의 인공지능 도구들의 효과성은 다음과 같은 측면에서 확인할 수 있다. 먼저, 어휘 지식은 읽기 이해의 가장 강력한 예측 변인 중 하나이므로 읽기 자료 단순화와 같은 개작을 통해 텍스트 접근성을 높이는 데 효과적이다(Nation, 2013). 읽기 자료의 온전한 이해를 위해서는 텍스트 전체 어휘의 약 95~98%를 알고 있는 것이 필요하다는 점을 고려할 때(Laufer & Ravenhorst-Kalovski, 2010), 인공지능 기반 어휘 지원 도구는 학습자가 자신의 어휘 수준으로는 접근하기 어려운 읽기 자료를 이해가능한 수준으로 변형하는데 도움을 준다.

이러한 사실은 학습자의 인지 처리 능력 한계와도 연관되어 있다. 실제로 학습자가 이해하지 못하는 어휘와 구문이 많이 복잡한 읽기 자료는 작업기억에 과도한 부담을 주어 학습자의 이해를 방해할 수 있다. 이때, **인공지능 기반 읽기 자료 간소화 및 설명 도구의 활용은 최적의 읽기 학습 조건을 학습자에게 제공할 수 있다**

〈표 7-2〉 읽기 지도 도구 예시와 활용법

도구	예시	활용법
텍스트 생성 및 수정	ChatGPT, Claude, Gemini 등	1. 학습자 수준과 관심사에 맞는 맞춤형 읽기 자료 생성 2. 기존 텍스트의 난이도 조정(어휘 수준, 문장 길이, 구문 복잡성) 3. 특정 문법 구조나 어휘가 강조된 텍스트 생성
읽기 보조 및 어휘 지원	Rewordify, Newsela AI, ELSA Speak 등	1. 복잡한 텍스트의 실시간 간소화 및 어휘 설명 2. 배경지식 스캐폴딩을 통한 작업기억 부담 감소 3. 점진적 어휘 확장을 위한 개인화된 읽기 경로 설계
읽기 평가 및 피드백	Quillionz, Brisk Teaching, MS Teams Reading Progress 등	1. 텍스트에 관한 AI 생성 질문으로 여러 수준의 이해력 확인 2. 학습자의 텍스트 이해 패턴 분석 및 맞춤형 피드백 3. 상위 인지 전략 개발을 위한 안내된 읽기 활동 설계

(Mutlu-Bayraktar et al., 2019). 그리고 인공지능 읽기 보조 도구는 학습자의 이해 상태에 따라 스캐폴딩의 수준을 실시간으로 조절할 수도 있어, 점진적으로 자립적 읽기 능력을 발달시키는 데에도 효과적이다(Chen & Meurers, 2019).

한편, 유창한 읽기를 위해 중요한 어휘 지식의 장기 기억 보존과 관련하여, 일정 간격을 둔 반복적이고 다양한 맥락에서의 정교화된 어휘 노출이 중요하다고 알려진 바 있다(Schmitt, 2008). 이를 고려한 인공지능 기반 어휘 학습 도구는 최적의 간격과 다양한 맥락에서 목표 어휘를 반복 노출시켜, 어휘의 장기 기억 저장을 촉진한다는 점에서도 그 효과가 있다고 할 수 있다(Schuetze & Weimer- Stuckmann, 2011).

학습자 읽기 결과에 관한 평가와 피드백은 읽기 학습 효과를 향상시키는데 기여할 수 있다(Hattie & Timperley, 2007). 따라서 위와 같은 인공지능 기반 읽기 평가 도구는 실시간으로 학습자의 이해 수준을 분석하고 개인화된 피드백을 제공할 수 있어, 교사 한 명이 많은 학생들에게 개별적 피드백을 제공해야 하는 교실 수업의 한계를 보완할 수 있다. 특히, 인공지능 질문 생성 도구는 텍스트에 대한 사실적 이해부터 분석, 평가, 창조와 같은 고차원적 사고력을 요구하는 질문까지 다양한 수준의 질문을 자동으로 생성할 수 있다. 이를 활용해 학습자 개인차에 알맞은 읽기 후 활동 워크시트 및 평가 도구 제작이 가능하다.

학습자는 이러한 도구 활용을 통해 자신의 읽기 이해를 스스로 모니터링할 수 있다(Azevedo et al., 2019; McNamara, 2007). 또한, 학습 분석(learning analytics)을 통한 데이터 기반 개입은 개인화된 학습 경로 설계에 효과적이다. 인공지능 도구는 학습자의 읽기 패턴, 오류 유형, 시간 배분 등을 분석하여 학습자의 강점과 약점을 객관적으로 진단하고, 이에 기반한 맞춤형 학습 전략을 제안할 수 있다.

(3) 보기(Viewing) 지도

앞서 '보기'를 위한 언어 입력은 시각적 자료(이미지, 영상, 그래픽 등)와 그에 수반되는 문자 또는 음성 요소가 결합된 형태라고 하였다. 이와 같은 언어 입력 제공을 위해 위와 같은 이미지 및 영상 생성 인공지능 도구 활용이 가능하다. 해당 도구들은 언어 내용과 일치하는 시각 자료를 생성할 수 있어, 이중 부호화를 통한 영어 습득 효과를 높일 수 있다(Paivio, 2014). 또한, 적절한 시각 자료는 복잡한 언어 정보의 처리 부담을 줄이고 이해를 촉진시킬 수 있다(Mayer, 2009). 특히 추상적 개념이나 공간적 관계, 복잡한 과정 등은 언어만으로 설명하기 어렵지만, 시각 자료를 통해 직관적으로 이해를 도울 수 있다.

이러한 접근은 인간 다중 지능의 관점에서 시각적 학습 선호도를 가진 학습자들에게 특히 효과적일 수 있다. 이와 같이 인공지능 이미지 생성 도구의 활용은 다양한 학습 스타일을 지원하는 포용적 교육 환경을 조성하는 데 기여한다. 그뿐만 아니라 시각 자료는 학습 심리적 측면에서 학습자의 학습 동기와 참여도를 높일 수 있다. 색상, 움직임, 공간 관계 등의 시각적 요소는 주의를 끌고 기억을 촉진하며, 학습 내용에 대한 정서적 연결을 강화한다. 인공지능 이미지 생성 도구는 학습자의 관심사와 문화적 맥락을 반영한 맞춤형 시각 자료를 통해 이러한 정서적 연결을 강화할 수 있는 것이다.

AR 및 VR 도구는 학습자에게 특정 상황과 관련된 맥락 정보를 제공하여 실제적인 언어 이해와 표현의 경험을 제공해준다. 이러한 도구를 활용해 교실 환경에서 실제적 언어 사용 맥락을 시뮬레이션함으로써, 외국어 환경에서 부족한 실제적 언어 노출 기회를 보완할 수 있다. 즉, 학습자가 가상 환경에서 움직이고, 조작하고, 상호작용하는 과정에서 언어 이해와 표현을 실제적으로 경험하게 함으로써, 언어와 의미의 체화된 연결을 강화하게 되는 것이다(Shadiev & Liang, 2024). 정서적 측면에서 또한 몰입형 경험은 학습에 대한 동기와 참여도를 높인다. 현존감(presence)과 몰입(immersion)은 AR과 VR의 핵심 특성으로, 이는 학습자의 주의집중, 정서적 참여, 그리고 학습 경험에 대한 기억을 강화한다(Makransky & Petersen, 2021). 특히 의사소통 불안감이 높은 학습자들에게 VR은 언어 이해와 표현 실패에 대한 두려움 없이 언어를 연습할 수 있는 환경을 제공할 수 있다.

Lin과 Lan(2015)은 여러 연구를 종합하여 AR과 VR을 활용한 언어 학습이 어휘 습득, 듣기 이해, 문화적 이해, 의사소통 자신감 등 외국어 학습에서 중요한 여러 영역에서 보통 이상의 효과를 보였음을 보고하였다. 보다 최근에는, 인공지능과 AR·VR의 통합 가능성이 탐구되고 있다. 이는 인공지능이 학습자의 행동과 반응을 실시간으로 분석하여 가상 환경을 동적으로 조정하고, 더욱 개인화된 학습 경험을 제공할 수 있다는 점에 바탕을 둔다. 이러한 지능형 몰입 환경(intelligent immersive environments)은 학습자의 언어 이해 능력과 상황적 의사소통 능력을 효과적으로 향상시킬 수 있는 잠재력을 가지고 있으므로 향후 외국어 학습에 더욱 다양하게 활용될 것으로 기대되고 있다(Chen et al., 2020).

Mayer(2009)의 멀티미디어 학습 원리에 따르면, 시각적 이미지와 구두 설명이 동시에 제공될 때 학습 효과가 최대화될 수 있다.

자막은 여기에 문자적 정보를 추가하여 다중 표상(multiple representations)을 통한 이해를 더욱 강화하므로, 다중 보기 입력 양식(multimodal viewing input) 제공의 측면에서 위와 같은 도구들이 활용될 수 있다. 그리고 적절한 문자(자막) 입력 제공은 듣기 처리의 부담을 줄이고 내용 이해에 더 많은 인지 자원을 할당할 수 있게 한다. 이는 실시간 음성 처리에 부담을 가질 수 있는 외국어 학습자에게 인지 처리 부담을 줄이고 내용 이해를 지원할 수 있으므

〈표 7-3〉 보기 지도 도구 예시와 활용법

도구	예시	활용법
이미지 및 영상 생성	ChatGPT(DALL-E / Sora), Midjourney, Runway ML 등	1. 학습 내용과 관련된 맞춤형 시각 자료/이미지 생성 2. 추상적 개념의 시각화를 통한 영어 이해 촉진 3. 텍스트와 이미지의 통합을 통한 멀티모드 영어 입력 제작
증강 현실(AR) 및 가상 현실(VR)	Google ARCore, Nearpod VR, ImmerseMe 등	1. 실제적 맥락에서의 언어 학습을 위한 몰입형 환경 제공 2. 시공간적 작업기억을 활용한 상황 기반 언어 학습 3. 다중감각 경험을 통한 장기 기억으로의 전이 강화
비디오 내용 분석 및 자막 생성	Kapwing, Descript, YouTube Studio, YouTube Summary 등	1. 영상 콘텐츠의 자동 분석 및 학습 포인트 추출 2. 다양한 수준의 자막 제공(원어, 번역, 간소화) 3. 시청각 자료의 핵심 개념을 강조한 학습 가이드 생성
통합적 언어 이해	Genially, Canva, H5P 등	1. 텍스트, 음성, 이미지, 영상이 통합된 상호작용형 학습 자료 제작 2. 다양한 작업기억 체계를 동시에 활용하는 학습 활동 설계 3. 학습자 참여와 동기를 높이는 게임화 요소 통합

로 유용하다(Winke et al., 2010).

인공지능 기반 자막 생성 도구는 학습자의 수준에 맞게 자막의 언어적 복잡성을 조절할 수 있어, 최적의 인지 부하 관리를 가능하게 할 수 있다. 예를 들어, 자막이 있는 영상을 활용한 영어 개별 학습에서 학습자는 자신의 페이스와 선호에 따라 학습을 조절할 수 있다. 즉, 어려운 부분을 반복하여 시청하거나, 자막을 통해 모르는 단어를 확인하고, 필요에 따라 영상 속도를 조절하는 등의 자기 주도적 학습이 가능한 것이다. 이와 같이 인공지능 도구는 다양한 유형의 자기 주도적인 학습을 위한 지원 기능(자동 용어 설명, 문맥 기반 번역, 내용 요약 등)을 제공할 수 있다. 이와 관련하여 이미 Montero Perez 외(2013)는 메타분석을 통해 자막이 있는 비디오는 어휘 습득, 듣기 이해, 읽기 유창성 등 여러 영역에서 효과적임을 보여준 바 있다. 현재 그 발달 정도가 계속 가속화되고 있는 인공지능 기반 맞춤형 자막과 내용 분석이 통합된 학습 환경은 이러한 학습 효과를 더욱 극대화할 것으로 예상된다.

최근 강조되고 있는 다중 문해력(multiliteracies)을 고려한다면 다양한 양식을 통합한 언어 학습 콘텐츠는 현대 사회의 복합적 의사소통 환경에 필요한 역량 발달을 가능하게 한다는 점에서 중요하다. 인공지능 기반 다중 모드 콘텐츠 제작 도구는 이러한 다양한 양식을 효과적으로 통합하여 학습자의 다중 문해력 발달을 촉진할 수 있다.

정보처리 관점에서 또한 다중 모드 접근은 시각적, 청각적 작업기억을 동시에 활성화하여 정보처리의 효율성과 기억 유지를 도울 수 있다(Baddeley, 2012; Jewitt, 2008). 즉, 시각적 정보와 청각적 정보가 서로 다른 작업기억 하위체계(청각적, 시각적 작업기억)에서 처리되므로, 다중 모드 콘텐츠는 이러한 다양한 작업기억 체계를 동시에 활용하여 작업기억의 총 용량을 효과적으로 활용할 수 있게 하는 것이다. 또한 학습자 참여적 측면에서 또한 이러한 상호작용형 다중 모드 콘텐츠는 수동적 학습을 능동적 참여로 전환시킬 수 있고, 게임화 요소가 통합된 다중 모드 콘텐츠는 학습자의 동기와 학습 지속성을 높일 수 있다.

SECTION

04 영어 이해 영역 지도와 인공지능 도구 활용 방안

(1) 인공지능 도구 활용를 위한 교육적 고려

앞서 제시한 이해 영역 세 가지 세부 기능 지도를 위한 다양한 인공지능 도구는 앞으로 그 종류와 적용 영역이 계속해서 확대될 것이다. 이러한 기술적 진보가 교육 현장에 더욱 타당하고 효과적으로 적용되기 위해 여러 교육적 원칙을 고려할 필요가 있다.

먼저 인공지능을 통해 생성되는 풍부한 영어 입력이 오히려 학습자의 정보처리 어려움을 가중시키지 않도록 적절한 수준, 분량 조절 및 스캐폴딩 제공 방법을 함께 설계해야 한다. 특히 초기 초등 영어 학습자의 경우, 작업기억의 제한된 용량을 고려하여 정보의 양과 복잡성을 조절하는 것이 매우 중요하다(Sweller, 2011). 따라서 교사는 인공지능 도구가 제공하는 영어 입력과 피드백이 학습자의 현재 영어 수준에 크게 벗어나지 않도록 세심하게 조정해야 한다. 이는 학습자가 독립적인 언어 정보처리 능력을 점진적으로 발달시키는 데 필수적일 것이다.

또한, 인공지능을 활용한 영어 입력 제공은 의미 있는 맥락에서의 영어 이해를 촉진할 수 있어야 한다. 실제적인(authentic) 또는 실제에 가까운(authentic-like) 영어자료를 인공지능으로 생성하거나 변형할 때, 영어의 자연스러움과 문화적 맥락이 유지되도록 주의해야 한다. 이는 학습자가 실제 의사소통 상황에 전이 가능한 이해 능력을 발달시키는 데 중요하다(Gilmore, 2007). 다시 말해, 의미 중심의 맥락화된 영어 학습은 장기적인 언어 습득에 효과적이므로,

인공지능 도구는 영어 이해 기능 지도에서 이러한 의미 중심 접근을 지원하는 방향으로 활용되어야 한다.

무엇보다, 인공지능 도구는 교사를 대체하는 것이 아니라, 영어 입력을 제공하는 교사의 교육적 결정과 학습자와의 상호작용을 보완하는 역할을 해야 한다는 점이 중요하다. 인공지능 도구의 활용에 있어 교사는 인공지능이 생성한 내용의 교육적 적합성을 판단하고 필요에 따라 조정하는 중재자 역할을 수행해야 한다(Selwyn, 2019). 학습자 또한 21세기 언어 학습자의 필수 역량으로써 인공지능 생성 콘텐츠를 비판적으로 평가하고, 인공지능과의 상호작용을 통해 자신의 학습을 조절하는 능력을 개발할 수 있어야 한다(Zhai, 2022). 이는 학습자와 교사 모두 인공지능 도구의 가능성과 한계를 이해하는 인공지능 리터러시를 발달시키는 것이 중요하다는 사실과도 일맥상통한다.

(2) 교육과정의 교수·학습 및 평가와 인공지능 도구 활용

2022 교육과정에는 인공지능 도구 활용에 관한 방향성이 간단하게 언급되어 있다. 그러나 인공지능 기술의 급속한 발전과 교육적 활용 가능성을 고려할 때 향후 교육과정 문서 또는 관련 해설자료에서 효과적인 인공지능 도구 활용을 위한 체계적이고 지침 제공이 필요할 수 있다. 앞서 영어 이해 기능(듣기, 읽기, 보기) 지도에서 학습자 정보처리 방식을 고려하여 유의미한 영어 입력 제공을 위한 인공지능 도구의 다양한 활용이 가능함을 알아보았다. 따라서 인공지능의 효과적 활용을 위한 교수·학습 및 평가 방향을 교육과정이나 관련 문서에 제시하여 영어 학습에서의 여러 인공지능 도구 활용 효과성을 높일 수 있다.

이는 앞서 제시한 것과 같이 교사들이 인공지능 기반 영어 교수·학습 도구와 자료의 적용을 유의미한 영어 입력 제공을 위한 핵심 전략으로 활용할 수 있도록 지원하기 위함이다. 일례로, 현 2022 개정 영어과 교육과정 문서에는 "영어 학습과 관련된 각종 인공지능 기술(음성 인식, 음성 합성, 기계 번역, 챗봇 등)을 적극적으로 수업에 도입하여 인공지능 리터러시를 키우고 개인의 영어 학습 성장을 돕는 올바른 활용법을 익히도록 지도한다(교육부, 2022, p. 94)."라는 매우 일반적 방향성이 제시되어 있다. 그러나 인간 정보처리 기능에 기반한 언어 이해 기능 지도에서 인공지능 도구가 어떻게 효과적으로 활용될 수 있는지, 그리고 이러한 활용이 어떤 교육적 원리에 기반해야 하는지에 대한 구체적인 지침으로서는 교육과정 문서의 해당 안내가 다소 추상적으로 보이는 것이 사실이다. 인공지능 기술의 교육적 활용은 단순히 새로운 도구의 도입을 넘어, 학습자의 인지적 특성과 언어 습득 과정을 고려한 체계적인 접근 위에 이루어져야 한다. 특히 듣기, 읽기, 보기와 같은 이해 기능은 각각 다른 정보처리 체계를 통해 작동하며, 인공지능 도구 또한 이러한 특성을 고려하여 차별화된 방식으로 활용되어야 함을 앞서 살펴보았다. 따라서 향후 교육과정 문서의 '교수·학습 및 평가' 영역에 인공지능 도구 활용에 관한 보다 구체적인 내용이 추가될 필요가 있을 것이다.

먼저, 현 교육과정 "교수·학습 방법'의 "(바) 영어 학습을 지원하는 각종 인공지능 기술 및 디지털 도구(영어 키보드, 영어 사전, 녹음, 학습용 앱, 코퍼스 데이터, 자동 번역, 챗봇, 각종 멀티미디어 저작 도구 등)를 적극적으로 수업에 도입하여 디지털 및 인공지능 리터러시를 함양하고 개인의 영어 학습 성장에 도움이 되는 활용법을 지도한다(교육부, 2022, p. 110)."를 보완하여 다음과 같은 내용을 구체적으로 안내할 수 있을 것이다.

- 인공지능 도구는 영어 학습자의 인지적 특성을 고려하여 활용하며, 듣기, 읽기, 보기와 같은 이해 기능별 특성에 맞게 차별화하여 적용한다. 예를 들어, 듣기에서는 맞춤형 난이도 조절, 읽기에서는 스캐폴딩, 보기에서는 다중 모드 자료 제공에 인공지능을 활용할 수 있다.
- 학습자의 배경지식, 관심사, 수준에 맞춘 개인화된 언어 입력 제공에 인공지능을 활용해야 한다. 이는 스키마 활성화를 통해 이해와 기억을 촉진하고, 맥락화된 자료를 통해 작업기억의 효율적 활용과 장기 기억으로의 전이를 돕는다.
- 교사는 인공지능 활용의 중재자로서 생성 콘텐츠의 교육적 적합성을 판단하고, 학습자의 활용 과정을 모니터링하며, 인공지능 리터러시 발달을 위한 지도와 피드백을 제공해야 한다.

또한 교육과정 '교수·학습 방법'의 "(아) 디지털 기반 영어 학습 자료와 프로그램(이미지, 영상, 가상 체험 등)을 사용하여 실제성 있는 다양한 언어 입력(음성, 문자)을 제공함으로써 학습자가 실제 영어에 친숙해지고 생동감 있는 문화 체험을 할 수 있도록 지원한다(교육부, 2022, p. 26)." 또한 본 장에서 다룬 언어 기능별 인공지능 도구 활용을 고려하여 다음과 같이 구체화될 수 있다.

- 듣기에서는 인공지능 음성 합성 기술로 다양한 억양, 속도의 맞춤형 오디오 자료를 제작하고, 학습자의 정보처리 어려움을 고려한 난이도 조절을 한다. 또한 음성 인식 기술로 학습자의 발음과 억양을 분석하여 듣기 이해와 연계한 피드백을 제공

한다.

- 인공지능 대화 시스템을 활용해 학습자와의 실시간 상호작용을 통한 의미 협상 기회를 제공하고, 학습자 반응에 따라 음성 입력을 조정하여 근접발달영역 내 학습을 촉진한다.
- 읽기에서는 인공지능 텍스트 생성 도구로 학습자의 수준과 관심사에 맞는 맞춤형 읽기 자료를 제작하고, 이해 가능한 입력 수준을 유지한다.
- 인공지능 읽기 보조 도구를 활용해 실시간으로 텍스트 간소화나 어휘 설명을 제공하여 작업기억 부담을 줄이고, 독해력 평가 도구로 학습자의 이해 패턴을 분석하여 상위 인지 전략 발달을 지원한다.
- 보기에서는 인공지능 이미지/영상 생성 도구로 맞춤형 시각 자료를 제작하여 다양한 유형의 입력을 제공하고, AR/VR 도구를 활용해 실제적 맥락에서의 언어 학습 환경을 제공한다.
- 인공지능 비디오 분석 및 자막 생성 도구를 활용하여 영상 콘텐츠의 언어적, 시각적 요소를 통합 분석하고, 학습자 수준에 맞는 자막 옵션으로 듣기와 읽기의 통합적 이해를 지원한다.

이에 더하여, 현 교육과정 '교수·학습 방법'에 제시된 "(마) 온오프라인상의 다양한 영어 의사소통의 기회(교사와 학습자 간, 학습자 간, 학습자와 영어 사용 공동체 간)를 제공하고 안내하여 언어·문화적 상호작용 능력을 향상시킨다(교육부, 2022, p. 26)."와 "(차) 테크놀로지를 활용한 영어 콘텐츠 제작이나 디지털 스토리텔링(storytelling) 등과 같은 창의적 문제 해결 과업을 영어수업 내용에 포함하여 학습자의 총체적인 언어 역량을 향상한다(교육부, 2022, p. 94)."를 보완하여 다음과 같은 내용을 추가할 수 있다.

- 인공지능 기반 다중 모드 콘텐츠 제작 플랫폼을 활용해 텍스트, 음성, 이미지, 영상이 통합된 상호작용형 학습 자료를 제작하고, 다양한 작업기억 체계를 동시에 활용하는 활동을 설계한다. 이를 통해 학습자의 다중 문해력을 발달시키고, 현대 사회의 복합적 의사소통에 필요한 통합적 이해 능력을 함양한다.
- 인공지능 적응형 학습 시스템으로 학습자의 학습 이력과 성취도에 따라 자동 조정되는 학습 경로를 제공하고, 정보처리 체계를 고려한 최적의 학습량과 반복 간격을 설정하여 인지적 특성에 최적화된 학습 경험을 제공한다.

한편, 학습자 평가와 관련하여, 현 교육과정 '평가의 방향'에 제시된 "(바) 다양한 디지털 평가 도구를 적극적으로 활용한다. 디지털 분석평가 도구를 활용하여 실제적인 평가 맥락을 제공하고 다양한 학습자 데이터를 체계적으로 구축한다. 이를 토대로 다각적이고 신뢰할 만한 평가 결과를 도출할 수 있다(교육부, 2022, p. 28)."와 평가의 방법에 제시된 "(타) 이해 영역 평가에서는 디지털 텍스트, 텍스트 난이도, 읽기나 듣기 속도, 어휘·언어 형식수준 등 학습자 개인의 읽기와 듣기 수준을 객관적으로 평가할 수 있는 각종 보충 자료 및 디지털 프로그램(인공지능 기반 플랫폼 등)을 활용하여 학습자의 이해 능력을 진단하고, 개인별 맞춤형 피드백을 제공하여 학습의 향상 과정을 파악한다(교육부, 2022, p. 79)."를 보다 구체화하여 다음과 같이 제시할 수 있다. 이때, 인공지능 도구를 활용한 평가에서 주의해야 할 윤리적 측면에 대한 언급이 꼭 필요할 것이다.

- 학습자의 단편적 지식 평가를 지양하고, 인공지능 기술로 이해 기능이 실제 의사소통 상황에서 통합적으로 작용하는 방식을 평가할 수 있는 실제적 과제를 개발하고 적용한다.
- 인공지능 형성평가 도구로 학습 과정에서 지속적 피드백을 제공하고, 학습자의 이해 기능 수행 과정을 실시간 모니터링하여 개인화된 피드백으로 상위 인지 전략 발달을 지원한다.
- 인공지능 음성/텍스트 분석 기술로 학습자의 듣기와 읽기를 다양한 방식으로 평가하고 맞춤형 피드백을 제공한다. 시각 정보와 언어가 결합된 자료로 보기 기능도 함께 평가할 수 있다.
- 인공지능 학습 분석으로 학습자의 이해 기능 발달 데이터를 종합적으로 수집·분석하여 개인별 맞춤형 평가와 피드백을 제공함으로써 학습자의 영어 이해 능력 발달 과정을 총체적으로 지원한다.
- 인공지능 평가의 윤리적 측면과 한계를 인식하고, 교사의 전문적 판단으로 보완한다. 알고리즘의 비정확성, 데이터 프라이버시 등을 고려하여 인공지능 평가와 교사의 질적 평가를 균형 있게 조합해 공정하고 포괄적인 평가 시스템을 구축한다.

인공지능 기술의 빠른 발전과 교육적 활용 가능성을 고려하여, 영어 이해 기능 지도와 관련해 향후 개정될 교육과정에서는 인공지능 도구의 교수·학습과 평가 활용 지침을 위와 같이 더욱 자세하게 제시할 수 있을 것이다. 본 장의 서두에 언급한 것과 같이 교수·학습과 평가의 일반적 지침 제공이라는 국가 수준 교육과정의 성격을 고려한다면 인공지능 도구 활용 관련 내용이 너무 세부적인 수준까지 규정되는 것은 적절하지 않을 수 있다. 그럼에도 불구하고, 최근 인공지능 도구의 바람직한 교육적 활용에 관한 여러 이슈와 논의를 고려하였을 때, 듣기, 읽기, 보기 각 영역에서 인공지능 도구의 교육적 활용 원리와 방법, 그리고 이를 위한 교사의 역할과 역량에 대한 기본적인 방향성을 제시할 필요는 있어 보인다. 특히, 본 장에서 다룬 인간 정보처리 기능에 기반한 유의미한 언어 입력 제공, 개인화된 학습 경험 설계, 그리고 통합적 이해 능력 발달을 지원하는 인공지능 도구의 활용 방안이 교육과정에서 일부 제시된다면, 교사들은 보다 일관되고 효과적인 방식으로 인공지능 기술을 영어교육에 활용하는데 도움을 얻을 수 있을 것이다. 또한, 이와 같이 보다 구체적인 교육과정의 지침은 단순히 기술 활용의 장려를 넘어, 인공지능 도구가 인간 정보처리 기능의 특성과 언어 습득의 원리에 부합하는 방식으로 활용될 수 있도록 보장하는 데 중요한 역할을 할 것이다. 그리고 이는 궁극적으로 학습자가 인공지능 시대에 필요한 언어 이해 능력과 인공지능 리터러시를 동시에 발달시키는 데 기여할 것이다.

나아가 미래 교육 환경과 인공지능 기술 발전을 고려하여 학교급별 특성에 맞는 이해 영역 지도 방안이 제시될 필요도 있다. 초등학교에서는 시각적 요소가 풍부한 멀티미디어 자료와 게임형 AI 활용을 통해 기초적 이해력과 학습 흥미를 촉진하고, 중학교에서는 개인화된 AI 도구를 통해 다양한 주제의 텍스트 이해와 자기 주도적 학습 능력을 발달시키며, 고등학교에서는 전문적 내용의 비판적 분석과 진로 연계 학습을 지원하는 고도화된 AI 활용으로 차별화할 수 있다. 이러한 학교급별 접근을 교육과정 성취기준 설계, 교수·학습 자료 개발, 평가 방식 등에 체계적으로 반영하는 것을 검토할 필요가 있을 것이다.

앞으로의 영어교육은 인간 인지의 특성과 인공지능 기술의 교육적 활용 가능성을 통합적으로 고려하여, 모든 학습자가 자신의 잠재력을 최대한 발휘할 수 있는 개인화된 언어 학습 경험을 설계하는 방향으로 나아갈 것이다. 이를 통해 인간 정보처리 기능에 기반한 유의미한 언어 입력 설계라는 교육적 원리를 영어교육에서 실현을 할 수 있을 것으로 보인다. 그리고 이는 학습자들이 복잡하고 다양한 현대 사회의 의사소통 맥락에서 효과적으로 기능할 수 있는 영어 이해 능력을 발달시키는 데 기여하게 될 것이다. 이러한 변화가 여전히 외국어로써 영어 입력을 이해하고 있는 한국 학습자에게 더욱 유의미할 수 있도록 국가 수준의 교육과정, 영어교육 연구 및 수업 현장은 인공지능 시대의 교육적 요구를 파악하고, 효과적인 인공지능 도구 활용의 방법을 적극적으로 모색해야 할 것이다.

참고문헌

Reference

교육부. (2022). 영어과 교육과정. 교육부 고시 제2022-29호 [별책 14].

배주경. (2024). 2022 개정 초등학교 영어과 교육과정의 적용 시 예상되는 쟁점에 대한 교사의 인식 분석. *초등영어교육, 30*(2), 61-80.

이영아. (2023). 역량기반 교육과정의 특징과 2022 개정 영어과 교육과정의 변화 분석. *외국어교육연구, 37*(1), 117-144.

조규희. (2020). 교사 교육과정 문해력 기반 초등영어교육에서의 세계시민교육 구현 방안. *초등영어교육, 26*(2), 31-53.

Ainsworth, S. (2006). DeFT: A conceptual framework for considering learning with multiple representations. *Learning and Instruction, 16*(3), 183-198.

Alloway, T. P. (2006). How does working memory work in the classroom? *Educational Research and Reviews, 1*(4), 134-139.

Anderson, J. R. (2020). *Cognitive psychology and its implications* (9th ed.). Macmilan learning.

Baker, L. (2008). Metacognition in comprehension instruction. In C. C. Block & S. R. Parris (Eds.), *Comprehension instruction: Research-based best practices* (2nd ed., pp. 65-79). Guilford Press.

Baker, R. S., & Inventado, P. S. (2014). Educational data mining and learning analytics. In J. A. Larusson & B. White (Eds.), *Learning analytics: From research to practice* (pp. 61-75). Springer.

Baese-Berk, M. M., & Samuel, A. G. (2016). Listeners beware: Speech production may be bad for learning speech sounds. *Journal of Memory and Language, 89*, 23-36.

Baddeley, A. (2003). Working memory and language: An overview. *Journal of communication disorders, 36*(3), 189-208.

Baddeley, A. (2012). Working memory: Theories, models, and controversies. *Annual Review of Psychology, 63*, 1-29.

Beauchamp, M. S. (2005). See me, hear me, touch me: Multisensory integration in lateral occipital-temporal cortex. *Current Opinion in Neurobiology, 15*(2), 145-153.

Carpenter, P. A., & Just, M. A. (2013). The role of working memory in language comprehension. In *Complex information processing* (pp. 51-88). Psychology Press.

Chen, M., Chai, C. S., Jong, M. S. Y., & Jiang, M. Y. C. (2020). *Artificial intelligence in education: A review.* IEEE Access, 8, 75264-75278.

Clark, R. C., & Mayer, R. E. (2016). *E-learning and the science of instruction: Proven guidelines for consumers and designers of multimedia learning* (4th ed.). Wiley.

Dehaene, S. (2009). *Reading in the brain: The science and evolution of a human invention.* Viking.

Dörnyei, Z., & Ushioda, E. (2011). *Teaching and researching motivation* (2nd ed.). Longman.

Fletcher-Watson, S., & Durkin, K. (2015). Uses of new technologies by young people with developmental disorders. In J. Van Herwegen & D. Riby (Eds.), *Neurodevelopmental disorders: Research challenges and solutions* (pp. 243-267). Psychology Press.

Gilmore, A. (2007). Authentic materials and authenticity in foreign language learning. *Language Teaching, 40*(2), 97-118.

Grabe, W., & Stoller, F. L. (2013). *Teaching and researching reading* (2nd ed.). Routledge.

Hattie, J., & Timperley, H. (2007). The power of feedback. *Review of Educational Research, 77*(1), 81-112.

Jewitt, C. (2008). Multimodality and literacy in school classrooms. *Review of Research in Education, 32*(1), 241-267.

Kintsch, W. (1998). *Comprehension: A paradigm for cognition.* Cambridge University Press.

Kozhevnikov, M., Kosslyn, S., & Shephard, J. (2013). Spatial versus object visualizers: A new characterization of visual cognitive style. *Memory & Cognition, 41*(6), 914-927.

Krashen, S. D. (1985). The input hypothesis: Issues and implications. Longman.

Krashen, S., & Bland, J. (2014). Compelling comprehensible input, academic language and school libraries. *Children's Literature in English Language Education, 2*(2), 1-12.

Liakin, D., Cardoso, W., & Liakina, N. (2017). The pedagogical use of mobile speech synthesis (TTS): Focus on French liaison. *Computer Assisted Language Learning, 30*(3-4), 325-342.

Lin, T. J., & Lan, Y. J. (2015). Language learning in virtual reality environments: Past, present, and future. *Educational Technology & Society, 18*(4), 486-497.

Mayer, R. E. (2009). *Multimedia learning* (2nd ed.). Cambridge University Press.

Makransky, G., & Petersen, G. B. (2021). The cognitive affective model of immersive learning (CAMIL): A theoretical research-based model of learning in immersive virtual reality. *Educational Psychology Review, 33,* 937-958.

McCrocklin, S. M. (2016). Pronunciation learner autonomy: The potential of automatic speech recognition. *System, 57*, 25-42.

McNamara, D. S. (Ed.). (2007). *Reading comprehension strategies: Theories, interventions, and technologies*. Lawrence Erlbaum Associates.

Montero Perez, M., Van Den Noortgate, W., & Desmet, P. (2013). Captioned video for L2 listening and vocabulary learning: A meta-analysis. *System, 41*(3), 720-739.

Mayer, R. E., & Moreno, R. (2003). Nine ways to reduce cognitive load in multimedia learning. *Educational Psychologist, 38*(1), 43-52.

Mutlu-Bayraktar, D., Cosgun, V., & Altan, T. (2019). Cognitive load in multimedia learning environments: A systematic review. *Computers & Education, 141*, 103618.

Nation, I. S. P. (2013). *Learning vocabulary in another language* (2nd ed.). Cambridge University Press.

New London Group. (1996). A pedagogy of multiliteracies: Designing social futures. *Harvard Educational Review, 66*(1), 60-93.

Paivio, A. (2014). *Mind and its evolution: A dual coding theoretical approach*. Psychology Press.

Perfetti, C., & Stafura, J. (2014). Word knowledge in a theory of reading comprehension. *Scientific Studies of Reading, 18*(1), 22-37.

Posner, M. I., & Rothbart, M. K. (2007). Research on attention networks as a model for the integration of psychological science. *Annual Review of Psychology, 58*, 1-23.

Procter, R., Williams, R., & Stewart, J. (2007). *If you build it, will they come? How researchers perceive and use Web 2.0*. Research Information Network.

Rayner, K., Pollatsek, A., Ashby, J., & Clifton Jr, C. (2012). *Psychology of reading* (2nd ed.). Psychology Press.

Roll, I., Aleven, V., McLaren, B. M., & Koedinger, K. R. (2014). Improving students' help-seeking skills using metacognitive feedback in an intelligent tutoring system. *Learning and Instruction, 21*(2), 267-280.

Rost, M. (2016). *Teaching and researching listening* (3rd ed.). Routledge.

Shadiev, R., & Liang, Q. (2024). A review of research on AR-supported language learning. *Innovation in Language Learning and Teaching, 18*(1), 78-100.

Schmidt, R. (2001). Attention. In P. Robinson (Ed.), *Cognition and second language instruction* (pp. 3-32). Cambridge University Press.

Schmitt, N. (2008). Review article: Instructed second language vocabulary learning. *Language Teaching Research, 12*(3), 329-363.

Schuetze, U., & Weimer-Stuckmann, G. (2011). Retention in SLA lexical processing. *CALICO Journal, 28*(2), 460-472.

Selwyn, N. (2019). Should robots replace teachers? *AI and the future of education.* Polity.

Shute, V. J. (2008). Focus on formative feedback. R*eview of Educational Research, 78*(1), 153-189.

Swanson, H. L. (2012). Working memory and reading disabilities: Both phonological and executive processing deficits are important. In T. C. Papadopoulos, R. K. Parrila, & J. R. Kirby (Eds.), *Cognition, intelligence, and achievement* (pp. 187-213). Academic Press.

Sweller, J. (2011). Cognitive load theory. In J. P. Mestre & B. H. Ross (Eds.), *Psychology of learning and motivation: Cognition in education: Vol. 55*, (pp. 37-76). Academic Press.

Thomson, R. I. (2018). High variability [pronunciation] training (HVPT): A proven technique about which every language teacher and learner ought to know. *Journal of Second Language Pronunciation, 4*(2), 208-231.

Truscott, J. (2024). *Input*. Cambridge University Press.

van de Pol, J., Volman, M., & Beishuizen, J. (2010). Scaffolding in teacher-student interaction: A decade of research. *Educational Psychology Review, 22*(3), 271-296.

Vandergrift, L., & Baker, S. (2015). Learner variables in second language listening comprehension: An exploratory path analysis. *Language Learning, 65*(2), 390-416.

Vandergrift, L., & Goh, C. C. (2012). *Teaching and learning second language listening: Metacognition in action*. Routledge.

VanLehn, K. (2011). The relative effectiveness of human tutoring, intelligent tutoring systems, and other tutoring systems. *Educational Psychologist, 46*(4), 197-221.

Winke, P., Gass, S., & Sydorenko, T. (2010). The effects of captioning videos used for foreign language listening activities. *Language Learning & Technology*, 14(1), 65-86.

Zhai, X., Chu, X., Chai, C. S., Jong, M. S. Y., Istenic, A., Spector, M., ... & Li, Y. (2022). A review of artificial intelligence (AI) in education: From AI-enabled education to education for AI. *IEEE Transactions on Education, 65*(3), 218-233.

AI

CHAPTER

08

표현 영역: 종합적 분석과 진단

듣거나 보고 이해한 바를 적시에 알맞은 방식으로 표현하는 능력은 한국의 영어 교육이 해결하지 못한 고질적인 문제로 지적되어 왔다. 함부로 나서지 않는 문화적 관습 이외에도, 외국인을 직접 만나 영어로 소통하는 환경이 아니기 때문에 주어진 언어 자료를 신속하고 정확하게 수용하는 것에 초점을 맞추었던 것이다. 그러나 인공지능 기술 발달로 시공간을 뛰어넘어 다양한 언어권에 속한 사람들과 영어로 소통해야 하는 환경 변화로 인해 표현 기능 계발은 어느 때보다 중요해졌다. 이런 맥락에서, 이번 장에서는 2022 개정 교육과정의 2가지 영역 중 표현(production) 영역을 중심으로 분석하고 제언한다. 첫째, 분석에서는 2015 개정 교육과정과 비교하여 성취기준의 변화와 교수·학습 및 평가의 두드러진 특징을 살펴보고, 표현 영역에 대해 비평적으로 분석한다. 둘째, 제언에서는 개선을 위한 최근 연구 동향을 살펴보고 이를 바탕으로 교수·학습 및 평가의 개선책을 제시한다.

SECTION

01 영어 표현 영역과 교육과정

(1) 교육과정 표현 영역의 특징

2022 개정 영어과 교육과정의 표현 영역은 “다양한 매체를 통해 말, 글, 시청각 이미지 등을 활용하여 자신의 느낌, 생각, 의견 등을 전달하는 능력”을 기르는 것을 나타내며, 말하기와 쓰기뿐만 아니라 발표 등과 같은 제시하기(presenting)를 포함한다(4).[1] 이는 정보통신기술의 발달로 면대면 소통뿐만 아니라 온라인 기반 비대면 소통 형태가 증가하고 면대면 소통도 다양한 매체를 통해 이루어지고 있는 실생활의 언어 사용 방식과 의사소통 목적을 반영한 것이다. 표현 영역의 특징들을 교육과정에 명시된 내용 체계, 성취기준, 교수·학습, 평가를 중심으로 살펴보기로 한다. 첫째, 내용 체계는 학교급별, 학년군별 학습 내용 범위 및 수준을 위계적으로 제시한 것으로서, 2015 개정 교육과정과 달리 영역은 ‘이해’와 ‘표현’으로 구분되어 있다. 내용 요소도 변화하여 지식·이해, 과정·기능, 가치·태도 등의 범주로 세분화하여 제시하고 있으며 그중 핵심 아이디어는 3가지 범주의 내용 요소를 포괄하여 진술하고 있다. 표현 영역의 핵심 아이디어는 “1) 의사소통 목적과 상황에 맞게 적절한 매체를 활용하여 자신의 감정이나 의견을 담화나 글로 표현하는 능력을 함양한다. 2) 적절한 사고 과정 및 전략을 활용하여 의미를 표현하거나 교환한다. 3) 담화나 글로 표현하는 활동은 다양한 문화와 관점에 대한 이해를 바탕으로 협력적이고 포용적으로 상호 소

---

1) 이하 2022 개정 영어과 교육과정 인용은 괄호 안에 해당 페이지만 제시한다.

통하며 의미를 표현하거나 교환하는 태도를 길러 준다."(8)로 구성되어 있으며, 순서대로 지식·이해, 과정·기능, 가치·태도의 내용 요소를 나타낸다.

둘째, 성취기준은 내용 체계의 변화에 따라 조정되었으며, 표현 영역의 성취기준은 2015 개정 교육과정과 비교할 때 양적인 측면에서 성취기준의 수가 감소하였으며 질적인 측면에서 쓰기 성취기준의 상향 조정을 찾아볼 수 있다. 먼저 양적인 변화를 자세히 살펴보면, 2015 개정 교육과정에서는 3~4학년군 성취기준 수가 듣기 7개, 말하기 7개, 읽기 5개, 쓰기 3개였으며, 5~6학년군 성취기준 수는 듣기 7개, 말하기 7개, 읽기 4개, 쓰기 5개로 설정되었다. 이는 언어 습득 초기 단계의 음성언어 교육을 강조하여 듣기와 말하기 성취기준이 더 많이 설정된 것이라 볼 수 있다. 반면 2022 개정 교육과정에서는 3~4학년군과 5~6학년군 모두 이해 영역 10개, 표현 영역 10개로 동일하게 설정되었다. 표현 영역의 성취기준은 22개에서 20개로 전체적인 성취기준 수는 줄어들었다. 표현 영역의 3~4학년군 및 5~6학년군 성취기준은 〈표 8-1〉과 같다.

이 같은 변화는 영어과 핵심 역량과 연계한 성취기준이 신설되고, 영역 재분류에 따라 말하기와 쓰기 성취기준이 '[4영02-05] 자신, 주변 사람이나 사물의 소개나 묘사를 쉽고 간단한 문장으로 말하거나 보고 쓴다.'와 같이 표현 영역 성취기준으로 통합되었으며, 이해와 표현의 2개 영역 간 균형적인 발달을 도모한 결과라고 해석할 수 있다. 특히 표현 영역에서 영어과 핵심 역량과 연계하여 신설된 성취기준들로는 [4영02-09], [4영02-10], [6영02-09], [6영02-10] 등이 있다. 자기 관리 역량과 공동체 역량을 포함한 성취기준 '[4영02-10] 의사소통 활동에 흥미와 자신감을 가지고 대화 예절을 지키며 참여한다.'는 학습자가 흥미와 자신감을 가지고 능동

〈표 8-1〉 2022 개정 교육과정 3~4학년군 및 5~6학년군 표현 영역 성취기준

학년군	성취기준
3~4 학년군	[4영02-01] 쉽고 간단한 단어, 어구, 문장을 강세, 리듬, 억양에 맞게 따라 말한다. [4영02-02] 알파벳 대소문자를 구별하여 쓴다. [4영02-03] 소리와 철자의 관계를 바탕으로 쉽고 간단한 단어를 쓴다. [4영02-04] 실물, 그림, 동작 등을 보고 쉽고 간단한 문장으로 말하거나 단어나 어구를 쓴다. [4영02-05] 자신, 주변 사람이나 사물의 소개나 묘사를 쉽고 간단한 문장으로 말하거나 보고 쓴다. [4영02-06] 행동 지시를 쉽고 간단한 문장으로 말하거나 보고 쓴다. [4영02-07] 자신의 감정을 쉽고 간단한 문장으로 말하거나 보고 쓴다. [4영02-08] 자기 주변 주제에 관한 담화의 주요 정보를 묻거나 답한다. [4영02-09] 적절한 매체나 전략을 활용하여 창의적으로 의미를 표현한다. [4영02-10] 의사소통 활동에 흥미와 자신감을 가지고 대화 예절을 지키며 참여한다.
5~6 학년군	[6영02-01] 간단한 단어, 어구, 문장을 강세, 리듬, 억양에 맞게 말한다. [6영02-02] 실물, 그림, 동작 등을 보고 간단한 단어, 어구, 문장으로 말하거나 쓴다. [6영02-03] 알파벳 대소문자와 문장부호를 문장에서 바르게 사용한다. [6영02-04] 주변 사람이나 사물을 간단한 문장으로 소개하거나 묘사한다. [6영02-05] 주변 장소나 위치, 행동 순서나 방법을 간단한 문장으로 설명한다. [6영02-06] 자신의 감정이나 의견, 경험이나 계획을 간단한 문장으로 표현한다. [6영02-07] 일상생활 주제에 관한 담화나 글의 세부 정보를 간단한 문장으로 묻거나 답한다. [6영02-08] 예시문을 참고하여 목적에 맞는 간단한 글을 쓴다. [6영02-09] 적절한 매체와 전략을 활용하여 창의적으로 의미를 생성하고 표현한다. [6영02-10] 의사소통 활동에 흥미와 자신감을 가지고 참여하여 협력적으로 수행한다.

적으로 참여하도록 다양한 학습 경험을 제공하며, 대화 상대자의 영어 수준이나 문화적 차이를 고려하여 상대방을 배려하며 대화에 참여하는 것을 의미한다(12-13). 자기 관리 역량과 창의적 사고 역

량을 반영한 성취기준 '[6영02-09] 적절한 매체와 전략을 활용하여 창의적으로 의미를 생성하고 표현한다.'는 학습자의 수준과 특성에 알맞은 매체와 전략을 사용하여 창의적으로 의미를 생성하고 표현하는 것을 말한다. 이때 전략은 의사소통 과정에서 발생하는 어려움을 극복하기 위해 반복하기, 반복 및 확인 요청하기 등의 말하기 전략과 고쳐쓰거나 다시쓰기 등의 쓰기 전략을 활용하는 것을 의미한다(17-18).

성취기준의 질적인 변화는 쓰기 성취기준의 상향 조정에서 두드러지게 나타난다. 초등영어의 경우, 음성언어 중심의 기초적인 의사소통 능력 함양을 목표로 하되 문자언어 교육은 음성언어와 연계하여 쉽고 간단한 글을 읽고 쓸 수 있도록 되어 있으므로 문자언어의 수준을 낮게 설정해오고 있다. 하지만 읽기·쓰기 관련 적정성의 문제는 끊임없이 지적되어왔으며, 교육과정 개정 때마다 학교 현장의 요구를 반영하여 읽기 및 쓰기 성취기준이 지속적으로 개선되어왔다. 마찬가지로 2022 개정 교육과정에서도 문자언어 성취기준이 상향 조정되었으며, 특히 3~4학년군과 5~6학년군 쓰기 성취기준이 강화되었다. 〈표 8-2〉에 나타나듯이, 3~4학년군에서 '[4영02-06] 행동 지시를 쉽고 간단한 문장으로 말하거나 보고 쓴다.'와 같이 문장 수준의 쓰기가 도입되었다. 또한 학년군 간 문자언어 수준 차이를 줄이기 위해 '[4영02-04] 실물, 그림, 동작 등을 보고 쉽고 간단한 문장으로 말하거나 단어나 어구를 쓴다,' '[6영02-02] 실물, 그림, 동작 등을 보고 간단한 단어, 어구, 문장으로 말하거나 쓴다.'와 같이 5~6학년군에서도 단어나 어구 수준의 쓰기 성취기준을 제시하고 있다(배주경, 2024; 이영아, 2023).

〈표 8-2〉 쓰기 성취기준의 변화

	2015 개정 교육과정	2022 개정 교육과정
3~4 학년군	[4영04-01] 알파벳 대소문자를 구별하여 쓸 수 있다. [4영04-02] 구두로 익힌 낱말이나 어구를 따라 쓰거나 보고 쓸 수 있다. [4영04-03] 실물이나 그림을 보고 쉽고 간단한 낱말이나 어구를 쓸 수 있다.	[4영02-02] 알파벳 대소문자를 구별하여 쓴다. [4영02-03] 소리와 철자의 관계를 바탕으로 쉽고 간단한 단어를 쓴다. **[4영02-04] 실물, 그림, 동작 등을 보고 쉽고 간단한 문장으로 말하거나 단어나 어구를 쓴다.** [4영02-05] 자신, 주변 사람이나 사물의 소개나 묘사를 쉽고 간단한 문장으로 말하거나 보고 쓴다. [4영02-06] 행동 지시를 쉽고 간단한 **문장**으로 말하거나 보고 쓴다. [4영02-07] 자신의 감정을 쉽고 간단한 문장으로 말하거나 보고 쓴다. [4영02-09] 적절한 매체나 전략을 활용하여 창의적으로 의미를 표현한다.
5~6 학년군	[6영04-01] 소리와 철자의 관계를 바탕으로 쉽고 간단한 낱말이나 어구를 듣고 쓸 수 있다. [6영04-02] 알파벳 대소문자와 문장부호를 문장에서 바르게 사용할 수 있다. [6영04-03] 구두로 익힌 문장을 쓸 수 있다. [6영04-04] 실물이나 그림을 보고 한두 문장으로 표현할 수 있다. [6영04-05] 예시문을 참고하여 간단한 초대, 감사, 축하 등의 글을 쓸 수 있다.	**[6영02-02] 실물, 그림, 동작 등을 보고 간단한 단어, 어구, 문장으로 말하거나 쓴다.** [6영02-03] 알파벳 대소문자와 문장부호를 문장에서 바르게 사용한다. [6영02-04] 주변 사람이나 사물을 간단한 문장으로 소개하거나 묘사한다. [6영02-05] 주변 장소나 위치, 행동 순서나 방법을 간단한 문장으로 설명한다. [6영02-06] 자신의 감정이나 의견, 경험이나 계획을 간단한 문장으로 표현한다. [6영02-08] 예시문을 참고하여 목적에 맞는 간단한 글을 쓴다. [6영02-09] 적절한 매체와 전략을 활용하여 창의적으로 의미를 생성하고 표현한다.

셋째, 교수·학습은 교육과정의 '교수·학습의 방향'과 '교수·학습 방법'에 잘 드러나 있다. '교수·학습의 방향'에서는 다양한 디지털 교수·학습 도구와 개별화 학습을 위한 각종 언어 보조 학습 도구를 활용하고 자신의 생각을 표현할 수 있는 창의적인 활동을 제공하며 수업 환경이나 영어 학습 내용에 따라 다양한 온오프라인 연계 수업을 활용하여 지도하도록 강조하고 있다. '교수·학습 방법'에서는 이를 구체적으로 명시화하고 있다. 예를 들면, 영어 학습을 지원하는 각종 인공지능 기술 및 디지털 도구(영어 키보드, 영어 사전, 녹음, 학습용 앱, 코퍼스 데이터, 자동 번역, 챗봇, 각종 멀티미디어 저작 도구 등)를 적극적으로 수업에 도입하여 지도하도록 진술하고 있다. 또한 온오프라인상의 다양한 영어 의사소통의 기회(교사와 학습자 간, 학습자 간, 학습자와 영어 사용 공동체 간)를 제공하여 언어·문화적 상호작용 능력을 향상시키도록 한다. 표현 영역과 관련하여 말하기 교수·학습은 상황이나 목적에 맞는 적절한 표현과 말하기 전략을 사용한 의사소통 중심의 다양한 활동을 충분히 제공하여 영어에 대한 흥미와 자신감을 높이도록 지도하며, 쓰기 교수·학습은 학습 목표와 학습자의 수준을 고려한 단계적인 지도를 하도록 제시하고 있다(24-28).

넷째, 평가도 마찬가지로 교육과정의 '평가의 방향'과 '평가 방법'에 잘 나타나 있다. '평가의 방향'에서는 학습한 내용을 새로운 상황과 맥락에 적용할 수 있는 역량 중심의 평가, 학습자의 다양한 특성 및 영어 수준을 고려한 맞춤형 평가, 다양한 디지털 평가 도구의 적극적 활용, 평가 결과를 바탕으로 개별 맞춤형 피드백 제공 등을 강조하고 있다. '평가 방법'에 제시된 표현 영역의 평가를 살펴보면, 가급적 수행평가와 같은 직접 평가 방법을 활용하며, 학습자의 통합적인 영어능력을 신장할 수 있도록 두 가지 이상의 기능을 통합한 평가도 적절히 실시하도록 명시하고 있다. 또한 실제적인 의사소통 맥락을 제공할 수 있는 다양한 인공지능 기술(음성 녹음, 음성 인식, 챗봇, 화상 회의 등)을 활용하여 다각적이고 신뢰할 만한 평가 결과를 도출하도록 하고 있다. 특히 쓰기의 평가 신뢰도를 확보하기 위해 쓰기 자동 채점, 텍스트 분석, 번역기, 표절 검사 프로그램 등의 기술을 활용하도록 제시하고 있다(28-30).

지금까지 살펴본 바와 같이, 2022 개정 교육과정에서의 표현 영역은 자신의 느낌, 생각, 의견 등을 다양한 매체를 통해 전달하는 능력을 일컬으며, 영역의 재편에 따라 표현 영역의 내용 체계 및 성취기준이 재조정되었다. 2015 개정 교육과정의 말하기, 쓰기 영역의 성취기준이 표현 영역으로 통합되고 교과 역량과 연계한 성취기준이 신설되었으며, 쓰기 성취기준은 3~4학년군에서 문장 수준으로 상향 조정되는 등 강화되었다. 교수·학습 및 평가도 2022 개정 교육과정이 강조하는 다양한 매체 활용, 온오프라인 연계 수업, 개별화 수업 및 맞춤형 평가 등을 반영하고 있다. 표현 영역에서는 챗봇, 음성 인식, 번역기, 자동 채점 등의 인공지능 기술 및 디지털 도구를 사용하여 학습의 효율성과 평가의 신뢰도를 높이도록 하고 있다.

(2) 교육과정의 표현 영역 분석

전략을 활용한 표현 활동 및 평가

표현 영역에서 영어과 역량과 연계하여 신설된 성취기준 중 전략 활용은 2022 개정 교육과정에서 처음 도입되었다. 전략은 문제를 해결하는 데 사용하는 특정한 행동으로서 학습 과정을 용이하게 해 준다. 따라서 전략의 사용은 EFL 상황에서의 한국 학습자들이 겪는 영어 사용의 어려움을 돕고 자기 주도성을 강조하며 학습자 중심의 교수·학습 방법을 강화할 수 있다. 하지만 전략 적용 시 몇 가지 문제점이 제기되고 있다.

첫째, 전략 개념의 혼재이다. 이론적 근거에 따르면, 전략은 크게 학습 전략(learning strategy)과 의사소통 전략(communicative strategy)으로 분류될 수 있다. 학습 전략은 학습자가 언어를 효과적으로 습득하도록 돕는 전략으로서, 듣기, 읽기와 같은 수용적 기능을 위한 전략과 말하기, 쓰기와 같은 산출적 기능을 위한 전략으로 구분된다. 대부분의 전략 연구는 학습 전략을 다루고 있으며, 학자들은 상위 인지, 인지, 사회·정의적 전략, 또는 간접 전략과 직접 전략 등 다양한 방식으로 분류하였다(O'Malley & Chamot, 1990; Oxford, 1990). 의사소통 전략은 학습자의 제한적 언어 능력에도 불구하고 의사소통을 효과적으로 유지하는 전략으로서, 회피, 다른 언어로 대체, 도움 청하기 등이 해당한다.

교육과정과 교과서에 전략이 어떻게 소개되고 활용되는지를 살펴보면, 이경랑과 임주은(2021)은 2009년 개정 교육과정과 2015년 개정 교육과정에 기반한 중학교 영어 교과서를 비교 분석하였다. 분석 결과, 2015년 개정 교육과정의 교과서에서 영어 학습 전략이 대폭 증가하였으며, 학년별 전략이 고르게 분포되었다. 또한 2009년 교과서는 주로 읽기 전략 중심이었으나, 2015년 교과서는 듣기, 말하기, 쓰기 전략도 고르게 반영됨으로써 학습 전략의 균형성이 개선되었다.

2022 개정 영어과 교육과정 문서에는 〈표 8-3〉에서와 같이 목표, 내용 체계, 성취기준, 교수·학습 등에 전략이 반복적으로 제시되고 구체적인 예시를 보여주며 전략 사용을 강조하고 있지만, 이론적 정의에 따른 학습 전략과 의사소통 전략이 혼재되어 사용되

〈표 8-3〉 2022 개정 영어과 교육과정에 제시된 전략
(최원경, 2022, pp. 151- 153. 재구성)

목표	둘째, 영어에 대한 흥미와 관심을 바탕으로 스스로 영어 사용의 필요성을 파악하여 학습 목표를 세우고, 다양한 **학습 전략**을 사용하여 자기 주도적으로 영어 학습을 지속한다.
내용 체계 〈표현〉	[핵심 아이디어] 적절한 **전략** 및 사고 과정을 활용하여 의미를 표현하거나 교환한다.
성취기준 〈표현〉	[4영02-09] 적절한 매체나 **전략**을 활용하여 창의적으로 의미를 표현한다. [6영02-09] 적절한 매체나 **전략**을 활용하여 창의적으로 의미를 생성하고 표현한다.
성취기준 적용 시 고려사항 〈표현〉	[3~4학년군] 초기 쓰기 단계에서는 학습자들이 철자 쓰기에 어려움을 겪는다. 따라 쓰기, 보고 쓰기, 완성하여 쓰기의 순으로 점진적으로 통제의 정도를 줄여가며 …(중략)… 친숙한 단어 생각해보기 등 다양한 **전략**도 활용하도록 안내한다. [3~4학년군] 말하기 형성 평가는 교사 발문에 대한 응답, 짝이나 소집단 활동 등에서 이루어지는 학습자들의 상호작용 및 과업 수행 정도, **전략** 활용과 대화 예절 …(중략)… 등에 초점을 두고 진행한다. [5~6학년군] 말하기 전략은 의사소통 과정에서 발생할 수 있는 여러 가지 어려움을 해결하는 데 유용한 방법이 될 수 있으므로 다양한 비언어적, 언어적 **전략**을 익혀 활용하도록 지도한다. …(후략) [5~6학년군] 말하기 형성 평가는 교사의 발문에 대한 응답, 짝이나 소집단 활동에서 이루어지는 학습자 간 상호작용, 구성원과의 협력 및 과업 수행 정도, **전략** 활용 등을 관찰하여 평가할 수 있다. … (후략)
교수·학습	• 영어 이해 및 표현 과정에서 활용될 수 있는 다양한 언어적·비언어적 **의사소통 전략**의 종류를 제시하고, 학습자들이 다양한 상황에서 이를 적절하게 활용하도록 지도한다. • 말하기는 상황이나 목적에 맞는 적절한 표현과 말하기 **전략**을 사용한 의사소통 중심의 다양한 활동을 통해 영어에 대한 흥미와 자신감을 갖도록 지도한다.

고 있다(최원경, 2022). 예를 들면, 목표에 제시된 전략은 자기 주도성과 관련된 학습 전략을 나타내고 있는 반면, 5~6학년군 표현 영역 성취기준 적용 시 제시된 전략은 말하기 과정에서 어려움을 해결하기 위해 활용될 수 있는 비언어적·언어적 의사소통 전략을 나타내고 있다. 만약 교사들에게 이러한 전략에 대한 개념 및 구분이 모호하다면 학습 전략과 의사소통 전략이 서로 유사한 방식으로 교육이 이루어질 우려가 있다. 따라서 교사는 전략에 대한 개념을 명확히 이해하고, 이를 구분하여 적용할 수 있는 전략 지도 방법을 찾아내야 할 것이다.

둘째, 전략 사용에 대한 평가의 어려움이다. 〈표 8-3〉의 성취기준 적용 시 고려사항에 나타나 있듯이, 2022 개정 교육과정에서는 말하기 형성 평가 시 전략 사용을 관찰하여 평가하도록 명시하고 있다. 전략은 절차적 지식(procedural knowledge)으로서 측정하기 어려운 특성이 있으며, 학습 목표 및 학습 상황에 따라 영향을 받고 개인차가 있으므로 기존의 지필 평가 방식으로는 전략을 적절히 평가하기 어렵다(최원경, 2022). 따라서 전략 사용에 대한 측정은 관찰 기법을 사용한 과정 중심 평가가 필요하지만, 이러한 개별 평가 방식이 교사들에게 추가적인 부담이 될 가능성이 크다. 또한 의사소통 전략 사용을 평가하는 것이 타당한지에 대한 논란도 있다. 의사소통 과정에서 일어나는 문제는 개인마다 다르며, 전략을 잘 활용하지 않아도 높은 성취를 보이는 학생이 있는 반면, 전략을 잘 사용해도 성취도가 낮은 학생이 있을 수 있다. 이런 경우, 전략 평가가 공정성을 담보할 수 있는지 의문이 제기될 수 있다.

셋째, 전략 훈련(strategy training)의 실효성 문제이다. 전략 훈련은 우수 언어 학습자(good language learners)가 사용하고 있는 전략을 파악하여 이를 학습의 어려움을 겪는 학습자(poor learners)

에게 가르침으로써 학습의 효율성을 돕는 것이다. 하지만 전략 훈련이 학습자에게 실질적인 도움이 되는지에 대한 논란은 여전히 지속되고 있다. 전략이 학습 효과를 높이는 데 긍정적인 영향을 미친다는 보고도 있지만(Chamot, 2005), 학습자에게 전략을 강제적으로 가르치는 것이 오히려 학습 부담을 증가시킨다는 지적도 있다(Anderson, 2008).

전략에 대해 제기된 문제점은 교육과정 기초 연구(주형미 외, 2021)에서 대부분의 전문가들이 객관적인 성취기준 설정과 평가기준을 마련하기 어렵다는 이유로 전략 사용 제시를 우려한 의견에서 확인할 수 있다. 또한 2022 개정 영어과 교육과정 적용에 대한 교사들의 인식 연구에서도 같은 문제점이 드러나고 있다(배주경, 2024; 유재민과 홍선호, 2023; 이영아, 2023). 배주경(2024)은 절반 이상의 교사들(53.8%)이 전략 활용과 관련하여 신설된 성취기준에 대한 수업과 평가를 설계하는 데 어려움이 예상된다고 보고하였다. 교사 면담에서도 적절한 전략 활용을 객관적으로 평가하기 어려우며 개별 학생을 대상으로 의사소통 상황에서 전략을 제대로 사용하고 있는지 파악하는 것도 현실적으로 이루어지기 어렵다는 의견들이 제시되었다. 이영아(2023)는 현장교사들이 전략 용어의 추상성, 전문성에 거리감을 느끼고 있으며 이에 대한 구체적인 설명을 요구하고 있다고 언급하였고, 전략 평가 어려움에 대한 의견도 다수였다고 보고하였다. 전문가 의견과 현장의 우려를 고려할 때, 전략의 개념에 대한 이해도를 높이고, 목적 및 맥락에 적합한 전략을 기존 지식 습득과 다른 교수·학습 방법으로 가르치고, 전략을 객관적으로 평가할 수 있는 기준을 마련할 필요가 있다.

에듀테크 활용 표현 중심 교수·학습 및 평가의 어려움

2022 개정 영어과 교육과정에서는 영어 의사소통 역량 함양을 위한 교수·학습 및 평가의 방법으로 "디지털·인공지능 교육 환경으로의 변화에 부합하도록 다양한 매체 자료와 정보통신기술 등을 수업과 학습에서 활용하며 교수·학습 활동과 평가를 유기적으로 연계하여 학습의 효율성을 극대화"할 것임을 명시하고 있다(6). 이에 따라 디지털 기반의 에듀테크를 활용한 교수법 및 평가 방법이 중요한 역할을 하게 되었다. 특히, 표현 중심 수업에서는 학습자가 능동적으로 영어를 활용하고 자신의 생각을 효과적으로 표현하는 것이 핵심이다. 하지만, 이를 실행하기에 여러 가지 어려움이 제기된다.

현장교사들은 각종 인공지능 기술, 디지털 도구를 수업 및 평가에 활용하고 다양한 온오프라인 연계 수업을 실행하는 데 어려움을 느끼고 있다(배주경, 2024). 초·중등학교 영어 교사들은 학생 참여 및 학습 효과 향상에 긍정적인 인식을 가지고 에듀테크 도구를 적극적으로 활용하고 있지만, 도구 간 호환성 부족, 행정 시스템과의 연계 미비 등의 문제점이 있다고 언급하였다(구경연, 2022). 한국교육학술정보원(2022)은 초·중·고 교사들을 대상으로 에듀테크 활용 경험을 조사한 결과, 초등학교 교사가 중·고등학교 교사보다 에듀테크를 활용한 경험이 더 많았다고 보고하였다. 에듀테크를 사용하지 않는 이유로 초등학교 교사들은 에듀테크 활용 준비의 부담을, 중·고등학교 교사들은 에듀테크 및 다양한 제품에 대한 정보 부족이라고 응답하였으며 학교급 간 차이를 보이고 있다. 이와 관련하여 교사들은 에듀테크 활용의 단점으로 별도의 준비 시간이 필요하여 교사의 부담을 증가시킬 수 있으며, 가입 절차의 번거로움으로 서비스 이용이 어렵고, 디지털 학습 인프라가 부족하며, 콘텐츠 활용 방법이 익숙하지 않다고 언급하였다.

최근 다양한 AI 기반 언어 학습 앱, 디지털 협업 도구, 메타버스 등이 빠르게 출시되고 있지만, 각각의 기능을 익히고 숙련되게 다루기까지 시간이 필요하다. 많은 교사들이 이러한 디지털 도구 활용 경험이 부족하며, 효과적인 활용법을 익히기 위한 연수나 지원이 부족할 경우 원활한 수업 운영이 어려울 수 있다. 특히 교사가 직접 프로그램을 설계하고 제작해야 한다면 교사에게 더 큰 부담이 될 수 있다. 제작 시간이 더 많이 소요되기도 하지만 교수·학습의 목표 및 단계에 따라 수업을 어떻게 설계해야 하는지에 대한 TPACK(Technological Pedagogical Content Knowledge)도 갖추고 있어야 하기 때문이다. 특히 에듀테크 기반 표현 중심 수업이 강조되면서, 자칫 기존의 대면 피드백, 협력 학습, 토론 활동 등이 줄어들 수 있으므로, 전통적 교수·학습 방법과 균형을 맞추어 온오프라인 수업을 설계해야 할 것이다. 교사가 그러한 전문성이나 경험이 부족하다면 에듀테크 활용이 오히려 수업의 질을 저하시킬 수 있다.

마찬가지로 에듀테크 활용 평가 영역에서도 피드백 제공으로 인한 교사의 부담이 증가할 수 있다. 표현 중심 수업에서는 학생들이 자신의 생각을 창의적으로 표현하는 것이 중요한데, AI 기반 피드백 시스템은 문법적 오류 수정에는 강하지만, 맥락적 이해나 창의적 표현을 평가하는 데 한계가 있어 학습자의 표현력 향상에 직접적인 도움을 주기 어렵다. 또한 에듀테크를 활용한 자동 피드백 시스템이 있더라도, 교사는 학생 개개인의 학습 데이터를 분석하고 추가적인 맞춤형 피드백을 제공해야 하므로 업무 부담이 커질 수 있다.

한편 교사뿐만 아니라 학생들도 에듀테크 활용 표현 중심 수업 및 평가에 어려움을 느낀다. 학교별 및 개인별 네트워크 환경이나 태블릿 등 인프라 차이가 크며, 이로 인해 디지털 기기에 익숙하지 않은 학생들이 있다. 이런 경우 학생들은 수업 참여에 어려움을 느끼고 오히려 학습 효과가 낮아질 수 있다. 또한 에듀테크는 게임화(gamification) 요소를 활용하여 학생들의 흥미, 동기를 유발하는 장점이 있지만, 신기 효과(novel effect)로 시간이 지날수록 학생들의 흥미도가 떨어지고 학습보다는 게임, SNS, 웹서핑 등에 집중하는 부작용이 발생할 수 있다. 따라서 에듀테크 활용이 효율적으로 이루어지기 위해 학생 및 교사를 위한 디지털 기기 활용 교육을 강화하고 학습 목표와 연계된 맞춤형 수업 모형을 개발하며 에듀테크 활용의 균형을 맞출 수 있도록 해야 할 것이다.

쓰기 성취기준의 상향 조정에 따른 학습 부담

앞서 살펴보았듯이, 2022 개정 교육과정은 3~4학년군에서 문장 수준의 쓰기를 도입함으로써 쓰기 성취기준을 상향 조정하고 5~6 학년군에서도 단어나 어구 수준의 쓰기를 제시함으로써 학년군 간 문자언어 수준 차이를 줄이고자 하였다. 이러한 변화에 대해 교사들은 음성언어와 문자언어 간 불균형에 대한 비판, 3~4학년군과 5~6학년군 간 연계성 강화 등에 대한 현장의 요구를 반영한 것으로 긍정적 평가하였다. 반면 쓰기 수준이 올라가면서 영어를 어려워하는 학습자들에게는 오히려 학습 부담을 가중시킬 수 있다는 의견도 제시되었다(이영아, 2022).

쓰기는 언어의 4가지 기능 중 숙달하는데 시간이 많이 요구되며 학습자들이 가장 어렵다고 느낀다. 이는 쓰기의 특성과 관련이 있다. 쓰기에서의 의미 전달은 말하기와 달리 오로지 문자에만 의존하기 때문이다. 즉 말하기에서는 억양, 표정, 몸짓 등을 활용할 수 있지만, 쓰기는 적합한 어휘와 정확한 문법을 알아야 의미 전달이 가능하다. 또한 쓰기에 필요한 영어의 자모음 철자, 어휘, 어법 등을 익히는 데 많은 시간이 필요하다. 이러한 쓰기의 특성으로 인해 쓰기 성취기준의 상향은 학습 부담을 가중시킴으로써 학습 부진아를 양산할 수 있으며 학습자들 간 영어 격차도 더 커질 수 있다. 갑작스런 COVID-19 상황으로 학생들의 기초 학력이 낮아졌다는 진단을 고려할 때, 쓰기 수준의 상향 조정에 대한 우려의 목소리는 점점 더 높아진다. 뿐만 아니라 2009 개정 교육과정부터 학년군이 도입되면서, 학년 간 성취기준의 구분과 연계성이 명확하지 않다는 지적도 제기되었다(오신유, 김태영, 2023). 특히 쓰기 성취기준의 경우, 성취기준의 연계성이 부족하여 학습자들이 갑자기 높은 수준의 쓰기 활동을 요구받을 수 있다. 따라서 쓰기의 학습 부담을 덜고 학습자들이 점진적으로 쓰기 능력을 향상시킬 수 있도록, 학년군보다는 학년별로 재조정하여 성취기준을 세분화하여 제시할 필요가 있다.

SECTION

02 문제점 개선을 위한 제언

(1) 전략 교수 및 평가

전략에 대한 이해

전략을 명확하게 인지하고 이를 효율적으로 적용하기 위해서는 전략에 대한 이해가 우선되어야 한다. 먼저 학습 전략 연구의 변천 과정을 살펴보면, 영어 학습 전략 연구는 1970년대 이후 지속적으로 발전하였으며, 학습자들이 효과적으로 외국어를 습득하는 방법을 탐구해 왔다(이경랑, 2011). 초기 연구는 1970년대 중반 Rubin (1975)과 Stern(1975)의 연구에서 시작되었으며, 이들은 우수한 언어 학습자들이 일반 학습자들과 어떻게 다른지 관찰하며, 효과적인 언어 학습의 특징을 분석하였다. 당시에는 학습 전략을 직관적으로 관찰하여 분류하는 방법을 사용하였으며, 주로 자기보고(self-report) 및 교사의 경험을 통해 학습 전략을 정의하였다.

이후 인지 심리학의 영향으로 학습 전략을 보다 체계적으로 연구하기 위한 시도가 활발하게 이루어졌다. 학습 전략을 상위 인지 전략, 인지 전략, 사회·정의적 전략으로 나누는 분류법이 등장하였으며(O'Malley & Chamot, 1990), 학습 전략을 설문지 및 생각말하기(think-aloud) 등의 방법으로 측정하는 연구가 증가하였다. Oxford (1990)는 학습 전략을 직접적 전략(기억, 인지, 보상 전략)과 간접적 전략(상위 인지, 사회적, 정의적 전략)으로 구분하고, 이를 설문지(Strategy Inventory for Language Learning, SILL)로 측정하는 방법을 제안하였다.

1990년대 중·후반 이후의 학습 전략 연구는 개별 학습자의 특성에 집중하는 방향으로 전환되었다. 기존의 연구가 집단 비교를 중심으로 이루어졌다면, 이 시기의 연구는 개별 학습자의 학습 전략 사용이 학습 과정에서 어떻게 변화하는지, 특정 과제 수행 시 어떤 전략이 효과적인지에 관한 연구로 발전하였다.

전략의 유형은 많은 학자들에 의해 다양하게 제시되어왔다. Brown(2014)은 전략 유형의 분류를 통합하여 Oxford(2011)가 제안한 용어를 사용하여 다음 3가지로 요약하였다. 첫째, 인지적 전략(cognitive strategies)이다. 인지적 전략은 제2언어 지식을 구성하고 변형하고 적용하도록 돕는다. 예를 들면, 계획하기(예습, 복습), 조직화하기(재정렬, 분류), 평가하기(결과물 점검) 등의 전략이 여기에 해당된다. 둘째, 정의적 전략(affective strategies)이다. 이는 학습자의 감정이나 태도 등 정의적 요소와 관련된 학습 전략을 일컬으며, 학습 과정에서 긍정적인 태도를 형성하고 동기를 생성·유지할 수 있도록 돕는다. 격려, 긍정적 진술 등으로 학습자의 감정을 북돋아주기, 부정적 감정 줄이기 등이 해당된다. 셋째, 사회문화적-상호작용적 전략(sociocultural-interactive strategies)이다. 이는 학습자의 제한적 언어 지식에도 불구하고 상호작용하고 의사소통하며 다양한 문화적 상황을 효과적으로 다룰 수 있도록 돕는다. 학습하기 위한 상호작용(또래 학습자 또는 교사와 협력), 지식의 차이 극복하기(교사에게 요청하기), 사회문화적 스키마 활성화 등이 해당된다.

대부분의 언어 학습자들은 자신의 언어적 한계를 보완한 전략을 사용하여 제2언어로 의사소통을 능숙하게 할 수 있다. 이러한 독특한 재주(knack)를 학자들은 보상 전략(compensatory strategies)으로 분류하였으며, Oxford(2011)가 분류한 사회문화적-상호작용적 전략과 겹치는 부분이 있다. 보상 전략으로는 어휘적·음운적·통사적·화제 회피, 특정 관용구나 문장을 암기하여 사용하는 조립식 문형, 모국어로의 전환, 직접적인 도움 요청 등이 여기에 해당된다.

한편 교수학적으로 유용한 전략 연구들은 학습 전략과 의사소통 전략을 구분하고 있다(Faerch and Kasper, 1983; O'Malley, Chamot, and Kuppper, 1989). 학습 전략은 영어를 효과적으로 학습하기 위한 전략으로, 듣기·읽기와 같은 수용적 기능 학습과 말하기·쓰기와 같은 표현적 기능 학습의 차이를 강조한다. 예를 들면, 듣기는 상향식 및 하향식 처리 과정을 돕는 핵심 어휘 집중하여 듣기, 노트필기, 문맥으로부터 추론, 예측 등이 효과적인 전략이며, 말하기는 반복연습, 섀도잉, 말하기 전 메모 사용 등의 전략이 유창하게 말하는 데 도움을 준다. 이 밖에도 문법, 어휘 학습을 위한 학습 전략도 있다. 어휘 학습을 돕는 전략으로는 플래시 카드를 활용한 반복 학습, 어휘와 의미를 나타내는 그림 연결하기, 연상 기법 등이 있다. 의사소통 전략은 의사소통 과정에서 언어적 한계를 극복하여 의미를 효과적으로 전달하기 위한 전략으로 대부분 보상적 성격을

〈표 8-4〉 영어 학습 전략과 의사소통 전략

학습 전략	영어를 효과적으로 학습하기 위한 전략	듣기	핵심 어휘 집중 듣기, 노트필기, 상황으로부터 추론
		말하기	반복연습, 섀도잉, 말하기 전 메모 사용
		읽기	예측, 문맥으로부터 추측, 스키마 활용, 요약하기
		쓰기	브레인스토밍, 문법·어휘 점검, 피드백 활용
		어휘	플래시 카드, 그림과 연결, 연상 기법
의사소통 전략	의사소통 과정에서 언어적 한계를 극복하여 의미를 효과적으로 전달하기 위한 전략	회피, 우회적 표현, 언어 전환, 도움 요청	

다룬다. 앞서 살펴본 회피, 우회적 표현, 언어 전환, 도움 요청 등이 해당된다. 언어 기능별 학습 전략과 원활한 의사소통을 위한 의사소통 전략을 요약하면 〈표 8-4〉와 같다. 교사는 영어 학습 전략과 의사소통 전략을 효과적으로 가르치기 위해 전략의 개념을 명확하게 이해하고 구분할 수 있어야 할 것이다.

전략 기반 지도법

전략 연구의 변천 시기의 흐름을 같이 하여 영어 학습 전략 교수·학습 방법도 발전되어왔다. 초기의 학습 전략 교수는 우수한 언어 학습자들의 전략을 분석하여 이를 목록으로 제시하는 수준에 머물렀다. 이후 학습 전략을 체계적이고 명시적으로 배우고 적용할 수 있는 교수법이 제안되었으며, 대표적인 교수법으로 전략 기반 지도법(Strategy-Based Instruction, SBI)이 있다. 전략 기반 지도는 학습자가 자신이 어떤 방법으로 학습할 때 가장 효과적인지를 깨닫도록 돕는 데 중점을 두며, 학습자들에게 적합한 전략을 스스로 탐구하고 활용하는 과정을 지속적으로 연습하도록 유도한다. 이로써 학습자는 스스로 학습을 조절할 수 있는 힘을 갖게 되고 목표를 달성할 수 있는 자기 주도성을 키우게 된다. 또한 교사는 무엇이 학습자를 성공 또는 실패하게 하는지 파악함으로써, 성공적인 전략을 제시하고 실제 사용해볼 수 있는 교실 환경을 구축할 수 있다.

전략 기반 지도법의 구체적 단계는 다음과 같다(Brown, 2014). 첫번째 단계는 인지 자극 및 학습자 스타일을 확인하는 단계이다. 교사는 스타일 인식 체크리스트(Styles Awareness Checklist, SAC)를 통해 학습자가 자신의 학습 스타일과 선호하는 전략을 인식하고 익숙해지도록 안내한다. 각각의 항목은 우수한 언어 학습자들이 갖는 특징-억압 낮추기, 위험 감수하기, 자심감 기르기, 내재적 동기 개발, 협동 학습 참여, 애매모호한 것에 대한 관용성 등-을 포함하고 있다.

두 번째 단계는 인식에서 행동으로의 전환 단계이다. 학습자들의 전략 지도는 다양한 방식으로 이루어질 수 있다. 교과서에 학습 스타일과 전략 인식을 포함한 활동을 제시하기도 하고, 학생용 매뉴얼을 통해 전략에 대한 인식 및 활용을 높이고 다양한 전략 활용법을 제공할 수 있으며, 교사가 자신이 직접 사용해 온 전략을 교수법으로 통합해서 제시할 수 있다. 또한 이 단계에서 우수한 학습자들에게서 나타나는 특징을 함양할 수 있도록 효과적인 전략적 기법을 사용하여 지도할 수 있다. 예를 들면, 학생들의 불안감을 낮추기 위해 노래부르기, 역할극과 촌극, 집단 활동을 하도록 하며, 위험을 감수하는 태도를 기르게 하기 위해 언어 사용을 시도하는 학생을 칭찬하거나 유창성 중심 활동으로 수업을 구성할 수 있다. 이때 학생들은 왜 이런 활동들을 수행하고 있는지 이해하게 된다. 이와 같이 교사는 학습 전략을 구체적으로 설명하고 학생들이 실제 활동에 적용해보도록 한다. 이후 활동으로 교사는 학습자들의 반응에 대해 토론 및 감정 공유하기, 개인 경험을 토대로 제안하기 등의 활동을 통해 성공적인 언어 학습 방법에 대한 합의점을 도출한다.

마지막 세 번째 단계는 교실 활동을 넘어 실제 언어 사용으로 확장하는 단계이다. 이 단계에서는 학습 활동을 교실에만 국한하지 않고 실생활에서 언어를 사용해보는 단계로 연결하여 학습의 지속성을 높이도록 한다.

한편 전략 교수에 대한 효과를 알아보고자 실험적 연구가 진행되었다. 하지만 단기적 효과에 대한 연구가 주로 진행되었으며, 여전히 전략 교수에 대한 연구는 충분하지 않다. 교사들이 전략을 인지하고 효과적으로 가르치는지, 학생들이 전략을 이해하고 활용하는지, 또 실제 학습에 도움이 되는지 확인하기 위한 장기적 연구가 동반되어야 할 것이다.

최근 다양한 디지털 도구와 온라인 자료를 활용한 영어 학습이 증가하면서, 디지털 환경에서 학습 효율성을 극대화하는 데 중점을 둔 전략 교수에 대한 연구가 요구되고 있다. 디지털 기술을 활용한 학습은 언제 어디서든 학습이 가능하고 실시간 피드백을 제공하며 학습자의 수준에 기반한 맞춤형 콘텐츠를 사용할 수 있다. 이같은 디지털 환경에서 영어 학습 전략을 효과적으로 활용하면 자기 주도적 학습이 가능하고, 학습 효율성을 극대화할 수 있다.

주하민과 배지영(2021)은 디지털 환경에서의 중학생들의 영어 학습 전략을 분석한 결과, 디지털 기기 사용기간과 학습 전략 사용 간 정비례 관계는 나타나지 않았지만, 성별, 영어 학습 기간 등 개별 특성에 따라 영어 학습 전략의 차이를 보였다고 밝혔다. 이러한 결과는 디지털 학습 환경에서 효과적인 학습이 이루어지기 위해 개인 변인에 대한 이해가 선행되어야 하며, 어떤 전략을 활용하느냐가 학습의 성패를 좌우하므로 학습자의 목표와 특성에 맞는 전략을 선택하는 것이 중요함을 제안한다. 또한 디지털 영어 학습 전략 중 '경험을 공유하고 도움 주고받기', '동료들과 정보 공유하기' 등 사회적 전략의 사용 빈도가 가장 낮게 나타났다. 이는 학생들이 디지털 환경이 가진 상호작용성의 장점을 잘 활용하고 있지 못하고 있음을 나타낸다. 따라서 단순히 디지털 환경에 노출되는 것이 아니라 사회적 전략의 사용도를 높이기 위한 교육적 개입이 요구된다.

전략의 측정과 평가

전략 측정 방법에 대한 비판도 여전히 존재한다. 일반적으로 학습 전략을 측정할 때 언어 학습 전략 목록표를 사용하여 각 항목에 대해 5점 척도로 응답하도록 한다. 이러한 설문지 방법은 학습자들이 문항의 전략을 분명히 이해하고 있지 못하고 응답할 우려가 있으며, 사용했던 전략을 기억하지 못할 수 있다는 문제점이 제기된다. 이외 방법도 생각말하기, 인터뷰, 언어 학습 일기 등도 자기보고를 통해 진행되며, 학습자의 주관적인 응답에 의존하기 때문에 실제 학습 전략 사용 여부와 차이가 발생할 수 있다. 또한 대부분의 연구가 대학생 이상의 성인 대상으로 편중되어 있어, 성인의 다양한 경험이 긍정적 결과에 영향을 미칠 수 있다는 가능성도 제기된다.

전략 측정 방법이 보다 객관적이고 실제적인 평가로 이루어지도록 다음과 같이 개선할 필요가 있다. 첫째, 다양한 평가 방법을 병행할 필요가 있다. 학습자의 실제 학습 기록(예: 온라인 학습 플랫폼의 로그 데이터, 학습 일지 등)을 분석하여 전략 사용 여부를 측정하는 데이터 기반 평가를 실시한다. 이러한 양적 평가를 보완하기 위해 학습자가 전략을 활용하는 모습을 직접 관찰하고 평가하는 자기보고 방법을 병행하도록 한다. 말하기의 경우, 자신의 오류를 감지하고 수정하는 전략을 평가하거나 말하기 전 주제나 내용을 미리 계획하는 전략을 평가할 수 있다. 쓰기의 경우, 포트폴리오 평가 또는 과정 중심 쓰기 평가를 활용하여 아이디어 전략, 초안을 바탕으로 정확성 및 논리의 일관성을 점진적으로 개선할 수 있는 능력을 평가할 수 있다. 의사소통 전략은 역할극 또는 시뮬레이션과 같이 실제와 유사한 상황에서 자연스럽게 대화하는 과정에서 비언어적 전략, 의미 협상 전략 등의 사용을 평가할 수 있다, 이와 같이 수행평가와 자기보고 방법을 결합함으로써 평가의 신뢰성을 높일 수 있다.

둘째, 개별 피드백 중심 평가를 강화해야 할 필요가 있다. 학습자의 스타일 및 선호하는 전략이 다르고 수준별로 유용한 전략이 다르므로 전략 평가는 개별 맞춤형으로 이루어져야 한다. 점수만 제공하는 평가 방식은 학습자가 결과를 해석하고 구체적인 개선 방향을 찾기 어려우므로 피드백을 개별 단위로 강화해야 한다. 교사의 개별 피드백 제공에 대한 평가 부담은 AI 기반 피드백을 활용할 수 있다. AI 기반 피드백은 즉각적으로 제공가능하며 그래프나 차트를 활용하여 학습자가 자신의 전략 발전 과정을 한눈에 볼 수 있다. AI 기반 피드백은 점수가 아닌 강점과 개선점을 서술형으로 제시함으로써 구체적인 피드백을 제공할 수 있다. 뿐만 아니라 동료 학습자 간 피드백을 통해 상호 비교 및 개선 기회를 제공할 수 있다.

(2) 에듀테크 활용 표현 영역 교수·학습

학습 패러다임의 변화는 개인의 특성 및 수준을 반영한 개별화 학습과 학습자가 자신의 문제를 파악하고 스스로 해결해가는 자기주도적 학습을 강조한다. 인공지능 및 디지털 도구는 개별화 및 맞춤형 교육을 가능하게 하며 학습자 중심의 학습 분위기로 변화할 수 있는 토대를 제공한다. 학교 현장에서 에듀테크 활용에 대한 요구가 증가하고 있지만, 이를 활용한 효과적인 교수·학습 방법과 지원할 수 있는 방안이 부족하다. 표현 영역에 대한 에듀테크 활용 교수·학습 방법에 대한 최근 동향을 살펴보고 이를 바탕으로 앞으로 개발되어야 할 교수·학습 방법의 아이디어를 제시하고 활성화 방안을 제안한다.

말하기

음성 인식 및 자연어 처리기술의 발달로 AI 기술을 활용한 영어교육 연구가 최근 급격히 증가했으며, 특히 챗봇, ChatGPT, 메타버스 등을 말하기 교수·학습에 적용한 연구들이 활발하게 진행되고 있다. 그중 챗봇은 특정 규칙과 시나리오에 따라 반응하는 대화형 프로그램으로 정해진 대화 패턴을 연습하는 데 효과적이다. 특히 챗봇 활용은 음성언어 중심의 초등영어교육에서 말하기 능력뿐만 아니라 자신감 등 정의적인 요소에도 긍정적인 영향을 미치는 것으로 나타났다. 챗봇에 대한 자세한 내용은 5장에서 다루기로 한다.

다음으로 ChatGPT의 말하기 교수·학습의 활용을 살펴보면, ChatGPT는 대형 언어 모형(Large Language Model, LLM)을 기반으로 학습자의 질문(prompts)에 즉각적인 응답을 제공함으로써 지속적인 상호작용을 가능하게 하고 실제적인 언어 자료를 사용하여 인간과 유사한 자연스러운 대화를 생성한다. 이러한 장점으로 인해 영어 말하기 교육에서 ChatGPT의 실질적 적용 가능성을 탐색하는 연구들이 이루어지고 있다. 이승민(2024)은 GPT-3.5 기반 웹 애플리케이션 'GPTalk'를 활용한 초등학교 영어 말하기 수업 사례를 분석하였다. GPTalk는 학습자들이 다양한 대화 상황과 주제를 다룬 실제적인 대화 연습을 제공하였으며, 그 결과 학습자들의 말하기 자신감, 학습 동기, 말하기 능력이 향상되었다. 참여 교사들도 GPTalk는 영어교육과정과 연계한 학습이 가능하며 역할극, 프로젝트 학습 등 다양한 형태의 학습과 결합할 수 있고 개별 학습자 맞춤형으로 조절 가능하다고 인식하였다. 하지만 정확성을 향상시키기 위한 문법적 오류 수정 기능이 부족하므로, 데이터 기반 학습 지원 시스템 구축을 통해 학습자들의 말하기 패턴 분석 및 개별 맞춤 피드백을 제공해야 한다는 필요성이 제기되었다.

나경희(2024)는 대학생들을 대상으로 Talk-To-ChatGPT(TTC) 사용 시 나타난 학생들의 질문 및 요청과 TTC의 피드백 특징을 분석함으로써 영어 말하기 학습 도구로서의 활용 가능성을 살펴보았다. 학생들의 질문 및 요청을 분석한 결과, 문장과 단어의 길이가 늘어났으며 어휘의 다양성이 증가하는 등 영어능력의 향상을 보였다. TTC의 피드백 결과로는 학생들의 질문보다 문장이 길고 단어 수준이 높았으며, 어휘의 심상성(imageability)과 구체성(concreteness)은 학생들의 입력과 유사한 패턴을 보였다. 반면 학생과 TTC의 대화 전체를 분석한 결과, 문장 간 논리적 연결성이 부족하여 대화 흐름이 자연스럽지 않은 경우도 나타났다.

음성기반 대화형 ChatGPT는 교실을 넘어 교실 밖에서도 시간과 공간의 제약 없이 자기 주도적으로 목표 언어로 말하기 연습을 할 수 있도록 도와줌으로써 목표 언어에 대한 노출이 제한된 EFL 학습자들에게 충분한 언어 입력을 제공할 수 있다. 오류 수정 피드백 부족, 대화의 부자연스러운 흐름 등의 문제로 ChatGPT는 인간 대화자의 역할을 완전히 대체할 수 없지만 영어 말하기 학습의 보조 도구로 유용하게 사용될 수 있다.

앞으로 급격한 기술이 발전되면서 ChatGPT가 영어 말하기 도구로 더욱 효과적으로 활용되기 위해 개선되어야 할 방향을 제안하면 다음과 같다. 첫째, 실시간 음성 상호작용 기능을 강화해야 한다. 현재 텍스트 기반의 대화가 주를 이루며 음성 입력 및 출력을 지원하는 기능이 제한적이다. 따라서 음성 인식 기술을 발전시켜 실제와 같은 음성 대화가 원활하게 이루어지도록 해야 할 것이다. 둘째, 구체적인 피드백을 제공해야 한다. 말하기 능력의 향상을 돕기 위해 학습자의 발화를 분석하고 발음, 문법 등의 정확성과 의미의 적정성을 평가하고 피드백을 제공할 수 있는 기능이 필요하다. 이때 피드백은 단순한 그래프나 양적인 점수가 아니라 개선을 위한 구체적인 조언을 제공해야 할 것이다. 예를 들면, 발음의 경우 조음 방식, 조음점 등을 활용하여 발음 교정 가이드를 제공하면 효과적이다. 셋째, 대화형 학습 시스템을 개선할 필요가 있다. 단순한 문답을 넘어 역할극이나 상황별 회화 훈련이 가능하고, 대화 과정에서 추가 질문을 던지고 즉각적으로 반응할 수 있는 자연스러운 대화의 흐름을 이어가도록 해야 할 것이다. 넷째, 학습자 맞춤형 학습 시스템을 갖추어야 한다. 학습자의 영어능력에 따라 발화 속도 및 난이도를 조정할 수 있어야 하고, 개별 학습 기록을 저장하여 적합한 수준의 학습을 제시함으로써 성장 과정을 추적할 수 있어야 한다.

마지막으로 메타버스의 말하기 교수·학습의 활용에 대해 살펴보도록 한다. 메타버스는 가상과 현실이 융합된 공간에서 사람·사물이 상호작용하며 소통하고 경험을 공유하는 공간이다. 메타버스의 주요 기술 중 증강 현실(Augmented Reality, AR)과 가상 현실(Virtual Reality, VR)은 현실과 유사한 가상 공간에서 학생들이 자연스럽게 영어로 대화할 수 있도록 유도함으로써 몰입형 영어 학습 환경 제공한다. 또한 메타버스 내에서 또래 학습자 또는 AI 챗봇과 활발하게 상호작용함으로써 말하기 학습 효과를 증대시킨다. 뿐만 아니라 학습자 자신이 아닌 아바타를 통해 대화함으로써 말하기 실수에 대한 불안이 줄어들며, 메타버스에 포함된 게임적 요소는 참여도를 높이고 학습을 지속할 수 있는 동기를 부여한다. 이와 같은 장점으로 메타버스는 영어 말하기 교육에서 효과적인 도구로 활용될 수 있다.

이상민과 안태연(2022)은 게더타운을 활용한 메타버스 환경에서 영어 말하기 활동에 대한 중학생의 인식 및 상호작용 양상을 살펴보았다. 교사 주도적이고 통제된 활동보다 상대적으로 자유로운 활동에서 학습자 만족도가 더 높게 나타났지만 더 높은 불안을 보였다. 불안의 이유로 학생들 간 낮은 친밀도와 말할 내용을 스스로 만들어가야하는 부담감 때문인 것으로 유추해 볼 수 있다. 진승희(2023)는 게더타운(Gather.town)을 활용하였으며, 전형적인 말하기 PPP 모형이 아닌 ESA 부메랑 수업모형인 EASA(Engage-Activate- Study-Activate)에 따라 수업절차를 구성하였다. 이 모형은 의사소통 활동인 A가 두 번 반복되어 학생들에게 실제로 영어 의사소통할 수 있는 기회를 충분히 제공할 수 있다.

게더타운 이외 다른 플랫폼들도 활용되고 있다. 제페토(ZEPETO)는 실재감 있는 공간, 채팅뿐만 아니라 음성대화 기능, 아바타 제작 기능, 다양한 형태의 상호작용 등의 장점을 가지며, 역할극을 통한 상황별 표현을 연습하는 데 유용하다(도재우 외, 2022). 젭(ZEP)은 게더타운보다 게임과 상호작용적 요소를 강화한 플랫폼으로, 사용자가 직접 학습 목적에 맞는 맵을 창작할 수 있으며, 제작 기능이 직관적이여서 누구나 손쉽게 만들 수 있다. 하지만 제작 시간이 소요된다는 단점이 있으므로, 이 경우 젭이 제공하는 교육용 맵 템플릿을 활용하여 제작에 대한 부담을 줄일 수 있다. 젭은 맵 내 학습 공간(식료품점, 식당, 카페, 회의실 등)의 활용성이 높아 실제 대화 상황과 유사한 환경에서 말하기 연습을 할 수 있으며, 아바타를 활용한 익명성은 말하기 불안감을 낮추고 학습

집중력을 높이는 데 도움이 준다(이근순, 2023).

메타버스 기반 영어 말하기 교육은 몰입형 학습 환경을 제공하고 학습자의 참여도를 높이는 장점이 있지만, 보다 효과적인 교육을 위해 다음과 같은 개선이 필요하다. 첫째, 기술적 문제가 해결되고 접근성을 강화해야 한다. 다수의 학습자들이 동시 접속 시 인터넷 속도가 느려져 원활한 소통이 이루지지 못하므로, 기술적 문제를 최소화하는 최적화된 시스템이 구축되어야 한다. 메타버스 플랫폼들이 유료화로 전환되면서 무료 버전에서는 제한된 인원만 접속가능하며 유용한 기능들을 사용하는 데도 제한적이다. 이러한 불편함과 제한이 없도록 학교 및 교육청의 인프라 지원이 지속되어야 할 것이다. 둘째, 아바타의 비언어적 요소를 보완해야 한다. 의사소통에서 표정, 제스처 등 비언어적 요소들이 의미 전달에 중요한 역할을 한다. 하지만 아바타를 활용한 대화에서 이런 요소들이 제한되어 대화 흐름이 자연스럽지 못한 문제점이 지적되고 있다. 추후 개발에서는 아바타의 표정, 손짓, 시선 추적 기능을 추가하여 비언어적 의사소통을 보완할 필요가 있다. 셋째, 학습 동기 유지를 위한 게이미피케이션 요소를 포함해야 할 것이다. 메타버스 환경은 흥미로운 학습 경험을 제공하지만, 신기 효과로 그치기 쉬우며 장기적인 학습 동기 유지를 위한 목표 설정과 보상 시스템이 부족하다. 게이미피케이션은 게임의 요소(레벨, 미션, 점수, 보상 등)를 적용하여 학습자의 참여를 유도하고 지속적인 학습을 가능하게 하는 효과적인 방법으로 활용될 수 있다. 넷째, 평가 및 학습 성과 측정이 개선되어야 한다. 메타버스 내에서 이루어진 말하기 활동이 정확히 평가되지 않거나 기록이 체계적으로 관리되지 않는 문제가 있다. 이러한 문제를 개선하기 위해 메타버스 플랫폼과 학습 관리 시스템(LMS)이 연동되어야 하며, AI 음성 분석 시스템을 활용하여 발음, 문법, 유창성 등을 자동 분석하고 학습자에게 피드백 제공하는 시스템을 구축할 필요가 있다.

쓰기

인공지능과 디지털 기술의 발전으로 영어 쓰기 교육에서도 GPT, 번역기, AI 기반 협력적 글쓰기, 자동 첨삭 시스템 등이 등장하고 있으며, 이러한 기술은 학습자의 글쓰기 능력을 향상시키고 보다 효율적인 피드백을 제공하는 데 중요한 역할을 한다. 기계 번역기는 기존의 온라인 사전보다 문장 및 문단 단위의 맥락을 반영한 번역과 빠른 피드백을 제공함으로써 외국어 학습자가 쓰기에서 겪는 어려움을 줄이는 데 도움을 준다. 또한 글쓰기 전략으로 사용되는 사전 편집(pre-editing)과 사후 편집(post-editing)에서는 학습자가 번역기의 결과물을 비판적으로 분석하고 수정하면서 목표 언어의 문법과 표현을 습득할 수 있다.

임희정(2024)은 대학생을 대상으로 기계 번역기를 활용한 영어 고쳐쓰기 활동 효과를 살펴보았다. 학생들에게 초안을 작성하게 한 후, 동료 수정과 번역기를 활용한 자기 수정 결과를 비교 분석하였다. 번역기를 활용한 수정본이 동료 수정본보다 쓰기 점수가 더 높게 나타났으며, 오류도 더 적게 나타났다. 이러한 결과는 번역기가 문법 및 철자 오류를 자동으로 수정하여 학습자가 보다 정확한 문장을 작성할 수 있도록 도와주며, 맥락에 맞는 어휘와 다양한 표현을 제공하여 학습자의 어휘력을 향상시킨다는 것을 보여준다. 특히 영어에 익숙하지 않은 학습자들에게 자연스러운 문장을 제안하여 표현력을 확장할 수 있도록 지원한다. 번역기는 언어적 측면뿐만 아니라 정의적 측면에서도 학습자들이 동료나 교사의 피드백을 받을 때 느낄 수 있는 심리적 부담을 줄여 주는 긍정적 영향을 미치는 것으로 나타났다. 하지만 번역기의 일방적인 피드백 제공과 학습자의 지나친 의존 문제가 제기된다. 이를 해결하기 위해 교사 및 동료 피드백과 병행하여 활용할 필요가 있으며, 번역기를 보조 학습 도구로 활용하면서도 학생들이 능동적으로 오류를 분석하고 학습할 수 있는 교수·학습 설계를 해야 할 것이다.

번역기의 연구는 대부분 영작문 중심으로 대학생을 대상으로 이루어졌으며, 초등학생을 대상으로 한 연구는 부족하다. 김인옥(2020)은 초등영어 쓰기 수업에 기계 번역기를 활용한 연구에서 학습자의 수준에 따라 효과가 다르게 나타났음을 보고하였다. 상위 학습자보다 하위 학습자에게서 더 큰 향상이 나타났으며, 새로운 학습 도구의 활용이 하위 학습자의 언어 불안감을 완화하고 학습 동기를 높이는 데 기여한 것으로 분석되었다. 또한 학습자들은 번역 결과의 정확성을 교사에게 확인하며 자발적으로 수정하려는 태도를 보였고, 이를 통해 자기 주도 학습 능력이 향상되었다.

지혜원(2020)은 초등영어 쓰기 수업에서 번역기의 효과적인 활용 방안을 모색하기 위해 각 주기별로 나타난 문제점을 보완하여 번역기 유형(한-영, 영-한), 사용 단계 및 시기, 그리고 짝 구성 방법을 순서대로 적용하여 실행연구를 진행하였다. 연구 결과, 첫째, 한-영 번역기는 중·하위권 학습자들의 언어 학습을 돕는 역할을 했으며 쓰기에 대한 두려움을 줄이고 적극적인 참여를 유도하였으나, 번역된 문장을 그대로 옮겨 적는 경우 학습 효과가 떨어지는 문제가 발생하였다. 반면, 영-한 번역기는 번역기에 대한 의존도를 낮추고 학습자들이 자신이 알고 있는 표현을 검토하는 데 적합한 것으로 나타났다. 둘째, 번역기를 사용하는 적절한 시점이 중요하다는 사실을 밝혀냈다. 초고 작성 단계에서는 단어 단위로 번역기를 활용하는 것이 효과적이었으며, 문장 단위의 번역은 글을 검토하는 단계에서 활용하는 것이 적절한 것으로 나타났다. 셋째, 짝을 이루어 검토 활동을 할 때, 쓰기 능력이 비슷한 학습자들끼리 짝을 이루는 것이 능력 차이가 큰 학습자들이 짝을 이루는 경우보다 서로 주고받는 피드백을 통해 더 높은 학습 효과를 거둘 수 있었다.

한편, 오희정(2023)은 영작문 쓰기 이외에 듣기·말하기 수업에서 번역기 활용을 살펴보았다. 대학생들은 토론이나 발표를 위한 스크립트 작성에 번역기를 사용하였으며, 단순히 한글을 영어로 변환하는 데 사용하는 것이 아니라 사전과 병행 사용하거나 번역 결과를 검토하며 자기 주도적으로 활용하였다. 대부분의 대학생들은 번역기 사용에 만족하고 번역기 사용을 허용해야 한다고 동의하였지만, 번역기에 대한 신뢰도가 낮다고 응답하였으며 번역기 의존도에 대한 우려도 언급하였다.

지금까지 살펴본 바와 같이, 번역기는 단순한 번역 도구가 아니라 학습을 보조하는 도구로 활용될 수 있음을 확인할 수 있다. 번역기가 쓰기 교육에서 보다 효과적으로 활용하기 위해서는 몇 가지 개선점이 필요하다. 첫째, 번역 품질 향상이다. 기계 번역기는 개별 문장 단위로 번역하는 경향이 있어 종종 어색하게 번역되거나 직역 형태로 번역되는 경우가 많다. 전체 문맥을 분석하여 이를 반영한 자연스러운 표현이 되도록 개선되어야 할 것이다. 둘째, 교육 목적에 맞는 기능이 추가될 필요가 있다. 단순히 번역 결과를 제시하는 것이 아니라 학습 목적 및 단계에 따라 적합한 결과물이 제공되어야 학습자들이 유용하게 사용할 수 있다. 예를 들면, 단어 및 문법을 점검하는 단계라면, 문법 오류나 단어 선택에 대한 설명을 추가하여 학습자가 올바른 표현을 이해할 수 있도록 해야 할 것이다. 창의적 글쓰기가 목적이라면, 학습자들이 다양한 표현을 배울 수 있도록 번역된 문장을 여러 방식으로 변형한 표현들을 제안하는 기능이 도움이 될 것이다. 셋째, 학습자 수준별 번역이 제공되어야 한다. 초급·중급·고급 수준에 적합한 어휘 및 문장 구조를 사용한 번역을 제공함으로써 학습자 수준의 글쓰기가 생성될 수 있도록 해야 할 것이다. 예를 들면, 초급 학습자를 위해 쉽고 명확한 영어로 번역하는 기능을 추가하면 학습 효과를 높일 수 있으며, 중급·고급 수준의 학습자에게는 자동 첨삭 기능을 추가함으로써 학습자 스스로 오류를 수정하는 데 도움이 될 것이다. 이와 같은 개선이 이루어진다면 기계 번역기는 영어 쓰기 교육에서 보다 효과적인 학습 도구로 활용될 수 있을 것이다. 다만 학습자들이 무분별하게 번역기에 의존하는 것을 방지하기 위해, 학습자들이 올바른 번역기 사용법을 알고 필요한 시점에서 적절히 사용할 수 있도록 지도해야 할 것이다. 교사가 학습자들로 하여금 번역 결과를 그대로 사용하지 않고 학습자 스스로 직접 비교하고 수정하도록 지도한다면, 학습자들은 자기 주도적으로 언어 능력을 키울 수 있을 것이다.

한편 ChatGPT가 등장하면서 쓰기 교육에 혁신적인 변화를 가져오고 있다. 관련 연구들은 ChatGPT를 영작문 수업에 적용한 후, 학습자들의 인식과 활용 가능성, 그리고 학습 효과를 중심으로 분석하였으며, 전반적으로 ChatGPT가 쓰기 교육에서 유용한 도구가 될 수 있다는 긍정적인 평가를 제시하고 있다. 이선(2024)은 예비교사들을 대상으로 영어 쓰기 수업에서 ChatGPT를 피드백 보조도구로서의 활용 가능성을 탐색하였다. 예비교사들은 2가지 에세이 쓰기 활동에서 프롬프트를 점차적으로 더 많이 사용하였으며 어휘와 문법 수정에 도움을 많이 받았다고 언급하였다. 그러나 에세이 구성과 같은 고차원적 쓰기 능력을 개선하기 위해서는 교수자의 추가적인 지도와 조언이 필요하며, ChatGPT를 보다 주도적으로 활용하기 위해 프롬프트 사용 교육의 필요성이 제안되었다.

초등학교 쓰기 수업에서 활용할 수 있는 생성형 AI 도구로 뤼튼(WRTN)이 있다. 이 도구는 여러 초거대 생성 AI 모델을 결합하여 문장을 생성하고 글쓰기를 지원할 수 있으며, 특히 학습자의 작문을 보조하는 기능이 뛰어나다(조은상, 2024). 정서현과 안경자(2024)는 초등학교 6학년 학생들을 대상으로 뤼튼을 활용한 초등 영어 쓰기 수업의 효과와 개선 방안을 살펴보았다. 뤼튼의 활용은 어휘, 문법 등에 대한 구체적인 피드백을 제공함으로써 학생들의 쓰기 성취도를 향상시켰으며, 흥미와 동기, 자신감, 불안감 등 정의적 영역에도 긍정적 변화를 가져왔다. 반면 효과를 극대화하기 위해 학생 수준별로 활용 전략을 달리 적용할 필요성이 제기되었다. 예를 들면, 상위 수준 학생의 경우 사전 준비 시간을 제공함으로써 부족한 쓰기 시간을 확보할 수 있으며, 하위 수준 학생들은 적절한 단어 선택에 어려움이 있으므로 교사의 개입과 맞춤형 AI 명령어를 활용해 볼 수 있다. 이러한 결과는 AI 도구 활용에 교사의 조정 역할이 중요함을 시사한다.

ChatGPT는 영어 쓰기 교육에서 유용한 학습 도구로 활용될 수 있지만, 효과적인 활용을 위해 몇 가지 개선점을 제안하면 다음과 같다. 첫째, 학습자 수준별 맞춤 피드백을 제공해야 한다. ChatGPT는 학습자의 영어 수준을 자동으로 판단하지 않으며, 일반적인 피드백은 초보 학습자에게는 지나치게 어렵다고 느낄 수 있으며, 세부적 설명이 부족하다. 학습자의 수준에 맞춘 프롬프트(명령어) 작성 가이드를 제공하고, 필요한 경우 교사가 추가 설명으로 보완해야 할 것이다. 둘째, 문법 및 표현 교정의 신뢰성을 강화해야 한다. ChatGPT가 문법적으로 자연스러워 보이는 문장을 생성하지만, 학습 목표에 부합하는 정답을 제공하지 못하는 경우도 있다. 교사는 학습자가 ChatGPT가 제공한 문장을 검토하고 비판적으로 평가할 수 있도록 지도해야 할 것이다. 셋째, 학습자의 창의성을 유도해야 한다. 학생들이 ChatGPT가 생성한 문장을 그대로 복사하여 사용하면 자기 주도적 작문 능력이 저하될 위험이 있다. 교사는 학습자가 ChatGPT가 제공하는 문장을 변형하거나 부분적으로 활용하도록 유도하는 교육 전략으로 지도해야 할 것이다. 개선책에 제시되었듯이, 교사의 역할은 여전히 중요하며, ChatGPT와 교사의 상호보완적 활용이 최적의 학습 효과를 낼 수 있을 것이다.

참고문헌

Reference

교육부. (2022). *영어과 교육과정*(제2022-33호 별책 14). 교육부.

구경연. (2022). 초·중등학교 영어 교사들의 에듀테크 도구에 대한 인식과 활용. *언어과학연구, 102,* 77-98.

김인옥. (2020). 디지털 교과서 및 번역기 활용 쓰기 활동이 6학년 학생들의 영어 쓰기 및 자기 주도적 학습 태도에 미치는 영향. *초등영어교육, 26*(2), 157-177.

나경희. (2024). EFL 대학생의 영어 말하기 학습 플랫폼으로서 ChatGPT 활용 가능성 탐색. *언어학연구, 72*, 199-223.

도재우, 유정헌, 한원영, 최신혜, 박규리, 김태영. (2022). 온라인 교사의 메타버스 기반 원격수업 운영 사례 연구. *한국교원교육연구, 29*(1), 225-254.

배주경. (2024). 2022 개정 초등학교 영어과 교육과정의 적용 시 예상되는 쟁점에 대한 교사의 인식 분석. *초등영어교육, 30*(2), 61-80.

유재민, 홍선호. (2023). 2022 개정 초등영어과 교육과정에 대한 교사들의 인식 조사. *한국초등교육, 34*(2), 1-20.

오신유, 김태영. (2023). 한국 초등영어 교육과정 25년사: 제6차에서 2022 개정 교육과정까지, *초등영어교육, 29*(3), 75-102.

오희정. (2023). 교양영어수업에서 번역기를 사용한 대학생의 경험 및 인식. *영어어문교육, 29*(2), 61-83.

이경랑. (2011). 영어 학습 전략 연구 30년 개관. *영어교육연구, 23*(1), 241-260.

이경랑, 임주은. (2021). 2015 개정 교육과정과 2009 개정 교육과정에 기반한 중학교 영어 교과서의 영어 학습 전략 교수 현황 비교 분석 연구. *영어학, 21*, 581-598.

이근순. (2023). *메타버스 플랫폼 젭(ZEP)을 사용한 영어 말하기 수업*

에 대한 학습자의 인식 연구. 석사학위논문. 인하대학교 대학원.

이상민, 안태연. (2022). 메타버스 환경에서 영어 말하기 활동에 대한 중학생 인식 및 상호작용 양상. *중등영어교육, 15*(3), 25-44.

이선. (2024). 영어 쓰기 수업에서 피드백 보조도구로서의 ChagGPT 활용 가능성. *외국어교육, 31*(2), 27-54.

이승민. (2024). GPT-3.5 언어모델 기반의 초등학교 영어 말하기 교육 사례연구. *정보교육학회논문지, 28*(1), 27-35.

이영아. (2022). 2022 개정 영어과 교육과정 개발을 위한 쟁점 및 과제. *현대영어교육, 23*(1), 28-41.

이영아. (2023). 역량기반 교육과정의 특징과 2022 개정 영어과 교육과정의 변화 분석. *외국어교육연구, 37*(1), 117-144.

임희정. (2024). 기계 번역기를 활용한 영어 고쳐쓰기 활동의 효과. *학습자중심교과교육연구, 24*(4), 973-985.

정서현, 안경자. (2024). 생성형 AI 포털 뤼튼을 활용한 초등영어 쓰기 수업의 효과 및 개선. *영어학, 24,* 1121-1147.

조은상. (2024). *초등학생 대상 생성형 인공지능 활용 교육프로그램의 개발과 적용*. 석사학위논문, 서울교육대학교 교육전문대학원.

주하민, 배지영. (2021). 디지털 학습 환경에서 중학생들의 영어 학습 전략 사용에 관한 연구. *영어학, 21*, 1105-1127.

주형미, 김성혜, 박태준, 배주경, 강혜정, 맹은경, 윤상돈, 이영아. (2021). *포스트코로나 대비 미래지향적 영어과 교육과정 구성 방안 연구* (연구보고 CRC 2021-13).https://www.kice.re.kr/resrch Board/view.do?seq=762&s=kice&m=030101.

지혜원. (2020). *초등영어 쓰기 수업에서 효과적인 번역기 활용 방안*. 석사학위논문, 서울교육대학교 교육전문대학원.

진승희. (2023). 메타버스 게더타운 활용 영어 말하기 수업에 대한 학습자 인식 조사 연구. *영어어문교육, 29*(1), 101-120.

최원경. (2022). 2022 개정 영어과 교육과정 '전략'의 의미와 적용 시 고려사항: 초·중학교를 중심으로. *영어평가, 17*(2), 143-161.

한국교육학술정보원. (2022). *학교 현장의 에듀테크 활용 및 수요 분석.* 기타자료 RS 2022-01.

Anderson, N. (2008). Metacognition and good language learners. In C. Griffiths (Ed.), *Lessons from good language learners* (pp. 99-109). Cambridge: Cambridge University Press.

Brown, H. D. (2014). *Principles of language learning and teaching* (6th ed.). Pearson Education.

Chamot, A.U. (2005) Language learning strategy instruction: Current issues and research. *Annual Review of Applied Linguistics, 25*, 112-130.

Faerch, C., & Kasper, G. (1983). *Strategies in interlanguage communication*. London: Longman.

O'Malley, J. M., & Chamot, A. U. (1990). *Learning strategies in second language acquisition.* Cambridge, UK: Cambridge University Press.

O'Malley, J., Chamot, A., & Kuppper, L. (1989). Listening comprehension strategies in second language acquisition. *Applied Linguistics, 10*, 418-437.

Oxford, R. L. (1990). *Language learning strategies: What every teacher should know*. New York: Newbury House.

Oxford, R. L. (2011). *Teaching and Researching Language Learning Strategy*. New York: Longman.

Rubin, J. (1975). What the "good language learner" can teach us. *TESOL Quarterly, 9*, 41-51.

Stern, H. (1975). What can we learn from the good language learner? *Canadian Modern Language Review, 34*, 304-318.

AI

CHAPTER 09

표현 영역: 쓰기 성취기준

영어 학습에서 표현 능력은 학습자가 자신의 생각과 감정을 효과적으로 전달하는 핵심적인 역할을 한다. 특히 쓰기 능력은 원격 근무, 온라인 학습, 글로벌 협업 등 비대면 환경에서의 소통이 증가하면서 그 중요성이 더욱 부각되고 있다. 또한, AI 번역기 및 생성형 AI 도구가 급속도로 발전함에 따라 학습자에게 요구되는 쓰기 역량에 대한 새로운 시각도 필요해졌다. 교육과정의 성취기준 기술 방식은 학습자의 의사소통 역량 발달에 직접적인 영향을 미치므로, 2022 개정 영어과 교육과정의 성취기준이 이러한 시대적 변화를 적절히 반영하여 학습자의 역량을 효과적으로 발달시킬 수 있는지 분석할 필요가 있다. 특히 이번 개정 교육과정에서는 교육 내용 및 성취기준의 기술 방식을 기존의 네 기능(듣기, 말하기, 읽기, 쓰기) 체제에서 이해(reception)와 표현(production)이라는 두 영역으로 개편하는 큰 변화가 있었다. 이러한 변화가 국내·외 영어교육 현실에 얼마나 부합하며, 실제 교육 현장에서 효과적으로 구현될 수 있는지 검토하는 것은 중요한 과제이다. 이번 장에서는 초등영어 교육과정에 초점을 맞추어 역대 교육과정의 쓰기 관련 성취기준을 해외 사례와 비교 분석하면서 적정성을 탐색하고자 한다.

SECTION

01 영어과 교육과정과 쓰기 역량

글로벌화와 디지털 전환이 가속화되는 21세기 사회에서 영어교육의 중요성은 더욱 강조되고 있다(유재민과 홍선호, 2023; 이문복과 정희정, 2020). 이러한 시대적 요구에 부응하여 교육부는 2022 개정 영어과 교육과정(교육부, 2022)을 발표하였으며, 이는 역량 기반 교육과정의 강화를 목표로 성취기준, 교수·학습 방법, 평가 체계의 전반적인 변화를 반영하고 있다(이영아, 2023).

2022 개정 영어과 교육과정의 가장 큰 특징 중 하나는 교육 내용 및 성취기준의 기술 방식이 듣기, 말하기, 읽기, 쓰기의 네 기능 체제에서 이해(reception)와 표현(production)의 두 개 영역으로 개편되었다는 점이다. 이는 디지털 시대의 도래와 함께 의사소통 방식이 다양해지고, 언어 기능 간의 구분이 점차 흐려지는 현실을 반영한 결과이다(한국교육과정평가원, 2024). 영어 학습의 궁극적인 목표가 실생활에서 영어를 효과적으로 습득하고 활용하는 것임을 고려하여, 이해는 듣기와 읽기에 더해 보기(viewing)를 포함하는 개념으로, 표현은 말하기와 쓰기에 더해 제시하기(presenting)를 포함하는 개념으로 확장되었다. 기존 교육과정과 비교했을 때, 학습자 중심의 실용적 접근 방식을 강화하고, 창의적·비판적인 사고를 촉진하는 방향으로 개편하고자 한 것으로 해석된다. 그러나 이러한 변화가 국내외 영어교육의 현실에 얼마나 부합하는지, 그리고 실제 교육 현장에서 효과적으로 구현될 수 있는지에 대한 검토가 필요하다.

영어 학습에서 표현 능력은 학습자가 자신의 생각과 감정을 효과적으로 전달하는 핵심적인 수단이며, 특히 쓰기 능력은 원격 근무, 온라인 학습, 글로벌 협업 등 비대면 환경에서의 소통이 증가하면서 더욱 중요한 역량이 되었다. 또한, AI 번역기 및 생성형 AI 도구의 발전으로 인해, 학습자에게 요구되는 쓰기 능력에 대한 새로운 관점도 필요하다. 교육과정의 성취기준 기술 방식은 학습자의 의사소통 역량 발달에 직접적인 영향을 미치므로, 개정 교육과정의 성취기준이 이러한 시대적 변화를 적절히 반영하여 학습자의 역량을 효과적으로 발달시킬 수 있는지 분석할 필요가 있다.

이러한 필요에 부응하여, 이번 장에서는 2022 개정 영어과 교육과정의 표현 영역 중 쓰기 기능과 관련된 성취기준을 기존 국내 교육과정 및 해외 교육과정과 비교 분석함으로써, 개정 교육과정의 방향성과 적정성을 점검하고자 한다. 이러한 분석을 통해 2022 개정 영어과 교육과정이 학습자의 실제 의사소통 역량 발달에 실질적으로 기여할 수 있는지 탐색하고자 하며, 이를 바탕으로 향후 교과서를 기반의 활동 분석, 교육 현장에서의 적용 사례 및 평가 방식에 관한 후속 연구를 위한 기초 자료를 제공할 수 있을 것으로 기대한다.

SECTION

02 교육과정의 내용 적정성

(1) 교육과정 적정성 연구

교육과정은 국가 수준에서 학교 교육의 내용을 규정하는 기본 문서이며(김재춘, 2004), 그 개정이 이루어질 때마다 적정성에 대한 연구가 지속적으로 이루어져왔다. 이의갑(2004)에 따르면, 교육과정의 적정성이란 학습량, 수준, 연계성, 타당성 등의 요소를 포함하는 개념이다. 교육과정의 적정성을 탐색하는 방법으로는 교육과정 전문가의 평가 활용과 다른 기준이 되는 문시와의 비교 분석이 제시되어 왔다(박기화, 2005). 전문가 평가를 활용한 연구에는 이영아(2015), 김성혜(2020), 유재민과 홍선호(2023)의 연구가 있으며, 각각 2009, 2015 및 2022 개정 교육과정에 대한 현장교사의 인식을 조사하여 적정성을 검토하였다. 한편, 임수연(2020)은 7차 교육과정부터 2015 개정 교육과정까지 초등영어과 성취기준의 변화를 추적하여 향후 교육과정에 대한 시사점을 제공하였다. 국내 교육과정의 적정성을 해외 기준과 비교하여 분석한 연구도 진행되어 왔는데, 박기화(2005)는 미국의 ACTFL 평가 기준과 비교하여 한국의 영어과 교육과정에서 말하기와 쓰기 성취기준이 적절한 수준인지 탐색하였다. 또한, 황필아(2016)와 전지혜(2023)는 유럽의 공통참조기준(CEFR)과의 비교를 통해 각각 2015, 2022 개정 교육과정 성취기준의 적정성을 검토하였다. 이진화(2022)는 2015 영어과 교육과정의 성취기준과 CEFR의 기술문의 비교를 통해, CEFR의 기술문 특징을 다음과 같이 정리하였다. 첫째, 각 언어 기능에 해당하는 범주에 하위 범주를 두어 구체적으로 기술문을 제시함으로써 더욱 체계화되고 조직화된 성취기준을 제시하고 있다. 둘째, 하나의 기준에 대한 기술문을 연속적으로 제시함으로써 연계성과 위계 파악이 용이하다. 셋째, 맥락, 조건 및 예시 등을 기술문에 제시함으로써 구체적으로 학습해야 할 내용을 파악할 수 있다.

(2) 쓰기 기능 교육 내용의 적정성

교육과정의 적정성을 살펴 본 선행연구 중, 본 장의 초점인 쓰기 기능과 관련한 결과를 정리해보면 다음과 같다. 박기화(2005)는 7차 영어과 교육과정의 말하기 및 쓰기 성취기준을 ACTFL 평가기준과 비교 분석하였다. 연구 결과, 7차 교육과정의 문자 학습이 지나치게 약화되어 있다는 점이 지적되었으며, 저자는 쓰기의 성취기준을 말하기와 유사한 수준에서 설정할 필요가 있다고 제안하였다. 구체적으로, ACTFL의 초급 중 수준(단어나 어구를 베껴 쓰거나 기억하여 쓰는 수준)을 6학년 수준으로 설정할 것을 제안하였다. 이영아(2015)는 현장교사 108인에 대한 설문조사를 실시한 결과, 교사들은 2009 개정 교육과정의 3~4학년군의 읽기와 쓰기 학습량에 대한 적정성을 다른 기능에 비해 낮게 평가하였고, 학습 수준에 대해서도 낮다고 응답한 비율이 높다고 응답한 비율보다 높았다고 보고하였다. 이를 바탕으로 초등학교 3~4학년군의 읽기와 쓰기 성취기준을 상향 조정할 필요가 있다고 제안하였다. 배주경(2020, 2021)은 2015 개정 교육과정의 운영 실태를 학년군별로 조사하였다. 연구 결과, 3~4학년군에서는 교사들이 성취기준과 교과서의 학습 내용 수준이 전반적으로 '적절하다'고 인식하였으나, 쓰기 기능은 '어렵다'고 인식하는 교사의 비율이 다른 기능에 비해 높았다. 또한, 학습량은 충분하지 않다는 의견도 존재하였다. 한편,

5~6학년군에서도 모든 영역에서 내용 수준이 '적절하다'고 응답한 비율이 가장 높았지만, 듣기와 말하기 영역의 내용은 '쉽다'는 응답이 많았고, 쓰기는 '어렵다'는 응답이 다른 기능에 비해 많았다. 또한 다수의 교사들은 5~6학년 영어교육의 내실화를 위해 3~4학년에서 읽기 및 쓰기 교육을 강조해야 한다고 제안하였다.

교육과정의 적정성은 학습량, 수준, 연계성, 타당성 등의 요소를 기준으로 평가될 수 있으며, 이를 검토하기 위해 전문가 평가, 교육 현장의 교사 인식 조사, 국내외 교육과정 비교 분석 등의 다양한 방법이 활용되어 왔다. 쓰기 기능과 관련한 연구들은 성취기준의 수준과 학습량에 대한 논의를 지속적으로 제기해 왔으나, 대부분의 연구는 영어과 교육과정 전반의 적정성을 탐색하는 과정에서 쓰기 기능을 포함하여 다루었으며, 쓰기 기능을 중심으로 한 심층적인 연구는 상대적으로 부족한 실정이다. 2022 개정 교육과정에서는 성취기준에서 쓰기 기능을 독립적으로 제시하지 않고 표현 영역으로 통합하여 제시하고 있다. 이에 따라, 기존 국내 교육과정의 비교를 통해 현행 성취기준의 수준을 검토하고, 해외 주요 교육과정과의 비교 분석을 통해 적정성을 탐색하는 것은 의의가 있을 것이다.

SECTION

03 개정 시기별 초등영어 교육과정 쓰기 기능 성취기준의 변화

2022 개정 교육과정의 쓰기 기능 성취기준 특징을 살펴보기 위해, 제7차 교육과정부터 2022 개정 교육과정까지의 초등영어과 성취기준을 분석하였다(표 9-1). 각 개정 교육과정의 문서를 바탕으로 성취기준의 변화 양상을 추적하고, 유사한 성취기준의 제시 학년과 성취기준의 내용을 비교하여 난이도 및 학습량 변화 등의 요소를 분석하였다.

초등학교에서의 영어교육은 제6차 교육과정부터 도입되었으며, 성취기준이 구체적으로 기술되기 시작한 시점은 제7차 교육과정 이후이다(임수연, 2020). 제7차 교육과정이 처음 도입되었을 때 쓰기 영역은 5학년 이후에 제시되었으며, 문자언어는 음성언어와 연계하여 지도하도록 하였다. 예를 들어, 6학년에서는 '구두로 익힌' 어구나 문장을 쓰도록 하였다. 이러한 기조는 2009년 개정 교육과정에서 사라졌다가 2015년 개정 교육과정에서 다시 등장하였다.

2007년 교육과정 총론의 개정에 앞서 영어과 교육과정은 2006년에 개정되었으며, 이는 제7차 교육과정의 틀을 유지하면서 필요

〈표 9-1〉 분석 대상 국내 교육과정

교육과정	고시
제7차	1997. 12.
2007 개정	2006. 08
2008 개정	2008. 12.
2009 개정	2011. 08.
2015 개정	2015. 09.
2022 개정	2022. 12.

한 부분을 개정하는 수시 개정 방침을 따랐다(김혜련 외, 2023). 쓰기 기능과 관련한 주요 개정 내용 중 하나는 쓰기의 도입 시점이 4학년으로 앞당겨졌다는 것이다. 이는 음성언어와 문자언어의 균형적 학습을 고려한 결과로 해석할 수 있다. 또한, 제7차 교육과정에서 심화 과정으로 제시되었던 성취기준이 대부분 기본 성취기준으로 포함됨으로써(예: 예시문을 참고하여, 실물이나 그림을 한 문장으로 묘사한다), 결과적으로 기본 성취기준의 난이도가 상향되었다. 단순히 구두로 익힌 단어를 외워서 쓰는 것을 넘어서 '소리와 철자의 관계를 바탕으로' 쓰는 성취기준이 도입되었으며, 이는 2022 개정까지 이어지고 있다.

2008 개정 교육과정은 초등영어에만 이루어진 개정으로(교육과학기술부, 2008), 초등영어교육 강화 요구에 따라 각 학년의 영어 시수가 1시간씩 증가하였다(김혜련 외, 2023). 문자언어 교육을 보완하는 과정에서 3학년 2학기부터 쓰기 기능을 지도하기 시작하였으며, 2007년 개정 교육과정의 4, 5학년 성취기준이 각각 3, 4학년으로 조정되었고, 6학년에서는 친숙한 주제를 기반으로 한 간단한 글을 예시문을 참고하여 쓰는 성취기준이 새롭게 추가되었다.

2009 개정 영어과 교육과정은 2011년에 개정·고시되었다. 이 시기부터 초등 3~4학년, 초등 5~6학년으로 묶은 학년군 단위로 공통 교육과정이 구성되었다(김혜련 외, 2023). 일반적인 학년군 성취기준이 기능별로 1개씩, 총 4개 제시되었고, 기능(영역)별로 학습내용 성취기준이 별도로 제시된 것이 특징적이다. 쓰기 기능의 경우 3~4학년군에서는 알파벳과 낱말, 어구 수준까지, 5~6학년군에서는 철자법을 익히고 낱말이나 어구, 나아가 문장이나 짧은 글을 쓰는 수준을 목표로 하였다. 이전 교육과정에 비해 3~4학년 성취기준이 어구 수준까지로 상향 조정되었으며, 각 언어 수준별 성

취기준에 소항목을 두어 학년군 간 연계성을 강화하였다.

2015 개정 교육과정에서는 초·중학교 초기 단계에서는 말하기 및 듣기 영역을 보완하고, 고등학교 단계에서 읽기 및 쓰기가 강화되도록 영역별 성취기준 수를 조정하여 학습 내용의 양을 적정화하고자 하였다. 그 결과, 쓰기 영역의 일부 성취기준이 이전 교육과정에 비해 하향 조정되었다. 예를 들어, 2009 개정 교육과정에서는 초등 5~6학년군에서 실물, 그림, 도표 등을 보고 한두 문장으로 쓰도록 하거나 친숙한 주제(자신이나 가족 등)에 대해 짧고 간단하게 쓰도록 하였으나, 2015 개정 교육과정에서는 관련 내용이 중 1~3학년군의 성취기준으로 이동하였다.

〈표 9-2〉 개정 교육과정별 쓰기 기능 성취기준(초등)

개정	학년(군)	성취기준
제7차	5	(1) 알파벳 인쇄체 대소 문자를 구별하여 쓴다. (2) 구두로 익힌 낱말을 베껴 쓰거나 외어 쓴다. (3) 실물이나 그림을 보고, 그에 대응하는 낱말을 쓴다. [심화 과정] (4) 들은 낱말을 받아쓴다. (5) 컴퓨터 자판에서 구두로 익힌 낱말을 친다.
	6	(1) 쉽고 간단한 낱말을 쓴다. (2) 구두로 익힌 어구나 문장을 쓴다. (3) 인쇄체 대소 문자와 구두점(마침표, 물음표 등)을 바르게 쓴다. [심화 과정] (4) 예시문을 참고하여, 실물이나 그림을 한 문장으로 묘사한다. (5) 쉽고 간단한 생일 카드, 감사 카드 등을 쓴다.
2007 개정 (2006년)	4	1) 알파벳 인쇄체 대소문자를 보고 쓴다. 2) 구두로 익힌 낱말을 따라 쓴다.
	5	1) 소리와 철자의 관계를 바탕으로 쉬운 낱말을 듣고 쓴다. 2) 실물이나 그림에 해당하는 낱말을 쓴다. 3) 학습한 낱말을 듣고 받아쓴다.

		4) 쉬운 낱말을 외워 쓴다.
	6	1) 구두로 익힌 어구나 문장을 쓴다. 2) 예시문을 참고하여 실물이나 그림을 한 문장으로 묘사하여 쓴다. 3) 문장 안에서 인쇄체 대소문자와 구두점을 바르게 쓴다. 4) 쉽고 간단한 생일 카드나 감사 카드를 쓴다.
2008 개정 (2008년)	3	(가) 알파벳 인쇄체 대·소문자를 보고 쓴다. (나) 구두로 익힌 낱말을 따라 쓴다.
	4	(가) 소리와 철자의 관계를 바탕으로 쉬운 낱말을 듣고 쓴다. (나) 실물이나 그림을 나타내는 낱말을 완성하여 쓴다. (다) 짧고 쉬운 낱말을 보고 쓴다.
	5	(가) 쉽고 간단한 낱말이나 어구를 쓴다. (나) 예시문을 참고하여 실물이나 그림을 보고 한 문장으로 쓴다. (다) 문장 안에서 인쇄체 대·소문사와 구두점을 바르게 쓴다.
	6	(가) 일상생활과 관련된 주제에 관해 낱말이나 어구를 넣어 문장을 완성한다. (나) 간단한 생일 카드나 감사 카드를 쓴다. (다) 예시문을 참고하여 자신이나 가족 등에 관해 짧고 간단하게 쓴다.
2009 개정 (2011년)	3~4	(라) 알파벳 인쇄체 대·소문자를 쓰고, 낱말과 어구를 따라 쓰며, 보고 쓴다.
		① 알파벳을 쓴다. ①-1. 알파벳 인쇄체 대·소문자를 쓴다. ② 낱말이나 어구를 쓴다. ②-1. 구두로 익힌 낱말을 따라 쓴다. ②-2. 짧고 쉬운 낱말이나 어구를 따라 쓰고 보고 쓴다. ②-3. 그림, 실물, 동작 등을 나타내는 낱말이나 어구를 완성하여 쓴다.
	5~6	㈑ 알파벳과 구두점을 바르게 쓰고, 쉽고 간단한 낱말과 어구를 쓰며, 자신이나 가족 등에 관해 예시문을 참고하여 짧고 간단한 글을 쓴다.
		① 철자법에 맞게 쓴다. ①-1. 문장 안에서 인쇄체 대·소문자를 바르게 쓴다. ①-2. 문장 안에서 구두점을 바르게 쓴다. ② 낱말이나 어구를 쓴다.

		②-1. 소리와 철자의 관계를 바탕으로 쉬운 낱말을 듣고 쓴다. ②-2. 실물, 그림, 도표를 보고 쉽고 간단한 낱말이나 어구를 쓴다. ②-3. 주어진 낱말이나 어구를 넣어 간단한 문장을 완성한다. ③ 문장이나 짧은 글을 쓴다. ③-1. 실물, 그림, 도표를 보고 한두 문장으로 쓴다. ③-2. 예시문을 참고하여 간단한 초대, 감사, 축하 등의 짧은 글을 쓴다. ③-3. 자신이나 가족 등에 관해 짧고 간단하게 쓴다.
2015 개정	3~4	[4영04-01] 알파벳 대소문자를 구별하여 쓸 수 있다. [4영04-02] 구두로 익힌 낱말이나 어구를 따라 쓰거나 보고 쓸 수 있다. [4영04-03] 실물이나 그림을 보고 쉽고 간단한 낱말이나 어구를 쓸 수 있다.
	5~6	[6영04-01] 소리와 철자의 관계를 바탕으로 쉽고 간단한 낱말이나 어구를 듣고 쓸 수 있다. [6영04-02] 알파벳 대소문자와 문장부호를 문장에서 바르게 사용할 수 있다. [6영04-03] 구두로 익힌 문장을 쓸 수 있다. [6영04-04] 실물이나 그림을 보고 한두 문장으로 표현할 수 있다. [6영04-05] 예시문을 참고하여 간단한 초대, 감사, 축하 등의 글을 쓸 수 있다.
2022 개정	3~4	[4영02-02] 알파벳 대소문자를 구별하여 쓴다. [4영02-03] 소리와 철자의 관계를 바탕으로 쉽고 간단한 단어를 쓴다. [4영02-04] 실물, 그림, 동작 등을 보고 쉽고 간단한 문장으로 말하거나 단어나 어구를 쓴다. [4영02-05] 자신, 주변 사람이나 사물의 소개나 묘사를 쉽고 간단한 문장으로 말하거나 보고 쓴다. [4영02-06] 행동 지시를 쉽고 간단한 문장으로 말하거나 보고 쓴다. [4영02-07] 자신의 감정을 쉽고 간단한 문장으로 말하거나 보고 쓴다. [4영02-08] 자기 주변 주제에 관한 담화의 주요 정보를 묻거나 답한다. [4영02-09] 적절한 매체나 전략을 활용하여 창의적으로 의

	미를 표현한다. [4영02-10] 의사소통 활동에 흥미와 자신감을 가지고 대화 예절을 지키며 참여한다.
5~6	[6영02-02] 실물, 그림, 동작 등을 보고 간단한 단어, 어구, 문장으로 말하거나 쓴다. [6영02-03] 알파벳 대소문자와 문장부호를 문장에서 바르게 사용한다. [6영02-04] 주변 사람이나 사물을 간단한 문장으로 소개하거나 묘사한다. [6영02-05] 주변 장소나 위치, 행동 순서나 방법을 간단한 문장으로 설명한다. [6영02-06] 자신의 감정이나 의견, 경험이나 계획을 간단한 문장으로 표현한다. [6영02-07] 일상생활 주제에 관한 담화나 글의 세부 정보를 간단한 문장으로 묻거나 답한다. [6영02-08] 예시문을 참고하여 목적에 맞는 간단한 글을 쓴다. [6영02-09] 적절한 매체와 전략을 활용하여 창의적으로 의미를 생성하고 표현한다. [6영02-10] 의사소통 활동에 흥미와 자신감을 가지고 참여하여 협력적으로 수행한다.

2022 개정 교육과정에서는 성취기준의 기술 방식에서 큰 변화가 있었다. 언어 기능 영역이 기존의 4기능(듣기, 말하기, 읽기, 쓰기) 중심이 아니라 보기와 제시하기를 포함하여 이해와 표현의 두 영역으로 개편되었으며, 이에 따라 쓰기 기능과 관련된 성취기준은 표현 영역의 성취기준 10개 중 일부로 제시되었다. 성취기준의 진술 방식이나 내용은 2015 개정 교육과정과 유사한 측면이 있으나, 성취기준이 제시되는 학년군이 조정됨에 따라 성취 수준이 상향 조정되었다. 예를 들어, '소리와 철자의 관계를 바탕으로' 단어를 쓰는 성취기준은 2009 개정 교육과정 이후 5~6학년군에서 제시되었으나 2022 개정 교육과정에서는 3~4학년군으로 조정되었다. 또한, 문장 수준에서 자신의 경험, 의견, 감정 등에 대해 쓸 수 있는

성취기준이 2015 개정에서는 중 1~3학년군에 포함되었으나 2022 개정에서는 초등 5~6학년군으로 조정되었으며, 초등 3~4학년군에서도 '보고 쓴다'는 단서가 있지만 문장 수준의 쓰기 성취기준이 제시되었다. 이와 함께 2022 개정 교육과정에서는 AI 및 디지털 도구 활용이 강조되었다. 예를 들어, '적절한 매체와 전략을 활용하여 창의적으로 의미를 생성하고 표현한다'는 성취기준이 포함되었으며, 이는 성취기준 해설에 따르면 '다양한 앱이나 디지털 매체 등을 활용하여 새로운 방법으로 말하거나 쓰는 것을 의미한다'.

기존의 말하기와 쓰기 기능 성취기준이 표현 영역의 성취기준으로 통합·제시되면서, 일부 성취기준은 구체적으로 목표로 하는 언어 기능이 분명하게 드러나지 않아 현장 적용에서 어려움이 예상된다. 예를 들어, 5~6학년군의 성취기준에서는 '소개하거나 묘사한다', '간단한 문장으로 설명한다', '간단한 문장으로 표현한다', '간단한 문장으로 묻거나 답한다' 등의 수행 동사를 사용하고 있는데, 해당 기준이 말하기와 쓰기 기능에서 모두 요구되는 성취기준인지 분명하지 않다.

정리하자면, 초등영어 쓰기 성취기준은 시대적 요구에 따라 변화해왔다. 초등영어 도입 초창기에는 음성언어가 강조되었고, 이후 2009 개정 교육과정까지 음성 및 문자언어의 균형을 맞추는 방향으로 쓰기 기능의 성취 수준이 지속적으로 상향 조정되었으나, 2015 개정 교육과정에서 학습량의 적정화 기조에 따라 쓰기 성취기준이 줄어들고, 초등학교급에서 문장 쓰기 이상의 활동이 제한적으로 제시되었다. 2022 개정에서는 성취기준이 일부 상향 조정되었으나, 여전히 문장 쓰기 수준과 예시문을 참고하여 글을 쓰는 수준을 벗어나지는 않았다. 또한, 2022 개정 교육과정의 성취기준은 디지털 환경과의 연계를 강화하는 방향으로 조정되었다. 표현 영역으로 말하기와 쓰기 기능이 통합되면서, 일부 성취기준은 말하기와 쓰기를 모두 언급하기 위해 문장이 길고 복잡해지거나, 기능 통합적인 수행 동사를 사용함으로써 해석의 어려움이 예상되는 점은 아쉬운 부분이다. 성취기준의 기술이 복잡해지고 성취기준의 상향 및 증가로 인한 학습 부담을 고려하면서도, 인공지능 시대에 맞는 효과적인 쓰기 교육 방안을 마련하는 것이 앞으로의 과제가 될 것이다.

SECTION

04 해외 교육과정의 조직 방식 및 쓰기 기능 성취기준

2022 개정 교육과정 성취기준의 적정성을 탐색하기 위해 살펴본 해외 교육과정 문서는 The Common European Framework of Reference for Languages(유럽공통참조기준), 일본의 The National Standards(Ministry of Education, Culture, Sports, Science and Technology-Japan, 2020) 및 중국의 Compulsaory Education's English Curriculum Standards(Ministry of Education of the People's Republic of China, 2022)이다. 유럽공통참조기준(The Common European Framework of Reference for Languages, CEFR)은 언어 학습자의 의사소통 능력을 체계적으로 분류하고 수준별 목표를 제시하는 국제적 기준으로, 여러 국가의 교육과정 개정에서 널리 참고하고 있다. 일본과 중국의 영어과 교육과정 문서는 최근 교육과정 개정이 이루어졌으며, 한국과 영어교육 환경이 유사하다는 점을 고려하여 분석에 포함하였다.

(1) 유럽공통참조기준(2020)

유럽공통참조기준(CEFR)은 다국적·다문화 배경을 가진 유럽에서 외국어교육의 주요 참고 기준으로 활용된다. CEFR의 전반적인 언어 능숙도(overall language proficiency)는 일반 능력(general competences) 및 언어 능력(communicative language competencies)을 바탕으로 의사소통 전략(communicative language strategies)을 사용하여 의사소통 활동(communicative language activities)을 수행

하는 능력으로 정의된다. 언어 능력은 언어적, 사회언어적, 화용적 능력으로 구성되며, 언어 활동과 전략은 수용(reception), 생성(production), 상호작용(interaction) 및 매개(medi- ation)로 구분된다. 능력 기술문은 A(basic user), B(independent user), C(proficient user)의 세 개 레벨과 각각의 하위 레벨(1, 2)로 나뉜다. 2018년 개정 이후에는 A1보다 낮은 단계의 Pre-A1 단계와, 레벨 내에서 심화 수준에 해당하는 플러스 레벨도 추가되었다(이진화, 2022).

쓰기 활동은 일방향의 쓰기 생성(production)과 둘 이상의 참여자를 상정하는 쓰기 상호작용(interaction) 범주로 기술되며, 각 범주 내에서도 하위 항목으로 활동의 종류를 세분화하고 있다.

- 쓰기 표현(written production): 전반적인 쓰기(overall written production), 창의적 쓰기(creative writing), 보고문 및 에세이(reports and essays)
- 쓰기 상호작용(written interaction): 전반적인 문어 상호작용(overall written interaction), 서신(correspondence), 메모·메시지·양식(notes, messages, forms)

CEFR은 위의 각 쓰기 활동 분류별로 세분화된 레벨별 능력 기술문을 제시하고 있다. 한국 영어과 교육과정 초등 성취기준이 CEFR의 A1~A2 레벨과 비교 가능하다고 분석한 선행연구(전지혜와 김정렬, 2018)에 근거하여 해당 레벨의 쓰기 기능 능력 기술문을 발췌하여 〈표 9-3〉과 〈표 9-4〉에 제시한다.

〈표 9-3〉 쓰기 표현(Written Production) 능력 기술문

Overall Written Production	
Pre-A1	Can give **basic personal information** (e.g., name, address, nationality), perhaps with the use of a dictionary.
A1	Can **produce simple isolated phrases and sentences.** Can **give information about matters of personal relevance** (e.g., likes and dislikes, family, pets) **using simple words/signs and basic expressions.**
A2	Can produce **a series of simple phrases and sentences linked with simple connectors** like "and", "but" and "because".
Creative Writing	
A1	Can use **simple words/signs and phrases to describe certain everyday objects** (e.g., the colour of a car, whether it is big or small). Can describe in very simple language what a room looks like. Can produce **simple phrases and sentences about themselves and imaginary people,** where they live and what they do.
A2	Can **compose an introduction to a story or continue a story,** provided they can consult a dictionary and references (e.g., tables of verb tenses in a course book). Can create diary entries that describe activities (e.g., daily routine, outings, sports, hobbies), people and places, using basic, concrete vocabulary and **simple phrases and sentences with simple connectives** like "and", "but" and "because". Can create short, simple imaginary biographies and simple poems about people. Can **produce a series of simple phrases and sentences** about their family, living conditions, educational background, or present or most recent job.
A2+	Can tell a simple story (e.g., about events on a holiday or about life in the distant future). Can give very short, basic descriptions of events, past activities and personal experiences. Can describe everyday aspects of their environment (e.g., people, places, a job or study experience in linked sentences).
Reports and Essays	
A2	Can give their impressions and opinions about topics of personal interst (e.g., lifestyles and culture, stories), using basic everyday

	vocabulary and expressions. Can produce simple texts on familiar subjects of interest, linking sentences with connectors like "and", "because" or "then").

〈표 9-4〉 쓰기 상호작용(Written Interaction) 능력 기술문

Overall Written Interaction	
Pre -A1	Can convey basic information (e.g., name, address, family) in short phrases on a form or in a note, with the use of a dictionary.
A1	Can ask for or pass on personal details.
A2	Can compose short, simple formulaic notes relating to matters in areas of immediate need.
Correspondence	
Pre-A1	Can convey **basic personal information in short phrases and sentences,** with reference to a dictionary.
A1	Can **convey basic personal information in short phrases and sentences,** with reference to a dictionary. Can compose a short, simple postcard. Can compose **messages and online postings** as a series of very short sentences about hobbies and likes/dislikes, using simple words and formulaic expressions, with reference to a dictionary.
A2	Can compose a short text in a greetings card (e.g., for someone's birthday or to wish them a Happy New Year). Can compose short, simple notes, **e-mails and text messages** (e.g., to send or reply to an invitation, to confirm or change an arrangement). Can compose very simple personal letters expressing thanks and apology. Can convey personal information of a routine nature, for example in a short e-mail or letter introducing themselves.
A2+	Can exchange information by text message, by e-mail or in short letters, responding to questions from the other person (e.g., about a new product or activity).
Notes, Messages, Forms	
Pre-A1	Can fill in very simple registration forms with basic personal details: name, address, nationality, marital status.

A1	Can leave a simple message giving information regarding for instance where they have gone, or what time they will be back (e.g., "Shopping: back at 5 p.m."). Can fill in numbers and dates, own name, nationality, address, age, date of birth or arrival in the country, etc., e.g., on a hotel registration form.
A2	Can fill in personal and other details on most everyday forms (e.g., to open a bank account, or to send a letter by recorded delivery). Can formulate short, simple notes and messages relating to matters in areas of immediate need.
A2+	Can take a short, simple message provided they can ask for repetition and reformulation.

이진화(2022)가 언급하였다시피, CEFR의 능력 기술문은 각 활동의 내용을 포함하여 매우 상세하게 기술문이 제시되고 있음을 확인할 수 있다. Pre-A1부터 A1 레벨에서는 2022 초등영어과 교육과정과 유사한 내용을 확인할 수 있었다. 예를 들어, Pre-A1과 A1 레벨에서는 자신이나 주변의 주제에 대해 간단한 어구나 문장으로 쓰는 능력을 다루는데, 이는 한국의 영어과 교육과정 5~6학년군 성취기준과 유사하다. 반면, A2 레벨에서는 문장 수준을 넘어 여러 문장을 연결하거나 이야기를 구성하는 등 양적인 증가(예: a series of sentences, linked sentence, story)를 강조하는데, 이는 5~6학년군의 성취기준 수준을 벗어나는 수준이다.

흥미로운 점은, CEFR에서는 AI 레벨부터 온라인 포스팅과 같은 쓰기 장르를 포함하고 있으며, 이메일 및 텍스트 메시지 등으로 그 범위를 확장하며 제시하고 있다는 것이다. 이는 디지털 환경에서의 상호작용을 위한 쓰기의 중요성이 증가하고 있음을 반영한다. 한국에서도 향후 교육과정에서는 다양한 맥락에서의 디지털 리터러시 관련 활동을 구체적으로 포함하는 것을 고려해볼 필요가 있다.

(2) 일본의 영어과 교육과정(2020)

일본은 2017에 초등학교(소학교)와 중학교, 2018년에 고등학교에 새로운 교육과정을 개정·고시하였고(권영성, 2021) 2020년에 새로운 교육과정(7차)을 개정·고시하였다. 이에 따라 5~6학년 군에서 처음으로 영어 교과를 도입했던 이전 교육과정과 달리 3학년부터 영어교육을 시작하게 되었다. 3~4학년군에서는 일주일에 한 번 "외국어교육 활동(Foreign Language Activity"이 실시되고 있으며, 이는 듣기와 말하기에 초점을 두어 학생들이 영어에 친숙해지도록 돕는 데 목적이 있다. 해당 교육과정에 따라 일본 교육문부성은 "Let's Try!"라는 제목의 새로운 교과서와 디지털 교수 자료를 제작 및 배포하였다(https://www.youtube.com/watch?v=8u0DJR4L0g4)

일본의 영어과 교육과정 문서(The National Curriculum Standards, 2020)는 초등학교의 경우 3~4학년군과 5~6학년이 별도로 구성되어 있다. 먼저 전체적인 구성 체계를 살펴보면, 1절에서는 전반적인 외국어교육의 목표를 설정하고, 2절에서는 언어의 기능별로 구체적인 교육목표와 성취기준, 교육 내용을 기술하고 있으며, 3절에서는 수업 활동 조직 및 전달에 관한 방향을 제시하고 있다. 전체 목차 구성을 정리해보면 아래와 같다(표 9-5).

특징적인 부분은 읽기 및 쓰기 영역이 5~6학년 군에서 도입된다는 점이다. 3~4학년군에서는 듣기, 말하기(상호작용), 말하기(발표하기)의 세 기능을 중심으로 학습하며, 5~6학년군에서 읽기와 쓰기 기능이 이에 추가된다. 5~6학년군에서도 듣기, 말하기(상호작용), 말하기(발표하기) 기능의 성취 목표가 3개씩 제시되어 있는 반면, 읽기와 쓰기 기능은 2개씩만 제시되고 있어 전반적으로 음성언어 교육이 강조되고 있음을 알 수 있다. 5~6학년군의 쓰기 기능

〈표 9-5〉 일본 초등영어과 교육과정의 목차 구성

Grade 3 and 4	Grade 5 and 6
I. OVERALL OBJECTIVE	I. OVERALL OBJECTIVE
II. OBJECTIVES AND CONTENT OF EACH LANGUAGE Objectives (1) Listening (2) Speaking [Interaction] (3) Speaking [Presentation] 2. Contents [Knowledge and skills] (1) Items related to chracteristics of English a. Knowing the pleasure and value of proactively communicating by using languages. b. Understanding the languages and cultures of both Japan and foreign countries. [Abilities to think, make decisions and express themselves] (2) Items related forming thoughts while organizing information, expressing themselves and communicating. (3) Items related to language activities and language functions (i) Items related to language activities a. Listening b. Speaking [Interaction] c. Speaking [Presentation] (ii) Items related to language functions 3. Syllabus design and lesson delivery in English	II. OBJECTIVES AND CONTENT OF EACH LANGUAGE English 1. Objectives (1) Listening (2) Reading (3) Speaking [Interaction] (4) Speaking [Presentation] (5) Writing 2. Contents [Knowledge and skills] (1) Items related to chracteristics and rules of English a. Sounds b. Letters and symbols c. Words, collocations, and idiomatic expressions d. Sentences and sentence structures [Abilities to think, make decisions and express themselves] (2) Items related forming thoughts while organizing information, expressing themselves and communicating (3) Items related to language activities and language functions (i) Items related to language activities a. Listening b. Reading c. Speaking [Interaction] d. Speaking [Presentation] e. Writing (ii) Items related to language functions 3. Syllabus design and lesson delivery in English
III. SYLLABUS DESIGN AND LESSON DELIVERY	III. SYLLABUS DESIGN AND LESSON DELIVERY

성취 목표는 아래와 같다.

a. Can write upper and lower cases in block letters. Furthermore, can transcribe simple words and phrases and basic expressions for which they are sufficiently familiar with the sounds, with an awareness of the word order.
b. Can write about themselves and familiar and simple matters by using simple words and phrases and basic expressions for which they are sufficiently familiar with the sounds while referring to example sentences.

쓰기 기능의 도입 시기는 한국보다 늦지만, 성취 목표 자체는 2022 개정 교육과정의 초5~6학년군과 비교했을 때 큰 차이가 없다. 예시문을 참고하여 친숙한 주제에 대해 단어, 어구 및 기본적인 표현을 쓸 수 있다는 점에서 유사성이 확인된다. 다만, 일본의 쓰기 성취기준은 구두로 익숙한 표현을 쓰는 것을 강조하고 있다는 점과, 쓰기의 내용이 친숙하고 간단한 주제 수준으로 기술되어 있다는 점에서 학습 난이도는 낮아질 수 있을 것으로 보인다. 성취기준의 내용으로 '어순에 대한 인식(with an awareness of the order)'을 제시하는 것은 언어 형식에 대한 강조를 드러내는 것으로, 언어 형식에 대해서는 성취기준에 포함하지 않고 [별표4]로 목록만을 제시하고 있는 한국의 초등영어 교육과정과 차이가 있다.

(3) 중국의 영어과 교육과정(2022)

중국은 최근 경제적으로 많은 발전을 이루며 영어교육에 대한 국가적 관심과 투자가 꾸준이 증가하고 있다(신지영, 2018). 한국과 마찬가지로, 중국에서도 국가에서 교육과정을 제정하여 전국의 학교에서 적용하고 있으며(방정숙 외, 2015), 영어과 교육과정은 비교적 최근인 2022년에 개정되었다. 개정된 교육과정은 Compulsory Education's English Curriculum Standards (2022) Edition이라는 영문판으로 번역되어 있으며, 해당 문서는 영어 교과의 특징, 개정 이유 및 목표, 교수·학습 및 평가 방안 등을 총 197페이지에 걸쳐 상세히 기술하고 있다. 중국의 교육과정도 한국과 마찬가지로 역량 중심 교육과정을 표방하며, 영어과의 핵심 역량은 언어 능력(language ability), 문화적 감수성(cultural awareness), 사고 역량(thinking capacity) 및 학습 능력(learning ability)의 네 가지이다. 각 핵심 역량에 대해 3~4학년군(Level 1), 5~6학년군(Level 2), 7~9학년군(Level 3)별로 성취 목표를 제시하고 있다. 더불어 각 레벨에서 다루어질 내용 요소에 대해서도 구체적으로 제시한다. 〈표 9-6〉은 전체적인 교육과정의 구성을 보여준다.

〈표 9-6〉 중국 영어과 교육과정의 목차

PREFACE Guidelines for the revision General principles for the revision Key changes in the revision
Chapter 1 Nature
Chapter 2 Rationale 1. Highlighting the core competencies' overarching role 2. Structuring the curriculum into different levels 3. Selecting and organizing content by themes 4. Promoting a learning activities-based approach that integrates learning, thinking, and innovation 5. Emphasizing the teaching-learning-assessment alignment 6. Promoting deepened integration of ICT and English language teaching

Chapter 3 Goals 1. Definitions of Core Competencies 2. Overall Goals 3. Level Goals
Chapter 4 Curriculum Content 1. Content Requirements 2. Notes on Teaching
Chapter 5 Academic Achievement 1. Definition 2. Academic Achievement Levels
Chapter 6 Implementation 1. Suggestions on Teaching 2. Suggestions on Assessment 3. Suggestions on Textbook Development 4. Development and Use of Curriculum Resources 5. Teaching Research and Teacher Development
APPENDICES

한국의 영어과 교육과정 성취기준에 해당하는 내용은 중국 영어과 교육과정에서는 레벨별 목표(Goals)와 교육과정 내용(Curriculum Content)에 기술되어 있다. 초등영어 쓰기 영역에 해당하는 부분을 발췌하면 아래와 같다(표 9-7).

초등학교 3~4학년군(Level 1)에서는 그림이나 맥락에 따라 간단한 문장을 쓰는 것을 목표로 하며, 이를 위해 철자, 단어 및 문장을 정확하게 쓰는 학습을 강조한다. 이러한 목표는 2022 개정 교육과정과 유사한 수준이나, 중국 교육과정에서는 정확성을 강조한다는 점에서 차이가 있다. 초등 5~6학년군(Level 2)에서는 간단한 문장을 쓰는 수준을 벗어나 문장을 유기적으로 연결하고, 풍부한 내용을 포함한 단락을 작성하는 능력을 기르는 것을 목표로 한다. 이러한 점에서 중국의 영어 쓰기 교육은 한국의 2022 개정 교육과정보다 높은 수준을 요구하고 있는 것으로 보인다. 한편, 창의적 쓰

〈표 9-7〉 중국 초등영어과 교육과정 쓰기 영역 성취기준

Level Goals of Language Ability: Expressing and exchanging	
Level 1	Students will be able to • model to **write simple sentences according to the pictures or the context**.
Level 2	Students will be able to • write **a few coherent sentences according to the pictures or by modelling an example text.**
Content Requirements of Language Skills: Productive skills	
Level 1	11. **Write letters, words, and sentences correctly** 12. Model to write simple sentences according to pictures or the context.
Level 2	6. Write a few coherent sentences describing the content of a picture; 7. Write a few coherent sentences modelling the structure and content of an example text, and **try to add details using descriptive words to make the content rich and vivid** 8. Use capital and small letters and common punctuation correctly, and generally spell words correctly 9. Use diagrams, posters, and DIY picture books to express meaning creatively as needed

기 활동과 다양한 매체 활용이 강조된다는 점은 공통점이다. 2022 개정 교육과정에서는 '[6영02-09] 다양한 매체와 전략을 활용하여 창의적으로 의미를 생성하고 표현한다'는 성취기준이 새롭게 도입되었다. 중국의 영어과 교육과정에서도 이와 유사하게 다이어그램, 포스터, DIY 그림책 등을 활용하여 창의적으로 의미를 표현하도록 장려하고 있다. 양국의 교육과정은 텍스트 중심 쓰기에서 벗어나 시각적 자료와 결합한 표현 활동을 중시한다는 점에서 공통점을 가진다.

SECTION

05 인공지능 시대의 영어 쓰기 역량 개발과 교육과정 성취기준

본 장에서는 2022 개정 영어과 교육과정의 쓰기 성취기준을 기존 국내 교육과정 및 해외 교육과정과 비교 분석하여 그 적정성을 탐색하였다. 분석 결과를 바탕으로 학년 간 연계성, 성취기준 진술의 구체성, 표현 영역의 구성 방식, 언어 형식 및 정확성 고려 여부 등에서 몇 가지 개선 방안을 제안하고자 한다.

첫째, 학년군 간 연계성과 성취기준 진술의 논리성을 강화하는 방향으로 일부 성취기준이 조정될 필요가 있다. 예를 들어, '[4영02-05] 자신, 주변 사람이나 사물의 소개나 묘사를 쉽고 간단한 문장으로 말하거나 보고 쓴다'와 같은 성취기준에서 '보고 쓴다'는 표현은 5~6학년군 성취기준과의 난이도 차이를 고려하기 위해 도입된 것으로 보인다. 그러나 자신에 대한 소개나 묘사, 감정 진술을 위해 다른 문장을 '보고 쓰는' 것은 자기표현을 위한 쓰기와는 어울리지 않는다. CEFR에서 '사전을 참고하여'라는 단서를 통해 단계적 쓰기 학습을 유도하는 것처럼, 사전·번역기 등의 도구를 활용하면서 간단한 문장 생성부터 점진적으로 글쓰기의 양과 복잡성을 늘릴 수 있도록 성취기준을 조정할 수 있을 것이다.

둘째, 성취기준 진술을 보다 구체화할 필요가 있다. 일부 성취기준이 지나치게 포괄적으로 제시되어 현장에서 구체적인 학습 목표를 설정하기 어려운 경우가 발생할 수 있다. 예를 들어, 5~6학년군의 성취기준 중 '[6영02-08] 예시문을 참고하여 목적에 맞는 간단한 글을 쓴다'는 성취기준의 경우, 구체적인 내용을 포함하여 문장 수준을 언급하는 다른 성취기준에 비해 '목적에 맞는 글'이라는 표현은 광범위하여 텍스트의 유형이나 분량을 명확하게 제시하지 못한다. CEFR에서는 쓰기의 목표(표현 및 상호작용)뿐 아니라, 각 목표 내에서도 글쓰기의 유형 및 맥락을 구체적으로 진술하고 있는 점을 참고할 필요가 있다. 쓰기의 유형 및 내용 기술에서는 다양화되는 의사소통의 양상을 반영하여 온라인에서의 쓰기 활동을 포함할 필요가 있을 것이다.

셋째, 표현 영역 내에서 말하기·쓰기를 통합한 현행 구조의 타당성을 재검토할 필요가 있다. 현재 성취기준은 3~4학년군의 경우 대부분 '말하거나 쓴다'와 같은 수행 동사를 사용하여 말하기와 쓰기 기능을 동시에 포함하고 있으나, 5~6학년군의 일부 성취기준의 경우 말하기에만 적합한지, 쓰기에도 적용되는지 불분명한 경우가 존재한다. CEFR과 중국 교육과정에서도 이해와 표현이라는 큰 틀을 유지하지만, 표현 영역 내에서는 말하기와 쓰기를 독립적으로 기술하고 있다는 점을 주목할 필요가 있다. 개정 교육과정의 해석에 대한 교사 인식 조사 등을 통해 현장의 혼란 여부를 파악하고, 필요한 경우 구체적인 가이드라인을 제공하는 것이 필요하다.

넷째, 쓰기 기능의 특징을 반영한 언어 형식 및 정확성 제고 역시 중요하다. 말하기와 달리 쓰기는 기록으로 남기 때문에 정확성에 대한 요구와 사용자의 부담감이 크다. 현행 초등영어과 교육과정은 정확성보다는 유창성에 무게를 두지만, 쓰기 기능만의 특성을 고려할 필요도 있다. 일본과 중국의 교육과정에서도 쓰기 영역에서는 정확성을 언급하고 있다. AI 번역기 및 문법 검사기가 발달함에 따라 학습자 스스로 오류를 교정할 수 있는 기회가 늘어났으므로, 이를 적극적으로 활용하여 표현의 정확성을 검토하고 적절한 언어 형식을 학습하는 것을 유도한다면, 쓰기 학습의 효과를 한층 높일 수 있을 것이다.

인공지능 시대를 맞이하여 교육과정 성취기준은 기존의 지식 전달 중심에서 벗어나, 디지털 리터러시, 비판적 사고, 창의적 표현력을 중시하는 방향으로 재편되었다. 본 장에서는 초등학교급 성취기준을 살펴보았으나, 중학교 1~3학년군을 포함한 공통 교육과정 및 고등학교 선택 교육과정을 포함한 종합적인 분석도 필요할 것이다. 현행 교육과정에 대한 분석과 함께 학교 현장의 목소리를 반영하여, 앞으로의 교육과정에서는 디지털 및 인공지능 기술의 발전에 따라 변화하는 언어 학습과 의사소통 방식의 변화를 더욱 적극적으로 반영해야 할 것이다. 예컨대, 초등 수준에서는 AI 도구를 활용하여 간단한 문장 작성과 자기 점검 능력을 기르고, 다양한 디지털 매체를 통한 기초 소통 역량을 강화할 수 있다. 이후 중·고등학교 수준에서는 점차 복잡한 아이디어를 조직적으로 표현하고, AI가 제공하는 피드백을 비판적으로 수용 및 활용하는 능력을 길러야 한다. 또한, 이러한 과정에서 윤리적 글쓰기 태도와 독창적인 시각을 유지할 수 있도록 지도하는 것도 중요하다. 이를 통해 학습자는 단순한 언어 사용 능력을 넘어, 디지털 시대의 요구에 부합하는 융합적 사고와 문제 해결 역량을 갖춘 글로벌 인재로 성장할 수 있을 것이다. 궁극적으로 이러한 변화는 영어교육이 인공지능 시대의 새로운 요구에 보다 효과적으로 대응할 수 있는 토대를 마련해 줄 것으로 기대된다.

참고문헌

Reference

Council of Europe. (2020). Common European framework of reference for languages: Learning, teaching, assessment – Companion volume. Council of Europe Publishing. https://rm.coe.int/common-european-framework-of-reference-for-languages-learning-teaching/16809에서 2024년 11월 20일 인출

Ministry of Education, Culture, Sports, Science and Technology-Japan. (2020a). The national curriculum standards for Grade 3 and Grade 4 in Elementary school. Chapter 4 Foreign language activities. https://www.mext.go.jp/content/20201218-kyoiku01-000011246_1.pdf에서 2025년 2월 10일 인출.

Ministry of Education, Culture, Sports, Science and Technology-Japan. (2020b). The national curriculum standards for Grade 5 and Grade 6 in Elementary school. Section 10 Foreign language activities https://www.mext.go.jp/content/20201218-kyoiku01-000011246_2.pdf에서 2025년 2월 10일 인출.

Ministry of Education of the People's Republic of China. (2022). Compulsory Education's English Curriculum Standards. https://www.britishcouncil.cn/sites/default/files/annex_4_-_cnec_translated_version_final.pdf에서 2025년 2월 10일 인출

교육부. (1997). 외국어교육 과정(I) (제1997-15, 별책 14). 교육부.

교육부. (2008). 외국어과 교육과정(I) (제2011-361호, 별책 14). 교육부.

교육부. (2011). 영어과 교육과정 (제2011-361호, 별책 14).

교육부. (2015). 영어과 교육과정 (제2015-74호, 별책 14). 교육부

교육부. (2022). 영어과 교육과정. 교육부 고시 제2022-33호 [별책 14]. 세종: 교육부

권영성. (2021). 한일 중학교 영어과 교육과정 비교 연구. 日本學硏究, 63, 231-253.

김성혜. (2020). 2015 개정 초·중학교 영어과 교육과정의 내용 적정성에 대한 교사 인식. 영어교육, 75(2), 93-110.

김혜련, 박선호, 최희경, 심창용, 이동환, 강정진, 황필아, 성민창, 박지현, 조규희, 남보라. (2023). 초등영어교재연구. 경문사.

박기화. (2005). 7차 영어과 교육과정 성취기준의 적정성 연구: 말하기, 쓰기를 중심으로. 영어교육연구, 17(4), 229-250.

방정숙, 이지영, 이상미, 박영은, 김수경, 최인영, 선우진. (2015). 한국·중국·일본·미국의 초등학교 수학과 교육과정 비교·분석: 도형 영역을 중심으로. 한국학교수학회논문집, 18(3), 311-334.

배주경. (2020). 2015 개정 영어과 교육과정 운영 실태에 대한 교사 인식 분석: 초등학교 3~4학년군을 중심으로. 초등영어교육. 26(3), 81-103

배주경. (2021). 초등학교 5~6학년군 2015 개정 영어과 교육과정 운영 및 지원 요구에 대한 교사의 인식 분석. 초등영어교육, 27(3), 81-104.

신지영. (2018). 한국과 중국의 초등학교 영어교육과정 및 교과서 비교 분석. 석사학위논문. 경인교육대학교

유재민 & 홍선호. (2023). 2022 개정 초등영어과 교육과정에 대한 교사들의 인식 조사. 한국초등교육, 34(2), 1-20.

이문복, 정희정. (2020). 중·장기 학교 영어교육 발전을 위한 영어 성취기준 개발 방안 탐색. 융합영어영문학, 5(1), 1-33.

이영아. (2015). 2009 개정 초등영어 교육과정에 대한 교사들의 인식과 요구 조사. 초등영어교육, 21(2), 5-37.

이영아. (2023). 2022 개정 초등영어 교육과정의 변화 및 적용상의 쟁점 분석. 초등영어교육, 29(4), 33-57.

이의갑. (2004). 제7차 교육과정에 근거한 초등영어교육 내용 적정성에 관한 연구: 양, 수준, 흥미도에 관하여. 초등영어교육, 10(1), 55-95.

이진화. (2022). 유럽공통참조기준(CEFR)과 미국의 외국어교육과정 검토를 통한 역량 기반 영어과 교육과정의 방향 탐색. 영어학, 22, 1051-1077.

임수연. (2020). 초등영어과 교육과정 성취기준의 변천사. 초등영어교육, 26(4), 249-271.

전지혜. (2023). CEFR 이해, 표현 기능과 2022 개정 초등영어 교육과정 성취기준 비교 · 분석. 교육과정평가연구, 26(3), 217-245.

전지혜, 김정렬. (2018). 2015 개정 영어과 교육과정과 CEFR Basic User 단계의 언어 능력기준안 분석. 학습자중심교과교육연구, 18(7), 65-87.

한국교육과정평가원 (2022). 2022 개정 영어과 교육과정 시안 개발을 위한 전문가 토론회. https://www. dunet.net/nedu/boardsvc/selectBoardForm.do?boardNum=101&menu_id=688&catNum=1&atclNum=57115#none에서 2025년 2월 5일 인출.

황필아. (2016). 2015 개정 초등영어 교육과정의 읽기 성취기준 적정성 연구. 영어 교과교육, 15(4), 147-165.

AI

CHAPTER

10

어휘와 문법: 유럽 공통참조기준과의 비교 분석

2022 개정 영어교육과정의 별표1과 별표 4에는 어휘 및 문법 항목의 수준에 대한 정보가 담겨있다. 이러한 수준은 대체로 학교급(초·중·고)별 3단계로 제시되어 있다. 유럽공통참조기준(이하, CEFR)은, A1, A2, B1, B2, C1, C2까지 여섯 단계로 그 수준을 구분하고 있는데, English Vocabulary Profile 및 English Grammar Profile은 이러한 CEFR의 6단계 수준을 바탕으로 영어 어휘 및 문법 항목의 수준을 구분하고 있다. 이번 장에서는 CEFR의 6단계 수준을 참고하여, 한국 영어교육에서 어휘 및 문법 항목 수준의 학년별 또는 학교급별 수준의 세분화 필요성 및 그 기대효과를 논의한다. 또한 수준의 세분화를 위한 구체적인 연구 방법으로, 초·중·고 영어 교과서 코퍼스를 대상으로 자연어 처리 방법론을 적용하여 학년별 어휘 및 문법 항목을 추출하고 분석하는 방법을 소개한다.

SECTION

01 영어 수준과 어휘 및 문법

효과적인 영어 학습 방법에 대한 질문과 관련하여 영어교육 전공자들이 흔히 하는 답변 중 하나는 다음과 같다: "학습자의 현재 영어 수준에 적합한 영어 입력을 충분히 받는 것이 중요하다."[1] 사실 이 답변은 간단해 보이지만, 이를 실천에 옮기는 것은 그렇게 간단하지 않다. 학습자의 현재 영어 수준을 파악하는 것이 쉽지 않고, 영어 입력 자료의 언어적 수준을 파악하여 선택하는 것 또한 쉽지 않기 때문이다.

먼저 학습자의 현재 영어 수준을 측정하는 것은 간단하지 않다. 학습자의 영어 수준은 어휘, 문법, 듣기, 말하기, 읽기, 쓰기, 발음 등 다양한 영역에서 측정될 수 있으며, 한 영역에서 높은 수준이어도 다른 영역에서는 낮은 수준을 보일 수도 있다. 일례로, 한국과 같이 영어를 외국어로 배우는 EFL(English as a Foreign Language) 맥락에서는 영어 읽기 수준이 높은 학습자들이 영어 말하기나 듣

---

1) 학습자 수준에 적합한 목표어(target language) 입력의 중요성은 Krashen(1982)의 입력 가설(input hypothesis), Long(1983)의 상호작용(interaction hypothesis) 가설, Pienemann(1998)의 처리 가능성 이론(Processability Theory), Carroll(2001)의 입력 처리 가능성(parsability) 개념 등, 제2언어 습득 연구에서 일관적으로 강조되어 오고 있다. 일례로, Krashen(1982)은 그의 입력 가설을 통해, 외국어 학습자가 자신의 현재 수준(i)보다 약간 더 높은 수준(i+1)의 입력, 즉 이해 가능한 입력에 노출되는 것이 외국어 습득의 핵심 요소라고 주장하였다(Krashen, 1982; Krashen & Terrell, 1983). 다독(extensive reading)을 강조한 Day와 Bamford(1998)에서도 학습자가 자신의 현재 수준(i)보다 약간 낮은 수준(i-1)의 목표어 입력을 읽음으로써 읽기에 대한 자신감을 높이고 유창성을 향상시킬 수 있다고 강조했다. 이 장에서는 학습자에게 적절한 수준의 입력을 i-1에서 i+1 사이의 이해 가능한 입력으로 간주한다.

기에서는 어려움을 겪는 경우를 어렵지 않게 관찰할 수 있다.[2] 학습자의 현재 영어 수준에 대한 평가 결과를 바탕으로 학습자 영어 수준에 적합한 영어 입력 자료를 선택하는 것 또한 간단하지 않다. 일례로 어떤 중학교 학생이 학교에서 수행된 수행평가에서 상·중·하의 3단계 수준 중에서 '상'을 받았고, 학교 영어 중간고사에서 '85점'을 얻었을 경우, 이러한 평가 결과가 학습한 내용에 대한 달성 정도 이상을 보여주기는 어렵다. 만약 이 학생이 영어 다독(extensive reading)을 위해 자신의 영어 수준에 적절한 영어 소설을 선택하고자 한다면, 렉사일(Lexile) 지수나 CEFR 수준과 같은 국제적인 수준 정보[3] 없이, 이러한 '상'이나 '85점'과 같은 평가 결과만으로는 자신의 수준에 적절한 다독 자료를 선택하는데 어려움을 겪을 것이다.

언어 습득(language acquisition) 연구자들은 학습자의 목표어(target language) 수준을 판단하는 방법 중 하나로 학습자들이 이해하거나 표현하는 문장(sentence)의 수준에 주목한다. 일상의 언어생활에서 우리는 문장을 활용하여 의미를 주고받는다. 물론 유아기의 발화에서나 짧은 광고 메시지에서처럼 한 두 개의 어휘만으로도 의미를 담을 수 있으나, 일반적으로 한 두 개의 어휘만으로는 의미를 주고받으며 대화를 유지하는 것이 어렵다. 그리고 문장의 필수적인 구성 요소는 어휘와 문법이다. 이러한 어휘 및 문법은 어

---

2) 반대로, 목표어의 말하기나 듣기에 비해 읽기 수준이 낮은 경우도 관찰된다(예: 계승어 언어 습득(heritage language acquisition); Montrul, 2008; Kim, O'Grady & Schwartz, 2018).

3) 대부분의 인기 있는 책에 대한 렉사일 지수는 Lexile.com에서 확인할 수 있다. 옥스포드 출판사의 'Dominoes' 시리즈와 같은 일부 영어 리더스 교재는 CEFR 수준을 표시하고 있다. CEFR 수준에 대해서는 다음 장에서 구체적으로 설명한다.

휘 다양성, 문법 복잡성 등 여러 가지 지표를 통해 그 수준을 측정할 수 있다. 영어 학습자의 수준 또한 학습자가 사용하는 어휘 및 문법 수준을 통해 비교적 객관적으로 가늠할 수 있다. 예를 들어, 다음(1a-b)을 살펴보자.

(1a) I am a doctor.
(1b) I am a surgeon.

두 문장은 마지막 단어가 각각 doctor와 surgeon으로 다르게 사용되었다. doctor와 surgeon은 모두 의사를 의미하는 단어이지만, doctor는 학습자들이 영어 학습 초기부터 높은 빈도로 접하는 단어이고, surgeon은 상대적으로 낮은 빈도로 접하는 단어이다. surgeon의 뜻을 알고 있는 학습자는 doctor의 뜻도 알고 있을 가능성이 매우 높으나, 반면 doctor의 뜻을 안다고 해서 surgeon의 뜻을 알고 있으리라 예상하기는 어렵다. 즉 doctor보다는 surgeon의 어휘 수준이 높다.[4] 다음 (2a-b)를 살펴보자.

(2a) John is eager to catch.
(2b) John is easy to catch.

두 문장은 일견 비슷해 보인다. 사용된 단어도 형용사(eager, easy)에서의 차이 외에는 다르지 않다. 그러나 두 문장의 문법 구조는 상이하다. (2a)에서 John은 잡는(catch) 행동의 행위자(agent)

4) 이러한 어휘 수준은 문장 처리(sentence processing)에도 영향을 끼치는데, 일례로 동일한 문장 구조 안에서 surgeon이 사용된 문장은 doctor가 사용된 문장에 비해 그 처리 속도가 느리다(Hwang & Kim, 2025).

다. 반면 (2b)에서 John은 행동의 대상(theme)이 된다. 즉 John이 직접 누군가를 잡는 것이 아니라, John이 아닌 누군가가 John을 잡는 상황이다. (2b)와 같은 구문은 문법 연구자들 사이에서 *tough* 구문(*tough* construction)으로 명명되며, (2a)와 같은 구문에 비해 상대적으로 습득이 어려운 구문으로 알려져 있다(Kim & Schwartz, 2022). 즉, (2b)와 같은 *tough* 구문은 (2a)에 비해 그 수준이 높다. (1a-b)와 (2a-b)의 사례를 종합하자면, surgeon이나 *tough* 구문처럼 수준이 높은 어휘나 문법 지식을 습득하지 못한 학습자라면 (1b)와 (2b)와 같은 문장을 이해하거나 표현하는 것이 어려울 것이다. 달리 말하자면, 수준이 높은 어휘 및 문법 항목을 습득한 학습자들은 그렇지 않은 학습자들에 비해 더 많은 문장을 이해하고 사용할 수 있을 것이며, 따라서 영어 수준이 높다고 판단할 수 있을 것이다.

영어과 교육과정에서는 어휘와 문법[5] 측면에서의 수준을 명시하고 있는데, 이는 아래의 〈그림 10-1〉에서 볼 수 있듯, 교육과정 '별표'에서 확인할 수 있다. 먼저 어휘 측면에서 2022 개정 영어과 교육과정은 3,000개의 기본 어휘를 제시하고 있고 그 수준을 3단계로 구분하고 있다. *가 표시된 어휘는 800개로 초등학교에서 사용하기를 권장하고, **표를 한 어휘는 1,200개로 중학교와 고등학

5) 영어과 교육과정에서는 7차 교육과정 이후, '문법'이란 용어 대신 '의사소통에 필요한 언어 형식'이란 표현을 사용하고 있다. 이는 문법 중심의 영어교육에 대한 우려에 따른 것으로(황종배, 2008), "학교현장에서 언어 형식을 문법으로 간주하여 문법을 직접 가르치거나 평가하는 것은 지양하고, 의사소통 활동을 하기 위한 수단으로써만 가르치도록" (임찬빈 외, 2011, p. 36) 강조한 것을 반영한다. 그러나 본 연구의 주요 참고 자료인 English Grammar Profile (Hawkins & Filipović, 2012)를 포함하여 많은 해외 연구 자료들에서는 '문법(Grammar)'이란 용어를 일관적으로 사용하고 있기에, 본 연구에서도 국제 수준에서의 용어 사용 일관성을 위해 '의사소통에 필요한 언어 형식' 대신 '문법 항목'이란 용어를 사용한다.

기본 어휘 목록

A

a* (an)
abandon
able** (disabled)
aboard
abort (abortion)
abound (abundant)
about*
above*
abroad
absent
absolute**
absorb
abstract
absurd
abuse
academy
accelerate
accent**
accept**
access**
accident**
accommodate
accompany
accomplish
accord
account**

accumulate
accurate
accuse**
ache (headache)
achieve**
acid
acknowledge
acquire
acquisition
across*
act* (actual, interact)
adapt**
add*
addict
address*
adequate
adjust
administer
(administration)
admire**
admit** (admission)
adolescent
adopt**
adult*
advance**
advantage** (disadvantage)
adventure**
adverse
advertize** / advertise**

advice**
advise**
advocate
aesthetic
affair**
affect** (affection)
afford**
afraid*
after*
afternoon*
again*
against*
age*
agency
agenda
agent**
aggress (aggressive)
ago*
agree* (disagree)
agriculture
ahead*
aid**
aim**
air*
airline**
airplane* / aeroplane*
airport**
alarm**
album*

258

[별표 4] 의사소통에 필요한 언어 형식

※ ● 표시는 학습 시작 권장 학교급을 의미

범주	예문	학습 시작 권장 학교급		
		초	중	고
1 Nouns	Kate is from London.	●		
	A boy/The boy/The (two) boys ran in the park.	●		
	Water is very important for life.	●		
	The water in this river is clean.		●	
	She lived in the woods when she was a kid.		●	
	A lot of houses are made of wood.		●	
	Thank you for your kindness.		●	
	He does a kindness to poor people.		●	
	The audience is/are enjoying the show.			●
	The news is very interesting.			●
	Mathematics is my favorite subject.		●	
2 Determiners	The store is closed.	●		
	This book is very interesting.	●		
	That dog is smart.	●		
	These/Those books are really large.	●		
	You can choose any color you like.		●	
	We didn't buy much/any food.	●		
	I need a little more time to think.		●	
	Most good comedians tell some bad jokes.		●	
	Many young people have no money.	●		
	Every monkey likes bananas.	●		
	All children love baby animals.	●		
	Each boy admires his teacher.		●	
	A few/few students came late for class.		●	
3. Generic Expressions	A lion is brave.		●	
	The lion is brave.		●	
	Lions are brave.		●	
	A German is a good musician.		●	
	Germans are good musicians.		●	
	The Germans are diligent.			●
4. Pronouns	Which do you like better, this or that?	●		
	These are apples, and those are tomatoes.	●		
	I like your glasses. What about mine?	●		
	We are very glad to hear from him.	●		
	He will help her.	●		

291

〈그림 10-1〉 2022 개정 영어과 교육과정에 제시된 어휘 및 문법 수준 예시

교 공통과목에서 사용하기를 권장하며, 나머지 1,000개의 어휘는 비교적 어려운 어휘로서 고등학교 공통과목 외의 과목에서 사용하기를 권장한다. 문법은 총 40개 범주와 350개의 예시문으로 제시하고 있는데, 각 예시문은 구체적인 문법 항목을 가리킨다. 이러한 문법 항목들 역시 그 수준이 3단계로 구분되고 있는데, 학습 시작 권장 학교급(초등학교, 중학교, 고등학교)으로 분류되어 있다.

이러한 어휘 및 문법에 대한 정보는 한국 학생들에게 가장 중요한 영어 입력 자료인 영어 교과서 제작에 있어 참조 자료가 된다. 한국의 영어 교과서는 엄정한 검정 과정을 거쳐 학교 현장에서 활용되며, 교과서에 담긴 영어 문장들의 어휘 및 문법 수준이 교육과정에 제시된 학교급별 수준과 크게 상이할 경우 검정을 통과하는 것은 불가능하다. 실제로, 한국교육과정평가원에서는 KICE Word Lister 2015(주형미 외, 2016)와 같은 프로그램을 개발하여 영어 교과서의 어휘 검사에 활용하고 있다.

영어과 교육과정의 적정성을 탐구하기 위해, 기존 연구들은 교사, 전문가, 학습자들의 인식을 조사하거나(이의갑, 2004, 2005), ACTFL(American Council on the Teaching of Foreign Languages) 또는 CEFR(Common European Framework of Reference for languages: learning, teaching, assessment)과 같은 외국어 능력 수준과 관련하여 국제적 표준으로 인정받고 있는 자료들과 연계 분석하여 살펴보았다(박기화, 2005; 이영식, 김혜영, 2009; 황필아, 2016; 최정은, 이병민, 오선영, 소영순, 2022). 이러한 연구들은 대체로 성취기준에 초점을 두고 연구되었으며, 어휘 및 문법 수준과 관련해서는 어휘에 초점을 둔 최정은 외(2022)의 연구 외에는 찾기가 쉽지 않다. 이번 장에서는 외국어 능력 수준과 관련하여 국제적으로 널리 통용되는 기준인 CEFR에 주목하며, 이러한 CEFR 수준으로 어휘 및 문법의 수준을 표시하고 있는 English Profile 연구를 소개하고 그 시사점을 살펴보고자 한다.

SECTION

02 English Profile

CEFR은 영어, 독일어, 스페인어, 프랑스어 등 다양한 언어가 사용되는 유럽 연합에서 언어들의 수준을 공통된 기준으로 기술할 필요에 따라 개발되었으며, 2001년 공식적으로 발표된 이후 20개 이상의 언어로 제공되고 있다(Council of Europe, 2001, 2020). 최근에는 그 사용 범위가 확대되어 유럽 이외의 국가들도 자국의 언어 교육과정 및 평가 기준을 개발하는 데 CEFR을 적용하고 있다. 예를 들어, 일본과 중국은 각각 CEFR을 기반으로 한 CEFR-J와 중국 영어능력 기준(CSELA)을 개발하여 영어교육 및 학습의 틀로 활용하고 있고, 말레이시아와 베트남도 CEFR을 국가 차원 영어교육과정 설계, 교육 방법론, 평가 기준의 지침으로 활용하고 있다(Lee, Kassim, & Bakar, 2022).

CEFR은 네 개의 영역(수용, 상호작용, 생산, 매개)을 여섯 개의 수준(A1, A2, B1, B2, C1, C2)으로 기술하고 있다. A 수준은 기초적 사용자(Basic User) 수준으로, 더 낮은 수준인 A1과 조금 더 높은 수준인 A2로 구성된다. B 수준은 독립적 사용자(Independent User) 수준으로서, B1과 B2 두 단계 수준으로 구성된다. C 수준은 능숙한 사용자(Proficient User) 수준으로, C1과 가장 높은 수준인 C2 수준으로 구성된다.

영어 학습자의 언어 수준을 실증적으로 기술하는 것을 목표로 2006년 English Profile 연구 네트워크가 설립되었는데, 이러한 English Profile 연구 네트워크의 대표적인 연구 성과가 바로 이 장에서 주목하는 English Vocabulary Profile과 English Grammar Profile이다. English Vocabulary Profile와 English Grammar Profile

은 캠브리지 영어 학습자 코퍼스(Cambridge Learner Corpus), 캠브리지 영어 코퍼스(Cambridge English Corpus), 영어 학습 교재, Cambridge 출판사 주관 국제영어 공인시험 어휘 목록과 같은 자료를 바탕으로, 어휘, 어구 및 관용 표현, 문법의 수준을 CEFR 등급으로 표시하고 있으며, 사이트에서도 확인 가능하다(https://www.englishprofile.org).

〈그림 10-2〉는 온라인상에서의 English Vocabulary Profile의 일부를 보여주고 있다. 화면 상단에는 영국식 영어(British English)와 미국식 영어(American English)를 선택할 수 있는 버튼이 있으며, 〈그림 10-2〉에 보이는 화면은 미국식 영어가 선택된 상태이다. 2025년 현재 총 15,398개의 어휘에 대한 정보가 담겨 있으며, 각 어휘에 대한 구체적인 정보는 표 형태로 제시되어 있다. 이러한 정보는 CEFR 수준, 주제(Topic) 및 품사(Part of Speech)와 같은 정

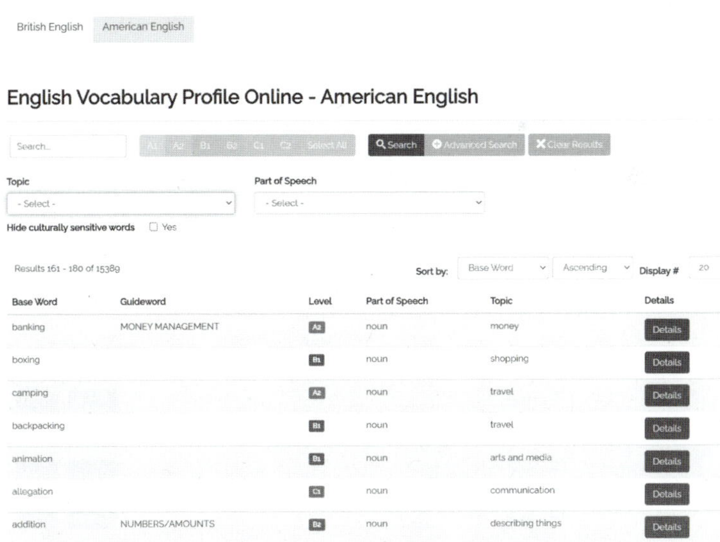

〈그림 10-2〉 온라인 English Vocabulary Profile 화면 예시

보를 포함한다.

〈그림 10-2〉에서 마지막 열의 Details 버튼을 클릭할 경우, 해당 어휘에 대한 보다 구체적인 정보를 확인할 수 있다. 예를 들어, *addition*이란 단어의 Details 버튼을 클릭할 경우, 관련 숙어인 *in addition to*, 단어(*addition*) 및 숙어(*in addition to*)의 의미, CEFR 수준 등을 확인할 수 있다.

그림 10-3은 온라인상에서의 English Grammar Profile의 일부를 보여주고 있다. 2025년 기준 총 1,222개의 문법 항목에 대한 정보가 담겨있으며, English Vocabulary Profile에서와 마찬가지로 각 문법 항목에 대한 정보는 표 형태로 제시되어 있다. 이러한 정보는 대분류(SuperCategory), 소분류(SubCategory), CEFR 수준(Level), 수행 가능 진술문(Can-do statement)을 포함한다. 〈그림 10-3〉에는 형용사(ADJECTIVES) 관련 문법 항목들이 나열되어 있는데, 예를 들어, "두 개의 형용사를 'and'로 연결하기(COMBINING TWO ADJECTIVES WITH 'AND')" 항목은 A1 수준의 문법 항목으로 소개되고 있다. 사용자는 각각의 문법 항목 옆에 위치한 Example

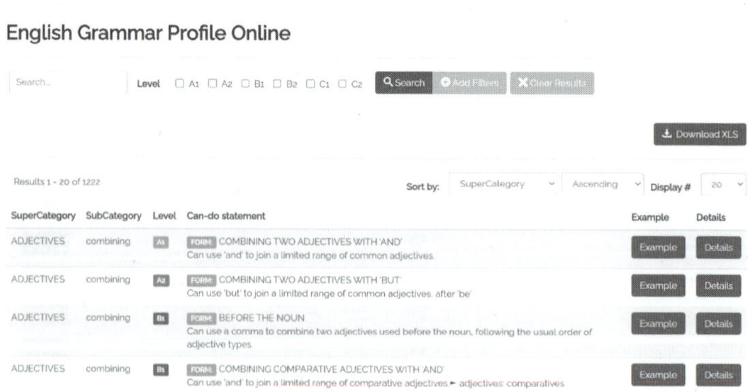

〈그림 10-3〉 온라인 English Grammar Profile 화면 예시

버튼을 클릭하여 해당 문법 항목이 활용된 예문을 확인할 수 있으며, Details 버튼을 클릭하여 학습자 코퍼스에서 보이는 오류 사례 등을 볼 수 있다.

SECTION

03 English Profile과 영어과 교육과정

2022 개정 영어과 교육과정에서는 문법(언어 형식) 부분의 초·중·고등학교급 구분이 적정한지를 검증하기 위해 English Grammar Profile에 제시된 문법 항목의 CEFR 수준 정보를 활용하였다. 2022 개정 영어과 교육과정에 제시된 350개의 문법 항목들(예시문)은 English Grammar Profile에 제시된 관련 문법 항목들과 일일이 대응되었고, 그 CEFR 수준이 확인되었다(단, 56개의 항목은 대응하지 못함). 그 결과 대부분의 초등학교급 문법 항목은 A1 또는 A2 수준에 위치하였고, 중학교급 문법 항목들은 B1을 중심으로 종 모양으로 분포되었으며, 고등학교급 문법 항목은 B1 이상 수준에서 골고루 분포하였다(주형미 외, 2022; Kim, Isbell & Kim, in press). 분포 결과는 한국의 영어과 교육과정에 제시된 문법 항목들의 수준이 학교급 간에 따라 그 수준 차이가 분명한 것을 보여주었다. 〈그림 10-4〉는 주형미 외(2022, pp. 71-72)에 제시된 각 학교급 문법 항목의 CEFR 수준을 가져온 것이다.

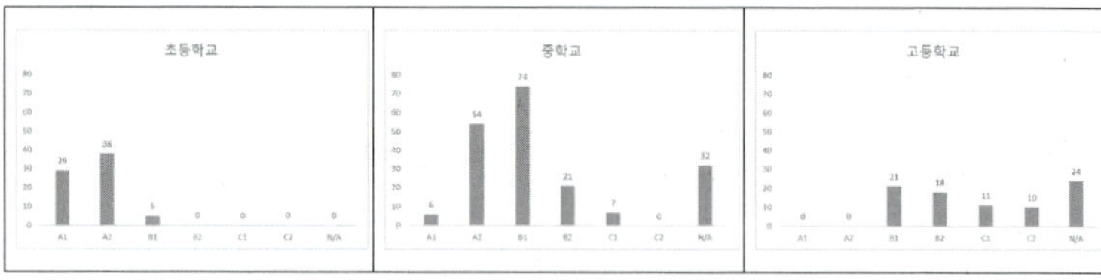

※ N/A는 CEFR과 직접적인 대응이 어려운 예시문을 가리킴.

〈그림 10-4〉 English Grammar Profile과 2022 개정 영어과 교육과정 문법 수준 비교

한국의 영어과 교육과정 어휘와 English Vocabulary Profile을 비교 분석은 최정은 외(2022)의 연구에서 확인할 수 있다. 최정은 외(2022)는 2015 개정 영어교육과정에 제시된 3,000개의 기본 어휘 목록 중에서, 초등학교, 중학교, 고등학교 공통과정 및 일반 선택 교과까지만을 포함한 2,600개의 어휘에 대해 English Vocabulary Profile을 바탕으로 CEFR 수준을 조사하였다. 그 결과, 전체 어휘 중 35.7%가 A1(16.7%) 또는 A2(19.0%)에, 50.5%가 B1 (27.6%) 또는 B2(22.5%)에, 그리고 약 9.3%가 C1(6.1%) 또는 C2(3.2%)에 분포되어 있었다(약 5%의 어휘는 English Vocabulary Profile에 등재되지 않음). 특히 초등학교급 800개의 어휘는 대부분 A1(48.5%) 또는 A2(32.%)에 해당되었고, 중·고등학교급 1,800개의 어휘는 대부분 B1(33.8%) 또는 B2(31.4%)에 해당되었는데, 이러한 결과는 영어과 교육과정에 제시된 어휘들이 학교급 간에 따라 그 수준이 분명하게 구분되는 것을 보여준다.

SECTION

04 교육과정의 어휘와 문법 수준에 관한 제언

(1) 학년별 어휘 및 문법 수준 분석

한국의 영어과 교육과정에서는 어휘 및 문법 수준과 관련하여 대체로 학교급별 3단계 수준으로 제시하고 있음을 밝혔다. 그러나, 초등학교 3학년부터 고등학교 3학년까지 10년간 영어를 배우고 익히는 한국의 영어 학습자들에게 어휘 및 문법 수준을 3단계의 수준으로만 구분하는 것은 충분하지 않아 보인다. 예를 들어, 같은 초등학교급이어도 초등학교 3학년 교과서에 제시된 어휘 및 문법 수준과 초등학교 6학년 교과서의 어휘 및 문법 수준 간의 차이는 명백하다. 그러나 현재 한국의 영어과 교육과정에서 어휘 및 문법 수준 분류 기준으로는 3학년과 6학년은 '초등학교급'이라는 동일 수준으로 분류될 뿐이다.

매년 시행되는 기초 학력 진단 및 교육 지원 대상자 선정과 같은 현실적인 이유를 고려하자면, 학년별 영어 수준에 대한 정보를 확보하는 것은 필수적으로 보인다. 예를 들어, 초등학교에서는 매년 3월 초 직전 학년에 배웠던 내용을 바탕으로 기초 학력 진단평가를 실시하며, 이러한 진단평가 결과에 근거하여 교육 지원 사업의 대상자를 선정한다. 학교에서의 학습이 대부분 교과서를 중심으로 진행된다는 점에서, 영어 기초 학력 진단평가는 영어 교과서에 배운 내용을 바탕으로 마련되며, 따라서 진단평가에 사용되는 영어 문장의 수준은 교과서에 제시된 어휘 및 문법 수준을 벗어날 수 없다. 즉, 해당 학년의 언어적 수준을 가늠하는데 있어 가장 요긴한 정보는 교과서에 제시된 어휘 및 문법 수준이다. 출판사별로 다양한 영어 교과서가 출판되더라도, 동일 학년에서 출판사별 문법 및 어휘 수준에서 차이는 유의미하지 않아 보인다(황혜순, 2019).

학년별 영어 수준에 대한 파악은, 다소 추상적인 일부 성취기준 표현을 정의하는 데도 실마리가 될 수 있다. 예를 들어, 2022 영어과 교육과정 성취기준에서는 "쉽고 간단한 단어, 어구, 문장"이라는 표현이 여러 번 제시되어 있다. 그러나 '쉽고 간단한'이라는 표현이 실제로 어느 정도 수준을 의미하는지에 대해서는 정의된 바가 없다. 학년별 어휘 및 문법 수준을 파악한다면, "쉽고 간단한 단어, 어구, 문장"을 정의하는 데 단초가 될 것이다. 한 가지 가능성으로, "쉽고 간단한 단어, 어구, 문장"을 직전 학년까지의 영어 교과서에서 가장 높은 빈도로 사용되었던 어휘 및 문법 항목 중에서 선택할 수 있을 것이다.

이상의 논의를 종합하자면, 학년별 또는 학년군별과 같이 좀 더 세밀한 방식으로 어휘 및 문법의 수준이 구분된 참조 자료가 필요해 보인다. 이를 위해서는 한국의 영어 교과서를 대상으로 코퍼스를 구축하고, 학년별 어휘 및 문법 수준에 대한 분석이 필요하다. 아울러, 각 학년 별 어휘 및 문법의 수준은 English Vocabulary Profile 및 English Grammar Profile을 활용하여 CEFR 수준으로도 검토될 필요가 있다. 예를 들어, 초등학교 3학년 수준으로 분류된 문법 항목이 English Grammar Profile에서는 가장 높은 수준인 C2 수준으로 제시되어 있다면, 해당 문법 항목의 학년 분류에 대한 적정성을 재고할 수 있을 것이다.

학년별 어휘 및 문법 수준 연구에 대한 방법론 및 실현 가능성과 관련하여 살펴보자면, 먼저 학년별 어휘 수준을 파악하는 일은 비교적 간단한 일이다. WordSmith, MonoConc 같은 분석 도구를 활용한다면 코퍼스 데이터 어휘의 규모, 다양성, 빈도 등은 금세 측정 가능하다. English Vocabulary Profile에 제시된 어휘별 CEFR 수준 정보를 활용한다면, 학년별 교과서 코퍼스의 전반적인 어휘 수준을 CEFR 수준으로도 분석할 수 있다. 구체적인 분석 방법론과 관련하여, 영어 애니메이션 영화, 영어 문학 작품 등을 대상으로 코퍼스를 구축하고 그 어휘 수준을 분석하여 한국의 초등학교 어휘 수준에 적절한 다독·다청 자료 탐색해온 김기택, 성민창의 연구를 참조할 수 있다(김기택 & 성민창, 2019; 성민창 & 김기택, 2021a, 2021b; 성민창, 김기택, 김은형, 2024).[6)]

더 어렵다고 여겨졌던 문제는 문법 항목의 추출 및 분석이다. 하나의 문장 안에는 다양한 문법 항목이 사용되는데, 그 문장 안에 담긴 문법 항목을 추출하고 분석하는 일은 상당히 어려운 일이다. 예를 들어, *The boy likes apples*와 같은 간단한 문장 안에는 정관사 *the*가 사용된 명사구, 복수형 *-s*가 사용된 명사구, 직접 목적어가 따라오는 타동사구, 3인칭 단수 현재시제 *-s*가 표시된 동사 등 다양한 문법 항목이 포함되어 있다. 간단한 문장 하나에 담긴 문법 항목을 분석하는 것만으로도 복잡해 보이는데, 수천 개 혹은 수만 개의 문장이 담긴 코퍼스 데이터에서 문법 항목을 추출하고 분석하여 그 수준을 설정하는 일은—적어도 과거에는—불가능한 일

---

6) 예를 들어, 김기택과 성민창(2019)은 초등영어교육 현장에서 다청 교재로 활용되는 아동용 애니메이션 영화 20편을 대상으로 어휘 수준의 적절성을 코퍼스 분석을 통해 살펴보았다. 연구 결과, 대부분의 애니메이션 영화들은 어휘 측면에서 초등영어 학습자에게는 이해하기 어려운 수준이었다. 그러나, Finding Dory(도리를 찾아서)의 경우 구현(token) 빈도 기준 90% 이상의 어휘가 초등학생들이 이해할 수 있는 어휘로 구성되어 있어 초등영어 다청 교재로서 활용 가능성이 상대적으로는 높다고 논의되었다. 여기서 어휘 구현 빈도는 특정 텍스트에서 단어가 등장하는 총 횟수를 의미한다.

처럼 보였다.

그러나 최근 자연어 처리 기술의 눈부신 발전으로, 코퍼스 데이터에서 문법 항목을 자동으로 추출하는 것이 가능하게 되었다. 최서용 외(2025)는 자연어 처리 기술을 활용하여 자동 문법 항목 분석 프로그램을 개발하여, 한국 영어 교과서 코퍼스의 문법 항목 추출 및 분석에 활용하였다. 구체적으로, 초·중·고등학교 영어 교과서 코퍼스에 나타난 문법 항목의 빈도를 분석하였고, 그 결과를 바탕으로 학교급별 문법 항목을 학년별 수준으로 세분화하였다(〈표 10-1〉 참조).

〈표 10-1〉 자동 문법 항목 분석 프로그램을 활용한 문법 항목의 학년별 세분화 결과 예시(최서용 외, 2025, Appendix)

범주	예문	초 3	초 4	초 5	초 6	중 1	중 2	중 3	고 1	고 2
1. Nouns	Kate is from London.	●								
	A boy/The boy/The (two) boys ran in the park.	●								
2. Determiners	The store is closed.	●								
	This book is very interesting.			●						
	That dog is smart.			●						
	These/Those books are really large.			●						
	We didn't buy much/any food.	●								
	Every monkey likes bananas.		●							
	All children love baby animals.				●					

(2) 적용 시 유의점

앞에서 제시한 학년별 어휘 및 문법 수준에 대한 분석 결과는 교육 현장에서 참조 자료 정도로만 활용되어야 하며, 이러한 참조 자료가 규제나 통제의 목적으로 활용되지 않도록 매우 신중하게 활용되어야 한다. 특히 교과서 검정 기준에 이러한 참조 자료가 활용되는 것은 매우 부적절하다. 이에 대한 근거는 다음과 같다.

첫째, 최서용 외(2025)에서도 강조하고 있듯, 현재의 학년별로 세분화된 어휘 및 문법 자료는 기존에 사용되고 있는 교과서의 경향을 반영하고 있을 뿐, 특정 학년에 제시되어야 한다는 당위성과는 거리가 멀다. 영어 교과에서 어휘 및 문법 항목이 제시되는 순서는 수학, 사회와 같은 타 교과의 개념이 제시되는 순서와는 본질적으로 다르다. 수학, 사회와 같은 교과의 개념은 명시적 이해가 필수적이나, 언어 지식은 본질적으로 암시적이며(2장 참조), 문법 항목에 대한 명시적 이해가 암시적 지식 습득을 보장하지도 않는다(Schwartz, 1986). 참고로, 영어과 교육과정의 문법 항목에서 학교급별 구분은 “학습 시작 권장 학교급”으로 표현되고 있는데, 이는 문법 항목의 명시적 설명의 시작 권장 학교급이 아니라, 해당 문법 항목을 포함한 문장이 비교적 빈번하게 등장하는 학교급을 의미한다. 만약 “학습 시작 권장 학교급”이 명시적 설명 시작 시점을 의미한다면 모든 문법 항목의 시작 시점은 중학교급이 될 것이다. 초등학교 영어 교과서에는 문법 항목에 대한 명시적인 설명이 없기 때문이다.

둘째, 우리가 말이나 글을 이해할 때, 특정 어휘나 문법 항목을 이해하지 못하더라도 우리는 맥락 등을 통해서 의미를 파악할 수 있다. 교과서 단원이 다루고 있는 주제에 따라, 해당 주제와 관련된 내용을 적절히 표현하기 위해 비교적 어려운 어휘나 문법 항목을 사용하는 것이 필요하다면, 과하게 등장하지 않는 선에서 해당 어휘나 문법 항목을 제시하는 것은 충분히 가능한 일이다. 어려운 어휘나 문법 항목이 제시되더라도, 학습자들은 맥락이나 주어진 시각 정보 등을 바탕으로 해당 어휘 및 문법 항목의 의미를 짐작할 수 있다. 언어 학습 과정에서, 맥락 안에서 어휘나 문법 항목의 의미를 짐작하는 일은 학습자들이 익혀야 하는 중요한 의사소통 전략이다.

참고문헌

Reference

교육부. (2015). *영어과 교육과정*. 교육부.

교육부. (2022). *영어과 교육과정*. 교육부 고시 제2022-33호 [별책 14].

김기택, 성민창. (2019). 초등영어 학습자 어휘 수준에 적합한 영어 애니메이션 영화 탐색. *영어학, 19*(4), 837-857.

박기화. (2005). 7차 영어과 교육과정 성취기준의 적정성 연구: 말하기, 쓰기를 중심으로. *영어교육연구, 17*(4), 229-250.

성민창, 김기택. (2021a). 2015 개정 영어과 교육과정 초등 수준 어휘 목록을 활용한 영어 애니메이션 영화의 어휘 사용 분석. *영어학, 21*, 87-109.

성민창, 김기택. (2021b). 우리나라 초등영어교육에 적합한 팝송 탐색: 언어 수준과 내용 분석. *영어학, 21*, 450-471.

성민창, 김은형, 김기택. (2024). 초등영어 어휘 수준에 적합한 아동문학 작품 탐색: 코퍼스 기반 연구. *어학연구, 59*(1), 43-68.

이영식, 김혜영. (2009). 영어과 개정 교육과정의 성취기준과 CEFR과의 비교 연구. *현대영어교육, 10*(2), 108-132.

이의갑. (2004). 제7차 교육과정에 근거한 초등영어교육 내용 적정성에 관한 연구: 양, 수준, 흥미도에 관하여. *초등영어교육, 10*(2), 55-95.

이의갑. (2005). 제7차 교육과정에 근거한 중등영어교육 내용 적정성에 관한 연구: 양과 수준의 측면에서. *Foreign Languages Education, 12*(1), 247-272.

임찬빈, 진경애, 장경숙, 이문복, 김미경, 이병천, 김성혜, 권오량, 김인석, 이현우, 오준일, 김영숙, 이성희, 이병민, 박한준, 한정희, 백인환. (2011). *영어과 교육과정 개정안(시안) 개발 연구*. 교육과학기술부.

주형미, 진경애, 김미경, 김성혜, 정채관, 박상복. (2016). *2015 개정 교육과정에 따른 영어 교과용 도서 개발 및 검인정 심사를 위한 어휘 사용 지침 적용 방안 연구* (ORM 2016-26-3). 한국교육과정평가원.

주형미 외 34인. (2022). *2022 개정 영어과 교육과정 시안(최종안) 개발 연구* (CRC 2022-11). 교육부.

최서용, 김기택, 오선영. (2025). 2015 개정 영어과 교육과정 기반 영어 교과서 문법 항목의 학년별 수준 구분. *영어교육, 80*(2), 29-55.

최정은, 이병민, 오선영, 소영순. (2022). 2015 개정 영어과 교육과정의 성취 수준과 대학수학능력 영어 평가 수준의 일관성 문제. *영어평가, 17*(1), 11-43.

황종배. (2008). 교육 영문법과 영어 교과서. 양현권, 정영국(편). *교육 영문법의 이해* (pp. 137-168). 한국문화사.

황필아. (2016). 2015 개정 초등영어 교육과정의 읽기 성취기준 적정성 연구. *영어 교과교육, 15*(4), 147-165.

황혜순. (2019). *Coh-Metrix 를 이용한 초·중등 4개 학년 간 영어 교과서 연계성 분석.* 경인교육대학교 석사학위논문.

Carroll, S. E. (2001). *Input and evidence: The raw material of second language acquisition*. John Benjamins.

Council of Europe. (2001). *The Common European Framework of Reference for Languages: Learning, Teaching, Assessment*. Cambridge: Cambridge University Press.

Council of Europe. (2020). *The Common European Framework of Reference for Languages: Learning, teaching, assessment. Companion volume.* Strasbourg: Council of Europe.

Day, R., & Bamford, J. (1998). *Extensive reading in the second language classroom*. Cambridge University Press.

Hwang, H. & Kim, K. (2025). Effects of lexical frequency in predictive processing: Higher frequency boosts first language speed and facilitates second language prediction. *Language Learning*. Online First.

Kim, J., Isbell, D., & Kim, K. (in press). The influence of CEFR in South Korea's 2022 national English curriculum: A focus on grammar. *English Today*.

Kim, K., O'Grady, W., & Schwartz, B. D. (2018). Case in heritage Korean. *Linguistic Approaches to Bilingualism, 8*(2), 252-282.

Kim, K., & Schwartz, B. D. (2022). Learnability in the acquisition of the English *tough* construction by L1-Korean adult and child L2 learners. *Second Language Research, 38*(2), 259-287.

Krashen, S. (1982). *Principles and practices in second language acquisition*. Pergamon.

Krashen, S. & Terrell, T. (1983). *The natural approach: Language acquisition in the classroom.* Pergamon.

Lee, N. A. A., Kassim, A. A. M., & Bakar, R. A. (2022). The CEFR-aligned curriculum execution in Malaysia and other countries: A Conceptual paper. *Malaysian Journal of ELT Research, 19*(1), 1-15.

Long, M. H. (1983). Native speaker/non-native speaker conversation and the negotiation of comprehensible input. *Applied Linguistics, 4*(2), 126-141.

Montrul, S. (2008). *Incomplete acquisition in bilingualism: Re-examining the age factor.* John Benjamins Publishing.

O'Keeffe, A., & Mark, G. (2017). The English Grammar Profile of learner competence. *International Journal of Corpus Linguistics,*

22(4), 457-489.

Pienemann, M. (1998). *Language processing and second language development: Processability theory*. John Benjamins.

Schwartz, B. D. (1986). The epistemological status of second language acquisition. *Second Language Research, 2*(2), 120-159.

찾아보기

ㅇ

ㅈ

ㅊ

ㅋ

ㅌ

ㅍ

ㅎ